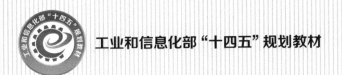工业和信息化部"十四五"规划教材

现代管理数学方法

（第二版）

徐海燕　朱建军　赵士南　编著

科学出版社

北　京

内 容 简 介

本书以数理统计、建模优化和决策分析为主线，强调实用性和可操作性，系统介绍了统计学、运筹学和决策科学领域的经典模型、方法以及配套软件工具。全书共 5 章：第 1 章数据分析与挖掘，包括数据处理、相关性分析、主成分分析、聚类分析、预测方法以及相关案例和配套软件操作；第 2 章复杂网络与网络优化，包括图与网络基础、网络优化应用以及专业软件介绍；第 3 章高等运筹学，包括动态规划、排队论、非线性规划和多目标规划以及相关软件操作；第 4 章现代管理中常见决策方法，包括风险型决策方法、多属性决策方法以及相关软件操作；第 5 章博弈论与冲突分析，包括博弈论方法、冲突分析图模型理论以及相关案例介绍和软件操作，特别增加了 Gambit、GMCR II、NUAAGMCR 等战略决策分析的前沿工具介绍。

本书既可作为高等院校管理科学与工程、工商管理、项目管理等专业的本科生、研究生及 MBA 的专业教材，也可以为企业及社会管理人员提供重要的决策参考。

图书在版编目 (CIP) 数据

现代管理数学方法/徐海燕，朱建军，赵士南编著. —2 版. —北京：科学出版社，2023.8
工业和信息化部"十四五"规划教材
ISBN 978-7-03-074070-0

Ⅰ.①现⋯　Ⅱ.①徐⋯　②朱⋯　③赵⋯　Ⅲ.①管理学-数学方法-高等学校-教材　Ⅳ.①C931.1

中国版本图书馆 CIP 数据核字 (2022) 第 227445 号

责任编辑：方小丽　范培培 / 责任校对：贾伟娟
责任印制：赵　博 / 封面设计：蓝正设计

科 学 出 版 社 出版
北京东黄城根北街 16 号
邮政编码：100717
http://www.sciencep.com
天津市新科印刷有限公司印刷
科学出版社发行　各地新华书店经销
*
2019 年 1 月第 一 版　　开本：787×1092　1/16
2023 年 8 月第 二 版　　印张：13 1/4
2025 年 5 月第六次印刷　　字数：314 00
定价：68.00 元
(如有印装质量问题，我社负责调换)

前言
preface

党的二十大报告指出："中国式现代化，是中国共产党领导的社会主义现代化，既有各国现代化的共同特征，更有基于自己国情的中国特色。"中国式现代化道路的形成和发展对传统企业管理理念、模式和方法提出了更高的挑战和要求，亟需重新探索新时代背景下现代企业管理的新范式。

随着信息技术、大数据技术、数字技术的快速发展，管理理论与管理模式现代化趋势成为必然，纯定性分析或传统学科限定下的单一定量方法难以有效解决现代管理活动中的复杂问题。本书以党的二十大报告"全面建设社会主义现代化国家"为精神指引，以管理智能化、科学化、精细化、系统化为导向，以学科交叉领域最新科研成果为牵引，以数理统计、建模优化和决策分析为主线，系统介绍统计学、高等运筹学、管理决策分析、经典博弈与冲突分析领域常用模型、求解方法以及相应软件；是作者多年来教学和科研成果的结晶。与其他专业教材相比，本书主要体现以下四个特色。

(1) 将统计学、运筹学和决策理论有机地结合起来，将灰色系统理论和冲突分析矩阵等本土原创学说深度融合，突破了单一定量管理方法的局限性，提炼出了一套系统全面的现代管理数学方法。

(2) 弱化数学推理，强调模型和方法的实用性。对模型中的证明及推导过程进行删繁就简，给出了模型求解的详细步骤，重点突出如何从实际管理问题中构建模型。

(3) 突出案例教学，注重理论学习和实践应用相结合。在每个理论模型和方法后面都提供了对应的例题和详细的求解步骤，进一步提高学生对所学内容的熟练使用程度。

(4) 强调配套软件的学习和使用，给出了软件使用的详细步骤和操作界面，引导学生运用专业系统软件以大幅提高数据处理、模型求解及决策分析的效率。本书涵盖了统计学、运筹学和决策分析领域的常用软件，特别增加了国内教材中极少见的博弈论软件 (Gambit) 和冲突分析图模型软件 (GMCR Ⅱ、NUAAGMCR)。

本书主要内容包括以下五个部分。

数据分析与挖掘 (第 1 章)：针对大批杂乱无章的数据，如何进行信息的集中、萃取和提炼，以便找出所研究对象的内在规律，帮助决策者识别机会、规避风险尤为重要。因此，本书第 1 章主要介绍了相关分析、降维分析、回归分析和预测方法，并辅以案例与 SPSS 及灰色建模软件操作，以便学生掌握这些数据分析基本方法并应用于实际问题。

复杂网络与网络优化 (第 2 章)：在现实问题中，除了基于研究对象间的函数关系，还可以从显性化的视角为决策者提供清晰可靠的决策依据，图和网络的显性表示方法发挥了至关重要的作用。因此，本书在第 2 章基于复杂网络的基本概念及其表达形式，介绍了三大优化问题：最短路优化问题、最大流优化问题和关键路径优化问题，并针对此类复杂的优化问题，进一步介绍了如何运用 Pajek 软件对网络的重要特征和优化问题进行求解分析。

高等运筹学 (第 3 章)：现实生活中很多问题涉及的模型更加复杂，此时就需要高等运筹学的理论知识。本书第 3 章主要对高等运筹学相关理论进行阐述，包括动态规划、排队论、非线性规划和多目标规划，并基于 Python 与 SciPy 软件对高等运筹学问题进行编程求解，使得求解过程可视化，便于学生分析求解结果。

现代管理中常见决策方法 (第 4 章)：随着现代社会的发展，人们在各种管理实践中不可避免地会遇到大量的决策问题，我们必须掌握各种现代化的决策方法和支持手段。为确保决策的效率与效果，本书第 4 章主要归纳了现代管理中常见的两类决策方法——风险型决策方法和多属性决策方法，并介绍了相关决策软件和仿真软件的操作与运用。

博弈论与冲突分析 (第 5 章)：目前，我国各类冲突问题呈现高发态势，如何系统刻画和动态模拟冲突主体之间复杂的利益博弈和动态交互过程，并准确预测冲突博弈的均衡状态和趋势发展，对冲突防控和消解具有重要的理论价值和实践意义。因此，本书第 5 章主要介绍了博弈论和冲突分析图模型理论的模型、案例以及常用软件，以问题为导向，极大地提高了学生理解方法、求解模型的效率。

非常感谢团队成员在本书编写过程中提供的大力支持和帮助。本书同时借鉴了国内外众多管理科学领域的相关著作和研究成果，在此表示衷心感谢。

由于编者水平和时间有限，书中难免存在一些不足之处，恳请广大读者批评指正。

徐海燕

2023 年 6 月

目录
contents

第1章

数据分析与挖掘

🎯 章首语

随着科技高速发展，数据在生活和决策中所占的比重越来越大，数据热浪已然覆盖了整个时代。数据赋能在众多产业中成效明显，例如金融、医疗、农业、教育等。尤其在数字经济中，数据是基础性、战略性资源，更是驱动发展的核心引擎。2020 年 4 月，《中共中央国务院关于构建更加完善的要素市场化配置体制机制的意见》中，明确将数据作为一种新型生产要素写入文件，与土地、劳动力、资本、技术等传统要素并列为要素之一。如何在众多行业中深度挖掘数据价值，让决策者的选择有据可依，这就需要基于数据分析与挖掘方法实现现代的决策分析。

数据分析与挖掘方法旨在用适当的统计分析方法对所收集来的大量数据进行分析，提取有用信息，从而形成结论并对数据加以更为详细的研究和概括总结。对大批杂乱无章的数据，进行信息的集中、萃取和提炼，以便找出所研究对象的内在规律。帮助决策者识别机会、规避风险、诊断问题、亡羊补牢、评估效果、改进营销，提高效率、加强管理。其涉及面包含数据探索与数据可视化、数据缩减与降维、数据回归与预测、数据分类等。

在宏观层面上，数据分析与挖掘方法抽象出现实世界的主要矛盾，解释和预测现实世界的运行规律，对真相的抽丝剥茧使得经济决策部门可以更加敏锐地把握经济走向，并制定实施科学的经济政策；在微观层面上，数据分析与挖掘方法从海量数据中发现规律，从而揭示出数据背后的真相，指导公司或者发展业务，提高企业经营决策水平和效率，为企业及其所处行业创造价值。

在实际运用中，数据分析与挖掘方法可以帮助决策者做出判断，以便采取适当行动。在政务领域，数据分析与挖掘中的相关分析、降维分析等方法革新了现代政府治理的思维与方式，帮助建立了"用数据说话、用数据决策、用数据管理、用数据创新"的管理机制，成为推进政府治理能力和治理体系现代化不可或缺的重要力量。在商业领域，数据分析与挖掘中的回归分析、预测等方法为行业提供源源不断的决策支持，决策依据的信息完整性越来越高，依赖信息的理性决策要优于以往过度依赖经验的盲目决策。在医疗领域，数据分析与挖掘中的分类等方法把医学专家积累的宝贵经验转化成标准化的知识基础，做到数据驱动医疗服务，从而大大提高服务能力和效率，解决中国医疗领域存在的诸多需求。在制造业领域，数据分析与挖掘中的回归分析等方法挖掘工厂中数据的价值，通过对制造业数据进行分析，提升数字化工厂运行效率，使得数字化工厂发展成为智慧工厂，逐渐成为新一轮产业革命的核心。

然而，目前数据分析与挖掘方法仍存在如下问题亟待解决。一、数据质量偏低。数据的可见性、解释性、链接性、真实性、互联性和安全性有待提高。如果数据本身是不全面的，或是有差错的，基于这样的数据挖掘是没有价值的。二、算法模型的挑战。算法模型从以专家经验为主的知识驱动向以深度神经网络引领的人工智能驱动发展，但目前数据分析与挖掘方法往往应用场景窄，算法模型的完整性、可解释性和适应性亟待改善。三、隐私、商业机密保护问题。联邦学习通过边缘计算和机器学习的交叉结合能够保证在数据隐私安全及合法合规的基础上进行数据联合训练并建立机器学习共享模型。

数据分析与挖掘方法在未来有望成为创新的起源，为企事业单位的发展创新提供助力，将数据的变现、降本增效等决策能力转变为有韧性企事业单位的核心能力。其未来发展趋势如下：一、数据共享。全球不确定风险显著增多，令决策者迫切地想要通过共享数据，来加快获取独立和相互关联的公共和商业数字业务价值。二、信任机制构建。实施跨分布式系统、边缘环境和新兴生态系统的互联治理，大规模地实现数据分析与挖掘的价值。三、增强决策者决策能力。实现战略数据驱动所必需的决策者数据素养，以人为本的理念推动更大范围的数字化学习。

数据分析与挖掘方法是现代决策分析的重要组成部分，直接关系到最后决策效果的好与坏。数据分析与挖掘方法在经济、社会、管理等各领域都有巨大的应用前景和发展空间，本章将重点介绍其中的相关分析、降维分析、回归分析和预测方法，并辅以案例与 SPSS 及灰色建模软件操作，以便读者掌握这些数据分析基本方法并应用于实际问题。

1.1 相关分析

相关分析是研究随机变量相关关系的统计分析方法。例如，人的身高和体重、相对湿度和降雨量之间的相关关系都是相关分析的研究对象。本节从一般应用场景与灰色应用场景两种视角出发，介绍相关性分析和灰色关联度分析两种主要的相关分析方法。

1.1.1 相关性分析

相关性分析通常使用相关系数刻画，研究的变量都是随机变量，不区分自变量与因变量。通常可以解决研究中遇到的如下问题：① 变量之间是否存在关系；② 如果存在关系，它们之间是什么样的关系；③ 变量之间的关系强度如何；④ 样本所反映的变量之间的关系能否代表总体变量之间的关系。

1. 相关系数

相关系数是按积差方法计算，以两个变量 x，y 与各自平均值的离差为基础，通过两个离差相乘来反映两变量之间的相关程度，着重研究线性的简单相关系数，如公式 (1.1) 所示。

$$r = \frac{n \sum xy - \sum x \sum y}{\sqrt{n \sum x^2 - \left(\sum x\right)^2} \sqrt{n \sum y^2 - \left(\sum y\right)^2}} \tag{1.1}$$

2. 相关关系的确定

依据公式 (1.1) 计算得到的相关系数 r，其数值范围介于–1 与 1 之间，即 $-1 \leqslant r \leqslant 1$。针对相关系数 r 数值的不同范围，两变量之间的相关关系如下所示：

(1) 当 $r > 0$ 时，表示两变量正相关，$r < 0$ 时，两变量为负相关；

(2) 当 $|r| = 1$ 时，表示两变量为完全线性相关，即为函数关系；

(3) 当 $r = 0$ 时，表示两变量间无线性相关关系；

(4) 当 $0 < |r| < 1$ 时，表示两变量存在一定程度的线性相关，越接近于 1 表示两变量间线性关系越密切，$|r|$ 越接近于 0 表示两变量的线性相关越弱。

相关关系按照相关系数 r 的大小，一般可按三级划分：$|r| < 0.4$ 为低度线性相关，$0.4 \leqslant |r| < 0.7$ 为显著性相关，$0.7 \leqslant |r| \leqslant 1$ 为高度线性相关。

3. 相关系数的不足

相关系数存在一个明显的缺点，即它接近于 1 的程度与数据组数 n 相关。当 n 较小时，相关系数的波动较大，某些样本相关系数的绝对值易接近于 1；当 n 较大时，相关系数的绝对值容易偏小。特别是当 $n = 2$ 时，相关系数的绝对值总为 1。因此在样本容量 n 较小时，仅凭相关系数较大来判定两个变量间存在密切的线性关系是不妥当的。

1.1.2　灰色关联度分析

相较于相关性分析，灰色关联度分析弥补了前者在小样本、无规律样本上的不足，适用于有限的、灰度大的、无典型规律的统计数据，不会出现量化结果与定性分析结果不符的情况。灰色关联度分析的基本思想是，根据序列曲线几何形状的相似程度来判断其联系是否紧密，曲线越接近，则表明序列之间关联度越大。通常可以应用于如下场景：① 挖掘主要因素和次要因素；② 寻找对系统发展起影响的因素；③ 探究因素对系统发展起推动作用抑或是阻碍作用。

1. 数学模型

灰色关联度分析模型的定义如公式 (1.2) 和公式 (1.3) 所示。设系统行为序列为

$$X_0 = (x_0(1), x_0(2), \cdots, x_0(n))$$
$$X_1 = (x_1(1), x_1(2), \cdots, x_1(n))$$
$$\cdots\cdots$$
$$X_m = (x_m(1), x_m(2), \cdots, x_m(n))$$

对于分辨系数 $\xi \in (0,1)$，令

$$\gamma(x_0(k), x_i(k)) = \frac{\min\limits_{i} \min\limits_{t} |x_0(t) - x_i(t)| + \xi \max\limits_{i} \max\limits_{t} |x_0(t) - x_i(t)|}{|x_0(t) - x_i(t)| + \xi \max\limits_{i} \max\limits_{t} |x_0(t) - x_i(t)|} \tag{1.2}$$

$$\gamma(X_0, X_i) = \frac{1}{n} \sum_{k=1}^{n} \gamma(x_0(k), x_i(k)) \tag{1.3}$$

一般而言，分辨系数 ξ 越大，分辨率越大；ξ 越小，分辨率越小。$\min\limits_{i} \min\limits_{t} |x_0(t) - x_i(t)|$，$\max\limits_{i} \max\limits_{t} |x_0(t) - x_i(t)|$ 分别为两级最小差和两级最大差。$\gamma(X_0, X_i)$ 称为 X_0 与 X_i 的灰色关联度，简记为 γ_{0i}。k 点关联系数 $\gamma(x_0(k), x_i(k))$ 简记为 $\gamma_{0i}(k)$。依据灰色关联度 $\gamma(X_0, X_i)$ 从大到小的排序，便可得出灰色关联度的分析结果。

2. 计算过程

第一步：求各序列的初值像 (均值像)。令

$$X_i' = X_i/x_i(1) = (x_i'(1), x_i'(2), \cdots, x_i'(n)), \quad i = 0, 1, 2, \cdots, m$$

第二步：求 X_0 和 X_i 的初值像 (均值像) 对应分量之差的绝对值序列。记

$$\Delta_i(k) = |x_0'(k) - x_i'(k)|, \quad \Delta_i = (\Delta_i(1), \Delta_i(2), \cdots, \Delta_i(n)), \quad i = 1, 2, \cdots, m$$

第三步：求 $\Delta_i(k) = |x_0'(k) - x_i'(k)|$, $k = 1, 2, \cdots, n$; $i = 1, 2, \cdots, m$ 的最大值与最小值。分别记为

$$M = \max_i \max_k \Delta_i(k), \quad m = \min_i \min_k \Delta_i(k)$$

第四步：计算关联系数

$$\gamma_{0i}(k) = \frac{m + \xi M}{\Delta_i(k) + \xi M}, \quad \xi \in (0, 1), \quad k = 1, 2, \cdots, n, \quad i = 1, 2, \cdots, m$$

第五步：最后求出关联系数的平均值，即是所要的关联度

$$\gamma_{0i} = \frac{1}{n} \sum_{k=1}^{n} \gamma_{0i}(k), \quad i = 1, 2, \cdots, m$$

第六步：对于求解出的各个序列与特征序列的灰色关联度，进行从大到小排序，灰色关联度越大的序列与特征序列关系越紧密，灰色关联度越小的序列与特征序列关系越不紧密。

3. 灰色关联分析的特点

优势：
(1) 一般情况下，能弥补数理统计中的一些不足之处；
(2) 对样本数据的多少和样本有无规律都同样适用；
(3) 计算量小，使用方便；
(4) 不会出现量化结果与定性分析结果不符的情况。
劣势：
(1) 某些情况下不能用关联度代替数理统计中的相关系数，否则会产生错误的判断。
(2) 灰色关联度的次序与原始数据无量纲化的方法有关。原始数据无量纲化过程的实质是改变曲线的比例尺的过程，曲线形状随比例尺不同而发生变化，无量纲化处理时，不应歪曲因素之间的内在联系，掩盖事物本来面目。
(3) 灰色关联度的次序与分辨系数 ξ 有关，分辨系数的选取对关联度影响较大。
(4) 灰色关联度的 "规范性" 准则欠全面、准确，相互联系的因素之间的发展趋势不只是平行的，它们可以交叉，甚至方向相反。

1.2　降维分析

在实际分析中，原始数据可能存在相当多的变量和样本。从变量角度而言，如果原封不动地将所有变量一一列举，那么高维度的原始变量不便于问题的分析；从样本角度而言，如果无法探知样本间的类别从属关系，那么样本间关系将显得杂乱混沌。因此，本节将针对变量降维和样本降维分别介绍主成分分析法和聚类分析法，以解决实际数据存在的高维问题。

1.2.1　主成分分析

主成分分析法主要用于实现变量数量的降维，是一种利用原始变量之间的相关性，通过将原本的若干个变量或者指标重新组合成新的、互不相关的若干个综合变量，然后根据研究的实际情况从中选取少数几个综合变量或综合指标来反映原本的变量或指标的相关信息，以此实现降维的多元统计方法。

1. 数学模型

主成分分析的数学模型表达为公式 (1.4) 和公式 (1.5)。设研究对象为 n 个样本、p 个变量的数据 $(n > p)$，将其整理为矩阵

$$X = \begin{bmatrix} x_{11} & x_{12} & \cdots & x_{1p} \\ x_{21} & x_{22} & \cdots & x_{2p} \\ \vdots & \vdots & & \vdots \\ x_{n1} & x_{n2} & \cdots & x_{np} \end{bmatrix} = (X_1, X_2, \cdots, X_p) \tag{1.4}$$

对 X 进行线性变换，可以形成新的综合变量，即

$$\begin{cases} y_{i1} = u_{11}x_{i1} + u_{21}x_{i2} + \cdots + u_{p1}x_{ip} \\ y_{i2} = u_{12}x_{i1} + u_{22}x_{i2} + \cdots + u_{p2}x_{ip} \\ \qquad \cdots\cdots \\ y_{ip} = u_{1p}x_{i1} + u_{2p}x_{i2} + \cdots + u_{pp}x_{ip} \end{cases} \tag{1.5}$$

矩阵形式为 $Y = XU$，U 应为 $p \times p$ 矩阵，即

$$Y = \begin{bmatrix} y_{11} & y_{12} & \cdots & y_{1p} \\ y_{21} & y_{22} & \cdots & y_{2p} \\ \vdots & \vdots & & \vdots \\ y_{n1} & y_{n2} & \cdots & y_{np} \end{bmatrix} = (Y_1, Y_2, \cdots, Y_p)$$

$$U = \begin{bmatrix} u_{11} & u_{12} & \cdots & u_{1p} \\ u_{21} & u_{22} & \cdots & u_{2p} \\ \vdots & \vdots & & \vdots \\ u_{p1} & u_{p2} & \cdots & u_{pp} \end{bmatrix} = (u_1, u_2, \cdots, u_p)$$

其中，第 k 个综合变量为 $Y_k = Xu_k$，u_k 为线性变换的系数。一般来说，利用主成分分析得到的主成分与原始变量之间存在以下关系：

(1) 每一个主成分都是原始变量的线性组合；

(2) 最终提取的主成分数目少于原始变量数目；

(3) 最终提取的主成分保留了原始变量中蕴含的主要信息；

(4) 第一个主成分的信息保留量最大，第二个主成分次之，以此类推；

(5) 各个主成分之间互不相关。

2. 求解过程

主成分的求解过程也就是求解矩阵 U 的过程，鉴于求解过程的复杂性，这里舍弃具体的数学推导，仅不加证明地给出求解主成分的一般步骤。

第一步：求解矩阵的选择与变量的标准化。从分析原始变量 $X_1, X_2, \cdots, X_p$ 的协方差矩阵 Σ 和相关矩阵 R 着手。当各个变量有各自不同的度量单位或是取值范围彼此相差非常大时，在做主成分分析之前应该先对数据进行标准化处理。

第二步：估计总体协方差。使用样本协方差矩阵 S 作为总体协方差矩阵 Σ 的估计。

第三步：第一主成分优化求解。根据主成分的约束条件，第一主成分可表示为如下优化问题的解，如公式 (1.6) 所示，并使用拉格朗日极值法求解，得到第一主成分即为 $Y_1 = Xu_1$。

$$
\begin{aligned}
\max \quad & \mathrm{Var}(Y_1) = \mathrm{Var}(Xu_1) = u_1^{\mathrm{T}} \Sigma u_1 \\
\text{s.t.} \quad & u_1^{\mathrm{T}} u_1 = 1
\end{aligned}
\tag{1.6}
$$

第四步：第二主成分优化求解。同理，第二主成分可表示为如下优化问题的解，如公式 (1.7) 所示，并使用拉格朗日极值法求解，得到第二主成分即为 $Y_2 = Xu_2$。

$$
\begin{aligned}
\max \quad & \mathrm{Var}(Y_2) = \mathrm{Var}(Xu_2) = u_2^{\mathrm{T}} \Sigma u_2 \\
\text{s.t.} \quad & u_2^{\mathrm{T}} u_2 = 1 \\
& u_2^{\mathrm{T}} u_1 = 0
\end{aligned}
\tag{1.7}
$$

第五步：以此类推，求出其他主成分。

将上述步骤总结如下：假设 Σ 有非零特征值 $\lambda_1, \lambda_2, \cdots, \lambda_p (\lambda_1 \geqslant \lambda_2 \geqslant \cdots \geqslant \lambda_p > 0)$，各个特征值分别对应特征向量 $u_1, u_2, \cdots, u_p$，以 $u_1, u_2, \cdots, u_p$ 为系数向量，可以得到 $Y_1 = Xu_1, Y_2 = Xu_2, \cdots, Y_p = Xu_p$，分别为所求的第一主成分、第二主成分、$\cdots$、第 p 主成分。

3. 主成分的选取准则

(1) 以方差贡献率为准则选取主成分。定义 $\alpha_i = \lambda_i \left/ \sum_{k=1}^{p} \lambda_k \right. (i = 1, 2, \cdots, p)$ 为第 i 个主成分 Y_i 的方差贡献率，则 $\sum_{i=1}^{m} \alpha_i = \sum_{i=1}^{m} \lambda_i \left/ \sum_{k=1}^{p} \lambda_k \right.$ 为前 m 个主成分 $Y_1, Y_2, \cdots, Y_m$ 的累积方差贡献率。通常根据累积方差贡献率来确定 m 的取值，累积方差贡献率 $\sum_{i=1}^{m} \alpha_i$ 越大，表明通过所选取的少数几个主成分解释随机变量 X 的能力越强。实际应用中通常取 m 使得

$\sum_{i=1}^{m} \alpha_i$ 大于一定数值, 例如 80%。这样既使得损失的信息不多, 又可以达到减少变量和简化问题的目的。

(2) 以碎石图为准则选取主成分。主成分还可以根据特征值的变化来选取, 通常是通过碎石图来判断。所谓碎石图, 是将主成分按照其方差从大到小顺序排列, 以各个主成分的序号作为横轴, 以特征值作为纵轴绘制而成的曲线图。观察曲线 "肘部", 即由其开始, 曲线的下降趋势趋于平缓, 保留 "肘部" 以上的主成分即可。观察图 1.1 所示的碎石图可以看出, 从第三个主成分开始, 特征值变化趋势趋于平缓, 所以选取前三个主成分是比较合适的, 采用这种方法确定的主成分个数与按照累积方差贡献率确定的主成分个数往往是一致的。

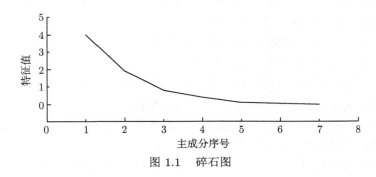

图 1.1　碎石图

4. 注意事项

进行主成分分析的前提是变量之间存在较高程度的相关, 即信息冗余, 因此可以通过降维将问题简化。如果变量之间相关程度很低, 就没有必要使用主成分分析。对多变量间相关性的检验, 可使用 KMO (Kaiser-Meyer-Olkin) 统计量和巴特利特 (Bartlett) 球形度检验。

KMO 统计量的数值介于 $(0, 1)$ 之间。如果 KMO 统计量的数值接近于 0, 则意味着偏相关系数平方和远大于简单相关系数平方和, 此时变量间的相关性分布较为均匀, 没有出现部分变量形成局部高度相关的情况, 因此不适合进行降维分析; 反之, 如果 KMO 接近于 1, 则适合进行降维分析。现给出的通用标准是: 若 KMO $\geqslant 0.9$, 表示非常适合降维分析; 若 $0.8 \leqslant$ KMO < 0.9, 表示很适合; 若 $0.7 \leqslant$ KMO < 0.8, 表示一般; 若 $0.6 \leqslant$ KMO < 0.7, 表示勉强适合; 若 $0.5 \leqslant$ KMO < 0.6, 表示不太适合; 若 KMO < 0.5, 表示不适合。

Bartlett 球形度检验主要包含卡方统计量、自由度和显著性值。如果显著性值 $P \leqslant 0.05$, 则认为相关系数矩阵不是单位矩阵, 可以进行主成分分析。同时卡方值越大, 说明变量之间的相关性越强。

此外, 主成分分析是一种探索性数据分析, 不涉及区间估计和假设检验, 因此对数据分布无特殊要求。不过, 如果样本是从正态总体或对称分布的总体中抽取的, 那么主成分分析结果具有较强的可解释性, 因此在主成分分析中常常也要诊断并剔除异常值。

1.2.2　聚类分析

聚类分析主要用于实现样本数量的降维, 其为一种根据研究样本个体的若干特征, 对样本个体进行分类的降维分析方法。聚类分析的基本思想在于, 观察一批样本的多个观察值, 计算一些度量样本之间相似程度的统计量, 根据这些统计量把样本分为几类, 使得类内样本具有较强的相似性，而不同类内的样本之间具有较强的差异性。主要解决如下研究问题：① 数据样本可以分为几类；② 每个样本类别有多少样本量；③ 不同样本类别的典型特征如何。本节将主要介绍两种对样本个体进行聚类的分析方法，分别为系统聚类法和快速聚类法。

1. 系统聚类法

系统聚类法的基本原理是由多到少逐步进行分类。即开始时将每个样本单独作为一类，以后的每一步都将距离最近的样本聚为一类，直至所有的样本都聚为一类，其步骤如下所示。

第一步：将每个样本作为一类，记为 $C_1, C_2, \cdots, C_n$。计算类内间距。令 $t = 1$。

第二步：找到距离最近的两类，记为 C_i, C_j。

第三步：合并 C_i 和 C_j 得到新的一类，记为 C_{n+t}。

第四步：计算 C_{n+t} 与其他类之间的距离。

第五步：将 C_{n+t} 作为新增的类别，直至所有样本并为一类。

系统聚类的结果通常通过谱系图来展示。谱系图也称为树状图，其横轴为距离，纵轴为各个样本 (即初始小类)。谱系图展示了根据类间距离逐步将各个样本从单独的一类聚成一大类的全过程，因其直观性而在实际中得到广泛应用。

系统聚类的优点是无须事先知道或猜测类别数，研究者可以根据谱系图的输出结果来确定将个体划分为几个类别。此外，除重心法以外，系统聚类法可以保证距离的单调性，符合系统聚类的原理。

系统聚类法也存在不足，其要求分类方法准确，一个样本一旦划入某一类就不能改变了。并且它在聚类过程中需要存储距离矩阵，当聚类变量太多时，占用内存太多，速度较慢。

2. 快速聚类法

快速聚类法是另一种聚类方法，其突出特点是事先确定好要分多少类，这使其与系统聚类法形成鲜明对照。正是由于类数事先确定，这种聚类方法也称为 k-均值聚类法。快速聚类法的基本思想是，开始先粗略地将样品分为规定数目的类别，然后按照某种最优原则对初始的分类进行修改，直至达到一个较为合理的分类结果。因此，快速聚类法本质上是一个优化问题，即在事先规定的分类数的约束下，使得类内距离极小化，类间距离极大化。该方法具有占用计算机内存空间小、计算量小、计算速度快的优点，故而得名。

此外，从聚类过程来看，快速聚类与系统聚类也有差别。系统聚类具有不可逆性，即一次形成类后就不能改变了，而快速聚类则具有动态性，某一步分好的类在后续过程中能被修改，因此也称为动态聚类。

快速聚类法的迭代步骤如下，其中 k 为事先规定的类数。

第一步：将样本初步分为 k 类。通过确定 k 个凝聚点，将样本分到距离最近的凝聚点所规定的类中。

第二步：计算每个类的中心。

第三步：计算每个样本到所在类的中心的距离平方和，$\mathrm{ESS} = \sum_{i=1}^{n} (x_i - \overline{x}_{c(i)})^{\mathrm{T}} (x_i - \overline{x}_{c(i)})$。

第四步：将每个样本重新分类到距离最近的类中心所规定的类中。

如果成员没有变化，则聚类程序收敛；如果至少有一个成员需要重新调整类别，则返回第二步。

最后，快速聚类能够产生较小的 ESS，这正是快速聚类的内在要求。

在快速聚类分析中，初始凝聚点的选择会影响聚类分析结果。初始凝聚点的选择可以是随机的，也可以是人为设定的，还可以参照系统聚类的分析结果来确定。

1.3　回归分析

回归分析是研究一个因变量与一个或者多个自变量是否相关以及关系强度的统计方法，在找到变量之间的回归关系后，就可以利用这些关系来描述变量之间的关系。只有一个自变量的线性回归分析称为一元线性回归分析，有多个自变量的线性回归分析称为多元线性回归分析，包含非定量变量的线性回归分析称为虚拟变量回归，非线性关系的回归分析称为非线性回归，用以预测发生概率的回归分析称为逻辑回归。本节将分别介绍一元线性回归、多元线性回归、虚拟变量回归、非线性回归和逻辑回归方法。

1.3.1　一元线性回归

1. 数学模型

一元线性回归只包括一个因变量 Y 和一个自变量 X，其回归模型如公式 (1.8) 所示。

$$Y_i = \beta_0 + \beta_1 X_i + \varepsilon_i \tag{1.8}$$

在公式 (1.8) 中，Y 表示因变量，X 表示自变量，ε 表示误差，i 表示第 i 个样本，(x_i, y_i) 表示 (X, Y) 的第 i 个观测值。其中，β_0 和 β_1 表示的是模型的回归系数。$\beta_0 + \beta_1 X_i$ 反映变量间的线性统计关系，是给定 X_i 的条件下，Y 的平均值。将 $Y_i = \beta_0 + \beta_1 X_i$ 称为回归函数，回归函数反映了因变量与自变量之间确定性关系的部分。ε_i 表示由 X 以外的其他一切因素所引起的变动，是因变量与自变量之间随机性关系的部分。

数学模型有如下假定：

(1) 线性回归假定 $E(\varepsilon_i | X_i) = 0$，$E(Y_i | X_i) = \beta_0 + \beta_1 X_i$；

(2) 同方差假定 $\mathrm{Var}(\varepsilon_i | X_i) = \sigma^2$，$\mathrm{Var}(Y_i | X_i) = \sigma^2$；

(3) 序列无关假定 $\mathrm{Cov}(\varepsilon_i, \varepsilon_j) = 0$，$\mathrm{Cov}(Y_i, Y_j) = 0$；

(4) 正态性假定 $\varepsilon_i \sim N(0, \sigma^2)$，$Y_i \sim N(\beta_0 + \beta_1 X_i, \sigma^2)$。

一元线性回归分析的基本任务包括根据样本数据对回归参数进行估计与检验。回归参数的估计一般采用普通最小二乘估计法和极大似然估计法，由于软件能高效准确地估计回归参数，本节不再赘述；回归分析的假设检验的主要任务在于使用统计方法对回归系数进行显著性检验，回归方程的拟合效果需要读者进行评估再分析。

2. 假设检验和拟合优度

1) t 检验

t 检验是统计推断中一种常用的检验方法，在回归分析中，t 检验用于回归系数显著性判断，即检验自变量 X 对因变量 Y 的影响程度是否显著。

t 检验的原假设为 $H_0 : \beta_1 = 0$，备择假设为 $H_1 : \beta_1 \neq 0$。

若原假设成立，则因变量 Y 与自变量 X 之间并没有真正的线性关系，即自变量 X 对因变量 Y 没有显著影响。t 检验使用的检验统计量为 t 统计量。给定显著性水平 α，双侧检验的临界值为 $t_{\alpha/2}$。当 $|t| \geqslant t_{\alpha/2}$ 时，拒绝原假设，认为 β_1 显著不为 0，一元线性回归成立；当 $t < t_{\alpha/2}$ 时，不能拒绝原假设，认为 β_1 与 0 没有显著差异，一元线性回归不成立。

2) F 检验

对回归系数显著性的另一种检验方法是 F 检验，F 检验也可对回归方程的显著性进行检验。F 检验根据平方和分解，直接从回归方程的拟合效果检验回归方程的显著性。

总平方和 $\mathrm{SST} = \sum_{i=1}^{n}(y_i - \overline{y})^2$，回归平方和 $\mathrm{SSR} = \sum_{i=1}^{n}(\hat{y}_i - \overline{y})^2$，残差平方和 $\mathrm{SSE} = \sum_{i=1}^{n}(y_i - \hat{y}_i)^2$，容易得到平方和的分解式为 $\mathrm{SST} = \mathrm{SSR} + \mathrm{SSE}$。总平方和反映因变量的总的波动程度；回归平方和 SSR 是由回归方程确定的，也就是自变量 X 的波动引起的因变量的波动程度；误差平方和 SSE 则是不能用自变量解释的波动，是由 X 之外的不能控制的因素引起的。显然，回归平方和 SSR 越大，回归的效果越好。

F 检验的假设与 t 检验相同，其检验统计量如公式 (1.9) 所示。

$$F = \frac{\mathrm{SSR}/1}{\mathrm{SSE}/(n-2)} \tag{1.9}$$

在正态假设下，当原假设成立时，F 服从自由度为 $(1, n-2)$ 的 F 分布。给定显著性水平 α，F 检验的临界值为 $F_\alpha(1, n-2)$。当 $F \geqslant F_\alpha(1, n-2)$ 时，拒绝原假设，说明回归方程显著，X 与 Y 有显著的线性关系。

3) 样本可决系数

由前述回归平方和与残差平方和的含义可知，回归平方和在总平方和中所占的比重越大，线性回归效果越好，表明回归直线对样本观测值的拟合优度越好。最理想的情况是所有观察值均落在回归直线上，此时 $\mathrm{SSE} = 0$。如果残差平方和所占的比重大，则说明回归直线对样本观测值的拟合效果不理想，最坏的情况是 $\mathrm{SSR} = 0$，此时估计回归方程式完全无法预测。

将回归平方和与总离差平方和之比定义为样本可决系数，记为 R^2，如公式 (1.10) 所示。

$$R^2 = \frac{\mathrm{SSR}}{\mathrm{SST}} = \frac{\sum_{i=1}^{n}(\hat{y}_i - \overline{y})^2}{\sum_{i=1}^{n}(y_i - \overline{y})^2} \tag{1.10}$$

样本可决系数 R^2 是一个衡量回归直线对样本观测值拟合优度的相对指标，反映了因变量的波动中能用自变量解释的比例。R^2 的值总是在 0 到 1 之间，R^2 越接近于 1，拟合优度就越好；反之，说明模型中所给出的 X 对 Y 的信息还不充分，回归方程的效果不好，应进行修改，使 X 与 Y 的信息得到充分利用。

1.3.2 多元线性回归

1. 数学模型

多元线性回归是指自变量多于一个变量的回归,不包括因变量是多元的情况。其可以表示为公式 (1.11) 所示的回归模型。

$$Y_i = \beta_0 + \beta_1 X_{i1} + \beta_2 X_{i2} + \cdots + \beta_k X_{ik} + \varepsilon_i, \quad i = 1, 2, \cdots, n \tag{1.11}$$

在公式 (1.11) 中,各自变量的最高次幂皆为 1 次,因此称为多元线性回归模型,其中 β_0 为截距,β_i $(i = 1, 2, \cdots, k)$ 为斜率。

同样地,多元线性回归的回归参数一般使用最小二乘法估计确定,此处不再赘述;不同于一元线性回归分析,在多元线性回归分析中,既有关于回归方程整体显著性的检验,又有关于单个回归系数的显著性检验。

2. 假设检验和拟合优度

1) 回归方程整体显著性检验

回归方程整体显著性检验主要针对所有自变量联合起来是否影响因变量进行检验,使用的检验方法是方差分析。设原假设为 $H_0: \beta_1 = \beta_2 = \cdots = \beta_i = 0$,备择假设为 $H_1:$ 至少有一个 $\beta_i \neq 0$ $(i = 1, 2, \cdots, k)$。方差分析的检验统计量为 F 统计量,其计算过程如表 1.1 所示,若 $F > F_{\alpha(k, n-k-1)}$,则拒绝原假设,表示各回归系数不全为 0,模型总体上具有显著性。

表 1.1 方差分析表

变因	自由度	平方和	均方	F 值
回归 (R)	k	$\mathrm{SSR} = b^{\mathrm{T}} x^{\mathrm{T}} y$	MSR	$F = \mathrm{MSR}/\mathrm{MSE}$
残差 (E)	$n - k - 1$	$\mathrm{SSE} = e^{\mathrm{T}} e$	MSE	
总计 (T)	$n - 1$	$\mathrm{SST} = y^{\mathrm{T}} y$		

2) 单个回归系数的显著性检验

F 检验并不能回答我们更感兴趣的问题,即这些 β 当中,哪些可以看作 0,哪些不可以。该问题的假设是:对于某一个 β_i $(i = 1, 2, \cdots, k)$,$H_0: \beta_i = 0$;$H_1: \beta_i \neq 0$。

对这一类问题的假设检验结果会直接影响到最后的回归方程。例如,若不能拒绝 $\beta_3 = 0$,则在最后的回归方程式中,就可以考虑把 $X_3 \beta_3$ 这一项去掉,即认为自变量 X_3 对 Y 没有显著影响,无须在回归方程中加以考虑。对单个系数的显著性检验有助于我们正确认识变量之间的关系,也有助于简化回归模型。与一元回归中系数的显著性检验相同,对单个回归系数的检验使用 t 检验。

3) 调整后的样本可决系数

与一元线性回归分析一样,对于多元线性回归分析,可以使用样本可决系数来评价模型的拟合效果。

由于有多个备选自变量,因此在多元回归中通常需要进行变量选择的工作。在比较不同的模型时,一个自然的想法是选择样本可决系数较大的模型。不过,样本可决系数有一个局限,即在模型中引入的自变量数目越多,R^2 越大,即使新引入的变量对因变量没有显著影响，R^2 也会增大。因此，如果根据 R^2 选择变量，则最终选择的模型将是自变量数目最多的模型，其中可能有若干变量是冗余的，徒增模型的复杂性。而且，如果自变量之间有较强的相关性，则冗余变量的存在会降低回归参数估计的精度。因此，对于多元回归而言，更常用的拟合优度评价指标是调整后的样本可决系数。

调整后的样本可决系数是在初始样本可决系数的基础上进行自由度的修正，其计算公式如 (1.12) 所示。

$$\text{Adj.}R^2 = 1 - \frac{\sum\limits_{i=1}^{n}(\hat{y}_i - \overline{y})^2/(n-k-1)}{\sum\limits_{i=1}^{n}(y_i - \overline{y})^2/(n-1)} \tag{1.12}$$

如果新进入的变量对解释变量没有实质性作用，则新模型调整后的 R^2 将会降低。因此，调整后的 R^2 可以作为选择变量的依据。

1.3.3 虚拟变量回归

对一些自变量是定性变量的情形，无法使用一元线性回归分析或者多元线性回归分析，需先给予数量化处理。处理方法是引进只取 0 和 1 两个值的虚拟自变量，将定性变量数量化。当某一属性出现时，虚拟变量取值为 1，否则取值为 0。

1. 简单情况

首先讨论定性变量只取两类可能值的情况，例如研究粮食产量问题，因变量为粮食产量，自变量为施肥量，另外再考虑气候问题，分为正常年份和干旱年份两种情况。对这个问题的数量化方法是引入一个 0-1 型变量 D，令

$$D_i = 1, \quad \text{表示正常年份}$$
$$D_i = 0, \quad \text{表示干旱年份}$$

则粮食产量的回归模型如公式 (1.13) 所示。

$$Y_i = \beta_0 + \beta_1 X_i + \beta_2 D_i + \varepsilon_i \tag{1.13}$$

其中，干旱年份的粮食平均产量为 $E(y_i|D_i = 0) = \beta_0 + \beta_1 X_i$，正常年份的粮食平均产量为 $E(y_i|D_i = 1) = (\beta_0 + \beta_2) + \beta_1 X_i$。这里有一个前提条件，就是认为干旱年份与正常年份回归直线的斜率 β_1 是相等的，也就是说，不论是干旱年份还是正常年份，施肥量 X 每增加一个单位，粮食产量 Y 平均都增加相同的数量 β_1。参数估计仍采用普通最小二乘法。

以上定性自变量只取两个可能值：干旱或正常，一般情况就是取 "是" 或 "否" 两个值，只需用一个 0-1 型自变量表示即可。以下把这种自变量只取两个值的情况推广到取多个值的情况。

2. 复杂情况

某些场合定性自变量可能取多类值，例如某商厦策划营销方案，需要考虑销售额的季节性影响，季节因素分为春季、夏季、秋季、冬季四种情况。为了用定性自变量反映春、夏、

秋、冬四季，初步设想引入如下四个 0-1 型自变量。

$$\begin{cases} X_1 = 1, & 春季, \\ X_1 = 0, & 其他; \end{cases} \quad \begin{cases} X_2 = 1, & 夏季 \\ X_2 = 0, & 其他 \end{cases}$$

$$\begin{cases} X_3 = 1, & 秋季, \\ X_3 = 0, & 其他; \end{cases} \quad \begin{cases} X_4 = 1, & 冬季 \\ X_4 = 0, & 其他 \end{cases}$$

可是这样做却产生了一个新的问题，即四个自变量 X_1, X_2, X_3, X_4 之和恒等于 1，构成完全多重共线性，解决这个问题的方法很简单，只需去掉一个 0-1 型变量，只保留三个 0-1 型自变量即可。例如去掉 X_4，只保留 X_1, X_2, X_3。

对一般情况，一个定性变量有 k 类可能的取值时，需要引入 $k-1$ 个 0-1 型自变量。当 $k = 2$ 时，只需要引入一个 0-1 型自变量即可。

对于包含多个 0-1 型自变量的计算，仍采用普通最小二乘法，假设检验和拟合优度与多元线性回归一致，此处不再赘述。

1.3.4　非线性回归

对于非线性形式的回归问题，显然不能照搬线性回归模型。转化非线性形式是处理这一问题的常用方法，可以将自变量与因变量的函数转化为线性关系，利用线性回归求解未知参数。例如，常见的非线性回归模型如公式 (1.14) 至公式 (1.17) 所示。

$$Y = \beta_0 + \beta_1 e^{bX} + \varepsilon \tag{1.14}$$

$$Y = \beta_0 + \beta_1 X + \beta_2 X^2 + \cdots + \beta_p X^p + \varepsilon \tag{1.15}$$

$$Y = a e^{bX} e^{\varepsilon} \tag{1.16}$$

$$Y = a e^{bX} + \varepsilon \tag{1.17}$$

公式 (1.14)，令 $X' = e^{bX}$，即可转化为线性形式 $Y = \beta_0 + \beta_1 X' + \varepsilon$。

公式 (1.15)，令 $X_1 = X, \cdots, X_p = X^p$，线性形式 $Y = \beta_0 + \beta_1 X_1 + \beta_2 X_2 + \cdots + \beta_p X_p + \varepsilon$。

公式 (1.16)，等式两边同时取自然对数，得 $\ln Y = \ln a + bX + \varepsilon$，再令 $Y' = \ln Y$，$\beta_0 = \ln a$，$\beta_1 = b$，得到线性形式 $Y' = \beta_0 + \beta_1 X + \varepsilon$。

公式 (1.17)，不能通过对等式两边同时取自然对数的方法将回归模型线性化，只能用非线性最小二乘法求解。

在 SPSS 软件中，给出了 9 种常见的可线性化的非线性回归方程，如表 1.2 所示。

表 1.2　SPSS 软件中 9 种常见的可线性化的非线性回归方程

英文名称	中文名称	方程形式
Logarithmic	对数函数	$Y = \beta_0 + \beta_1 \ln X$
Inverse	逆函数	$Y = \beta_0 + \beta_1 / X$
Quadratic	二次曲线	$Y = \beta_0 + \beta_1 X + \beta_2 X^2$
Cubic	三次曲线	$Y = \beta_0 + \beta_1 X + \beta_2 X^2 + \beta_3 X^3$
Power	幂函数	$Y = \beta_0 X^{\beta_1}$
Compound	复合函数	$Y = \beta_0 \beta_1^X$
S	S 型函数	$Y = \exp\{\beta_0 + \beta_1 / X\}$
Growth	增长函数	$Y = \exp\{\beta_0 + \beta_1 X\}$
Exponential	指数函数	$Y = \beta_0 \exp\{\beta_1 X\}$

1.3.5 逻辑回归

1. 基本理论

当因变量是一个二元变量的时候，即因变量的取值为 0 或 1。因变量取 1 的概率 $p = P(Y = 1)$ 就是要研究的对象。如果有很多的自变量影响 Y 的取值，这些自变量可以为定性变量，也可以为数值变量。逻辑回归的模型如公式 (1.18) 所示。

$$\ln \frac{p}{1-p} = \beta_0 + \beta_1 X_1 + \cdots + \beta_k X_k \tag{1.18}$$

即 $\ln \dfrac{E(y)}{1-E(y)}$ 是 $X_1, X_2, \cdots, X_k$ 的线性函数。由于公式 (1.18) 所确定的模型相当于广义线性模型，可以系统地应用线性模型的方法，在处理时比较简单。

2. 数学模型

针对 0-1 型因变量产生的问题，这里对回归模型应该做两个方面的改进。

(1) 回归函数应该改用限制在 [0, 1] 区间内的连续曲线，而不能再沿用直线回归方程，限制在 [0, 1] 区间内的连续曲线有很多，例如所有连续型随机变量的分布函数都符合要求，人们常用的是 Logistic 函数与正态分布函数。Logistic 函数的形式如公式 (1.19) 所示。

$$f(x) = \frac{\mathrm{e}^x}{1 + \mathrm{e}^x} = \frac{1}{1 + \mathrm{e}^{-x}} \tag{1.19}$$

Logistic 函数示意图如图 1.2 所示。

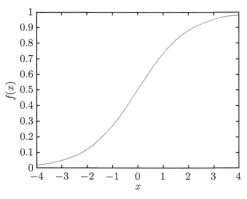

图 1.2　Logistic 函数示意图

(2) 因变量 Y_i 本身只取 0，1 两个离散值，不适于直接作为回归模型中的因变量，由于回归函数 $E(Y_i) = \pi_i = \beta_0 + \beta_1 X_i$ 表示在自变量为 X_i 的条件下 Y_i 的均值，而 Y_i 是 0-1 型随机变量，因而 $E(Y_i) = \pi_i$ 就是在自变量为 X_i 的条件下 Y_i 等于 1 的比例。因此可以用 Y_i 等于 1 的比例代替 Y_i 本身作为因变量。

3. 与一般回归分析的区别

Logistic 回归不同于一般回归分析的地方在于它直接预测出了事件发生的概率。Logistic 回归与多元回归还有着很大的差异，概率值可以是 0 ~ 1 的任何值，但是预测值必须落入 [0, 1] 的区间。这样，Logistic 回归假定解释变量与被解释变量之间的关系类似于 S 型曲线。而且，不能从普通回归的角度来分析 Logistic 回归，因为这样做会违反几个假定：首先，离散变量的误差形式遵从 Bernoulli 分布，而不是正态分布，这样使得基于正态性假设的统计检验无效；其次，0-1 型变量的方差不是常数，会造成异方差性。Logistic 回归是专门处理这些问题的。它的解释变量与被解释变量之间独特的关系使得在估计、评价拟合度和解释系数方面有不同的方法。

估计 Logistic 回归模型与估计多元回归模型的方法是不同的。多元回归采用最小二乘估计，将被解释变量的真实值与预测值差异的平方和最小化。而 Logistic 变换的非线性特征使得在估计模型的时候采用最大似然估计的迭代方法，找到系数的 "最可能" 的估计。这样在计算整个模型拟合度的时候，就采用似然值而不是离差平方和。

1.4 预测方法

预测是指对事物的演化预先做出的科学推测，往往需要依据现有的数据推演出预期的数据，从而对未来的决策提供一定的依据。本节将介绍时间序列预测、灰色系统预测这两种预测方法，挖掘、发现、掌握系统演化规律，从而对未来状态做出科学的定量预测。

1.4.1 时间序列预测

时间序列预测法属于回归预测方法。其基本原理是，一方面承认事物发展的延续性，运用过去的时间序列数据进行统计分析，推测出事物的发展趋势；另一方面充分考虑到由于偶然因素影响而产生的随机性，为了消除随机波动产生的影响，利用历史数据进行统计分析，并对数据进行适当处理，进行趋势预测。本节将介绍时间序列预测中的两种主要方法：移动平均法和指数平滑法。

1. 移动平均法

移动平均对数列具有平滑修匀作用，移动项数越多，平滑修匀作用越强。简单移动平均法和加权移动平均法最为常见，分别如公式 (1.20) 和公式 (1.21) 所示。

$$\hat{Y}_{t+1} = M_t = \frac{Y_t + Y_{t-1} + \cdots + Y_{t-N+1}}{N} \tag{1.20}$$

$$\hat{Y}_{t+1} = M_{tw} = \frac{w_1 Y_t + w_2 Y_{t-1} + \cdots + w_N Y_{t-N+1}}{w_1 + w_2 + \cdots + w_N} \tag{1.21}$$

在公式 (1.20) 中，M_t 为 t 期移动平均数；N 为移动平均的项数。在公式 (1.21) 中，M_{tw} 为 t 期加权移动平均数；w_i 为 Y_{t-i+1} 的权数，它体现了相应的 Y_t 在加权平均数中的重要性。简单移动平均法只适合近期预测，即只能对后续相邻的那一项进行预测。不能完整地反映原数列的长期趋势，不便于直接根据修匀后的数列进行长期预测。加权移动平均法考虑各期数据的重要性，对近期数据给予较大的权重。

2. 指数平滑法

指数平滑法既不需要存储很多历史数据，又考虑了各期数据的重要性，而且使用了全部历史资料，包含一次指数平滑法、二次指数平滑法和三次指数平滑法。

(1) 一次指数平滑法

$$S_t^{(1)} = \alpha y_t + (1-\alpha)S_{t-1}^{(1)}$$

$$\hat{Y}_{t+1} = S_t^{(1)}$$

其中上标 "(1)" 表示一次指数平滑；α 为平滑系数；S_t 表示第 t 期的预测值 (或指数平滑值)；y_t 表示第 t 期的实际值；$\hat{Y}_{t+1}$ 表示 $t+1$ 期的预测值，即本期 (t 期) 的平滑值 S_t。因此，一次指数平滑值计算公式表明 t 期的一次指数平滑值等于本期的实际值与上一期的一次指数平滑值的加权和，其中 $S_0^{(1)}$ 通常根据经验事先给出，或 $S_0^{(1)} = \dfrac{y_1 + y_2}{2}$。

(2) 二次指数平滑法

$$S_t^{(2)} = \alpha S_t^{(1)} + (1-\alpha)S_{t-1}^{(2)}$$

$$\hat{Y}_{t+T} = a_t + b_t T$$

其中 $a_t = 2S_t^{(1)} - S_t^{(2)}$，$b_t = \dfrac{\alpha}{1-\alpha}(S_t^{(1)} - S_t^{(2)})$，$T$ 表示由 t 期向右推移期数。

(3) 三次指数平滑法

$$S_t^{(3)} = \alpha S_t^{(2)} + (1-\alpha)S_{t-1}^{(3)}$$

$$\hat{Y}_{t+T} = a_t + b_t T + c_t T^2$$

其中 $a_t = 3S_t^{(1)} - 3S_t^{(2)} + S_t^{(3)}$，$b_t = \dfrac{\alpha}{2(1-\alpha)^2}[(6-5\alpha)S_t^{(1)} - 2(5-4\alpha)S_t^{(2)} + (4-3\alpha)S_t^{(3)}]$，

$$c_t = \dfrac{\alpha^2}{2(1-\alpha)^2}[S_t^{(1)} - 2S_t^{(2)} + S_t^{(3)}]。$$

1.4.2 灰色系统预测

灰色系统预测方法通过原始数据处理和灰色模型建立，能够对一系列行为效果已知而行为原因较模糊的抽象灰色系统进行预测分析。社会系统、经济系统、生态系统都是灰色系统，其适用性较为广泛。

1. 数学模型

灰色系统预测中的数列预测较为常见且使用更广泛，其模型如公式 (1.22) 至公式 (1.25) 所示。

设原始序列如公式 (1.22) 所示。

$$X^{(0)} = (x^{(0)}(1), x^{(0)}(2), \cdots, x^{(0)}(n)) \tag{1.22}$$

相应的预测模型模拟序列如公式 (1.23) 所示。

$$\hat{X}^{(0)} = (\hat{x}^{(0)}(1), \hat{x}^{(0)}(2), \cdots, \hat{x}^{(0)}(n)) \tag{1.23}$$

残差序列如公式 (1.24) 所示。

$$
\begin{aligned}
\varepsilon^{(0)} &= (\varepsilon(1), \varepsilon(2), \cdots, \varepsilon(n)) \\
&= (x^{(0)}(1) - \hat{x}^{(0)}(1), x^{(0)}(2) - \hat{x}^{(0)}(2), \cdots, x^{(0)}(n) - \hat{x}^{(0)}(n))
\end{aligned}
\tag{1.24}
$$

相对误差序列如公式 (1.25) 所示。

$$
\Delta = \left\{ \left| \frac{\varepsilon(1)}{x^{(0)}(1)} \right|, \left| \frac{\varepsilon(2)}{x^{(0)}(2)} \right|, \cdots, \left| \frac{\varepsilon(n)}{x^{(0)}(n)} \right| \right\} = \{\Delta_k\}_1^n
\tag{1.25}
$$

(1) 对于 $k \leqslant n$，称 $\Delta_k = \left| \dfrac{\varepsilon(k)}{x^{(0)}(k)} \right|$ 为 k 点模拟相对误差，称 $\overline{\Delta} = \dfrac{1}{n} \sum_{k=1}^{n} \Delta_k$ 为平均相对误差；

(2) 称 $1 - \overline{\Delta}$ 为平均相对精度，$1 - \Delta_k$ 为 k 点的模拟精度，$k = 1, 2, \cdots, n$；

(3) 给定 α，当 $\overline{\Delta} < \alpha$ 且 $\Delta_n < \alpha$ 成立时，称模型为残差合格模型。

2. 模型检验

定义 1.1　设 $X^{(0)}$ 为原始序列，$\hat{X}^{(0)}$ 为相应的模拟序列，ε 为 $X^{(0)}$ 与 $\hat{X}^{(0)}$ 的绝对关联度，若对于给定的 $\varepsilon_0 > 0$，有 $\varepsilon > \varepsilon_0$，则称模型为关联度合格模型。

定义 1.2　设 $X^{(0)}$ 为原始序列，$\hat{X}^{(0)}$ 为相应的模拟序列，$\varepsilon^{(0)}$ 为残差序列，则

$$
\overline{x} = \frac{1}{n} \sum_{k=1}^{n} x^{(0)}(k), \quad S_1^2 = \frac{1}{n} \sum_{k=1}^{n} \left[x^{(0)}(k) - \overline{x} \right]^2
$$

分别为 $X^{(0)}$ 的均值、方差；

$$
\overline{\varepsilon} = \frac{1}{n} \sum_{k=1}^{n} \varepsilon(k), \quad S_2^2 = \frac{1}{n} \sum_{k=1}^{n} \left[\varepsilon(k) - \overline{\varepsilon} \right]^2
$$

分别为残差的均值、方差。

(1) C 为均方差比值，$C = \dfrac{S_2}{S_1}$，其中

$$
S_1 = \sqrt{\frac{1}{n} \sum_{k=1}^{n} (x^{(0)}(k) - \overline{x})^2}, \quad S_2 = \sqrt{\frac{1}{n} \sum_{k=1}^{n} (\varepsilon(k) - \overline{\varepsilon})^2}
$$

对于给定的 $C_0 > 0$，当 $C < C_0$ 时，称模型为均方差比合格模型。

(2) p 为小误差概率，$p = P(|\varepsilon(k) - \overline{\varepsilon}| < 0.674 S_1)$，对于给定的 $p_0 > 0$，当 $p < p_0$ 时，称模型为小误差概率合格模型。

上述定义给出了检验模型的三种方法。这三种方法都是通过对残差的考察来判断模型的精度的，其中平均相对误差 $\overline{\Delta}$ 和模拟误差都要求越小越好，绝对关联度 ε 要求越大越好，均方差比值 C 越小越好 (因为 C 小说明 S_2 小，S_1 大，即残差方差小，原始数据方差大，说明

残差比较集中，摆动幅度小；原始数据比较分散，摆动幅度大，所以模拟效果好要求 S_2 与 S_1 相比尽可能小)，以及小误差概率 p 越大越好，给定 $\alpha, \varepsilon_0, C_0, p_0$ 的一组取值，就确定了检验模型模拟精度的一个等级。常用的精度等级如表 1.3 所示，可供检验模型参考。

一般情况下，最常使用的是相对误差检验指标。

表 1.3 精度检验等级参照表

精度等级	指标临界值			
	相对误差 α	绝对关联度 ε_0	均方差比值 C_0	小概率误差 p_0
一级	0.01	0.90	0.35	0.95
二级	0.05	0.80	0.50	0.80
三级	0.10	0.70	0.65	0.70
四级	0.20	0.60	0.80	0.60

1.5 基于 SPSS 和灰色建模软件的数据分析与挖掘应用介绍

为有效扩大数据分析与挖掘方法的应用场景，本节将从案例视角出发，分别介绍基于 SPSS 的相关性分析、降维分析、回归分析与时间序列预测，以及基于灰色建模软件的灰色关联度分析与灰色系统预测。

1.5.1 基于 SPSS 的数据分析与挖掘应用

本节将借助于 SPSS 26 软件，并结合众多丰富的案例，对相关性分析、降维分析、回归分析、时间序列预测进行实际应用。

1. 相关性分析

例 1.1 为了调查某产品投入广告能否对销售收入产生影响。某商店记录了 12 个月的销售收入 y (万元) 与广告费 x (万元)，资料如表 1.4 所示。

表 1.4 某商店 12 个月的销售收入与广告费

月份	1	2	3	4	5	6	7	8	9	10	11	12
x	2	2	3	4	5	4.5	5.5	7.5	8	9	10	11
y	30	35	40	45	50	55	66	75	85	100	110	120

问：产品的销售收入与广告费是否具有相关性？若具有，相关性大小如何？

解 第一步：打开 SPSS 软件，输入表 1.4 所示数据，如图 1.3(a) 所示。

第二步：选择菜单栏中的 "分析"→"相关"→"双变量" 子菜单，如图 1.3(b) 所示。

第三步：在弹出的 "双变量相关性" 对话框中设置参数。首先将 "x""y" 添加到右侧的 "变量" 中，然后选择 "相关系数" 中的 "皮尔逊" 以及 "显著性检验" 中的 "双尾"，并选择 "标记显著性相关性" 复选框，如图 1.3(c) 所示。

第四步：单击 "确定" 按钮，得到相关性分析和描述性分析的结果，如图 1.3(d) 所示。

由图 1.3(d) 可知，皮尔逊相关性数值为 0.989；双尾检验 P 值为 0.000，检验通过。相关性分析的结果表明：产品的销售收入与广告费的相关性较大，呈现高度线性相关，销售收入和广告费的变化呈函数关系。

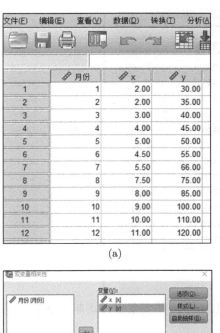
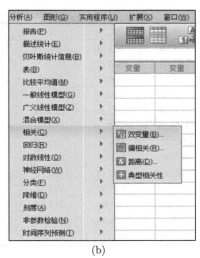

图 1.3 基于 SPSS 的相关性分析

2. 降维分析

1) 主成分分析

例 1.2 表 1.5 刻画了 2020 年江苏省 13 市经济指标体系: 人均地区生产总值 (元)、房地产开发投资 (亿元)、一般公共预算收入 (亿元)、境外投资情况 (万美元)、居民储蓄存款余额 (亿元)、居民消费价格指数、城市居民人均可支配收入 (元)、农村居民人均可支配收入 (元), 并将具体的经济指标数据整理为表 1.6。

表 1.5 经济指标体系

一级指标	二级指标		数据方向
经济发展	X_1	人均地区生产总值 (元)	正
	X_2	房地产开发投资 (亿元)	正
	X_3	一般公共预算收入 (亿元)	正
	X_4	境外投资情况 (万美元)	正
人民生活水平	X_5	居民储蓄存款余额 (亿元)	正
	X_6	居民消费价格指数	正
	X_7	城市居民人均可支配收入 (元)	正
	X_8	农村居民人均可支配收入 (元)	正

表 1.6 经济指标数据

城市	X_1	X_2	X_3	X_4	X_5	X_6	X_7	X_8
南京	159322	2631.40	1637.70	42834	39056.06	102.4	67553	29621
无锡	165851	1350.02	1075.70	123720	12000.13	102.3	64714	35750
徐州	80673	867.07	481.82	46394	5887.38	102.8	37523	21229
常州	147939	1042.73	616.60	35794	10716.53	102.5	60529	32364
苏州	158466	2673.66	2303.00	160361	21172.37	102.2	70966	37563
南通	129900	1257.10	639.30	46403	8525.89	102.4	52484	26141
连云港	71303	368.21	245.17	9573	3038.59	102.5	36722	19237
淮安	87507	368.16	264.21	1070	3266.89	102.4	40318	19730
盐城	88731	516.87	400.10	32173	4603.03	102.3	40403	23670
扬州	132784	833.97	337.27	9568	5366.44	102.5	47202	24813
镇江	131580	400.92	311.74	31888	3038.54	102.4	54572	28402
泰州	117542	493.45	375.20	30430	4168.96	102.9	49103	24615
宿迁	65503	367.70	221.17	3427	1880.68	102.4	32015	19466

注：数据来源于《江苏统计年鉴 2021》。

问：试使用 SPSS 提取经济发展指标的主成分，并依据方差贡献率和碎石图准则选择合适的主成分数量。

解 第一步：输入表 1.6 所示数据，选择菜单栏中的 "分析"→"降维"→"因子" 子菜单，如图 1.4(a) 所示。

第二步：在 "因子分析" 对话框，将原始变量添加到 "变量" 中，如图 1.4(b) 所示。

第三步：单击 "描述" 按钮，选择 "初始解" 和 "KMO 和巴特利特球形度检验" 复选框，并单击 "继续" 按钮，如图 1.4(c) 所示。

第四步：单击 "提取" 按钮，"方法" 选择 "主成分"，选择 "相关性矩阵"、"未旋转因子解" 和 "碎石图"，设定 "提取" 的 "特征值大于" 1，如图 1.4(d)。

第五步：选项设置完毕，单击 "确定" 按钮，得到输出结果，KMO 和巴特利特球形度检验结果如图 1.4(e) 所示，方差贡献率结果如图 1.4(f) 所示，碎石图结果如图 1.4(g) 所示。

(a)

总方差解释					
成分	初始特征值			提取载荷平方和		
	总计	方差百分比	累积%	总计	方差百分比	累积%
1	5.866	73.326	73.326	5.866	73.326	73.326
2	.841	10.516	83.841			
3	.735	9.187	93.029			
4	.470	5.872	98.901			
5	.038	.476	99.377			
6	.027	.337	99.715			
7	.018	.222	99.937			
8	.005	.063	100.000			

提取方法: 主成分分析法。

(f)

图 1.4　基于 SPSS 的主成分分析

由图 1.4(e) 可知, KMO 统计量为 0.741, 表明主成分分析可行, 巴特利特球形度检验通过。由图 1.4(f) 可知, 由于前两个主成分的累加值大于 70%, 可以较好概括原始变量的信息, 因此提取前两个主成分作为降维结果。由图 1.4(g) 可以看出, 前两个主成分的特征值下降极为明显, 往后的下降速度趋于缓慢, 因此提取前两个主成分作为江苏省 13 市 8 个经济指标的降维结果, 与方差贡献率准则一致。

2) 聚类分析

例 1.3 统计 16 省 (自治区、直辖市) 的食品、衣着、燃料、住房等六项指标，如表 1.7 所示。

表 1.7 16 省 (自治区、直辖市) 六项指标的统计数据

地区	食品	衣着	燃料	住房	生活用品	文化消费
北京	190	44	10	60	49	9
天津	135	36	11	44	36	4
河北	95	23	9	22	22	2
山西	104	26	6	10	18	3
内蒙古	128	28	9	13	24	3
辽宁	145	33	18	27	39	3
吉林	159	33	18	11	25	5
黑龙江	116	29	13	14	21	6
上海	221	39	12	115	50	6
江苏	145	30	12	42	27	6
浙江	170	33	13	47	34	5
安徽	153	23	16	23	18	6
福建	145	21	17	19	21	7
江西	140	21	18	19	15	5
山东	116	30	12	33	33	4
河南	101	23	8	20	20	3

问：依据六项指标水平，运用 SPSS 对 16 省 (自治区、直辖市) 进行系统聚类和快速聚类。

(1) 系统聚类。

解 第一步：输入表 1.7 所示数据，选择菜单栏中"分析"→"分类"→"系统聚类"子菜单，如图 1.5(a) 所示。

第二步：在"系统聚类分析"对话框，将"地区"变量添加到"个案标注依据"中，将"食品、衣着、燃料、住房、生活用品、文化消费"添加到"变量"中。在"聚类"中单击"个案"单选按钮，"显示"中选择"统计"和"图"复选框，表示要输出的结果包含以上两项，如图 1.5(b) 所示。

第三步：单击"统计"按钮，"解的范围"设定 2~4 类，表示分为 2 类、3 类和 4 类，如图 1.5(c) 所示。

第四步：设置完毕后，单击"确定"按钮，即可得到输出结果分析如图 1.5(d) 所示。

图 1.5(d) 展示了城市分别聚为 2 类、3 类和 4 类的类别归属情况。当聚类个数选择 2 的时候，上海归为一类，其他城市归为另一类。当聚类个数选择为 3 时，北京、浙江归为一类，上海归为一类，其他城市归为一类。当聚类个数选择为 4 时，北京、浙江归为一类，上海归为一类，天津、辽宁、吉林、江苏、安徽、福建、江西归为一类，其他城市归为一类。

(a)

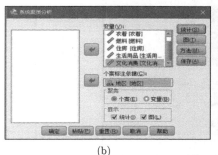

(b)

(c)

聚类成员			
个案	4个聚类	3个聚类	2个聚类
1:北京	1	1	1
2:天津	2	2	1
3:河北	3	2	1
4:山西	3	2	1
5:内蒙古	3	2	1
6:辽宁	2	2	1
7:吉林	2	2	1
8:黑龙江	3	2	1
9:上海	4	3	2
10:江苏	2	2	1
11:浙江	1	1	1
12:安徽	2	2	1
13:福建	2	2	1
14:江西	2	2	1
15:山东	3	2	1
16:河南	3	2	1

(d)

图 1.5　基于 SPSS 的系统聚类分析

(2) 快速聚类。

第一步：选择菜单栏中"分析"→"分类"→"K-均值聚类"子菜单，如图 1.6(a) 所示。

第二步：弹出"K 均值聚类分析"对话框，将"地区"添加到"个案标注依据"中，将"食品、衣着、燃料、住房、生活用品、文化消费"添加到"变量"中，并设定"聚类数"为 3，如图 1.6(b) 所示。

第三步：单击"选项"按钮，选择"初始聚类中心"和"每个个案的聚类信息"复选框，并单击"继续"按钮，如图 1.6(c) 所示。

第四步：单击"确定"按钮，得到快速聚类法的输出结果，如图 1.6(d) 所示。

图 1.6(d) 的输出结果表明：每个城市从属的聚类类别以及度量指标距离的数值。当聚类个数选择为 3 时，北京、天津、辽宁、吉林、江苏、浙江、安徽、福建归为一类，上海归为一类，其他城市归为一类。相较于系统聚类中 3 个类别归属，快速聚类的结果与之有显著的差异。

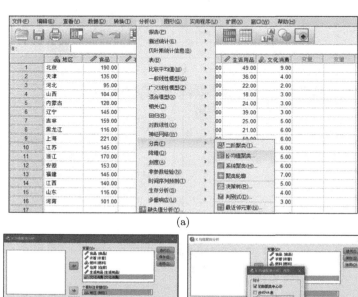

图 1.6　基于 SPSS 的快速聚类分析

3. 回归分析

1) 一元线性回归

以例 1.1 中 12 个月的销售收入 y (万元) 与广告费 x (万元) 为例。

问：①当广告费每增加 1 万元时，销售收入平均增加多少万元？②当广告费为 4.2 万元时，销售收入平均达到多少？

解　第一步：选择菜单栏中 "分析"→"回归"→"线性" 子菜单，如图 1.7(a) 所示。

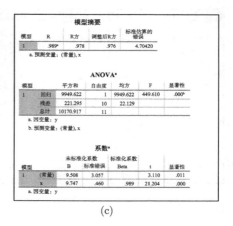

(a)

(b)

(c)

图 1.7　基于 SPSS 的一元线性回归

第二步：将 "y""x" 分别添加到 "因变量" 与 "自变量" 中，如图 1.7(b) 所示。

第三步：单击 "确定" 按钮，得到输出结果，如图 1.7(c) 所示。

从图 1.7(c) 中可以看出，样本可决系数 $R^2 = 0.978$，回归平方和在总平方和中所占的比重较大，回归直线对样本观测值的拟合优度较好；方差分析的显著性数值明显小于显著性水平 0.05，说明拟合优度较好；"x" 系数的 t 检验统计量为 21.204，查表可知 t 检验通过，显著性数值明显小于显著性水平 0.05，两者共同说明自变量对因变量的影响程度显著，线性回归模型成立。

结合图 1.7(c) 的结果，可将线性回归模型归纳为 $y = 9.747x + 9.508$。当广告费每增加 1 万元时，销售收入平均增加 9.747 万元。当广告费为 4.2 万元时，销售收入平均达到 $\hat{y} = 9.747 \times 4.2 + 9.508 = 50.4454$（万元）。

2) 多元线性回归

例 1.4 某快递服务公司的人事经理为了制订对雇员实现按工作时间计酬的分配方案。随机抽取 10 名雇员一个月的业务记录，计算了他们平均每天投递行驶的距离、业务次数与工作时间的资料，如表 1.8 所示。

表 1.8 某快递服务公司相关数据

雇员编号	1	2	3	4	5	6	7	8	9	10	合计
工作时间	9.3	4.8	8.9	6.5	4.2	6.2	7.4	6	7.6	6.1	67
行驶距离	100	50	100	100	50	80	75	65	90	90	800
业务次数	4	3	4	2	2	2	3	4	3	2	29

问：试分析行驶距离和业务次数各自对工作时间的影响如何？

解 第一步：与一元线性回归分析类似，将"行驶距离""业务次数"分别添加到"自变量"中，将"工作时间"添加到"因变量"中，如图 1.8(a) 所示。

第二步：单击"确定"按钮，得到输出结果，如图 1.8(b) 所示。

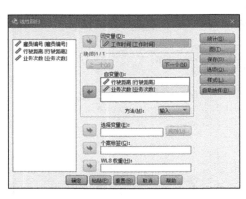

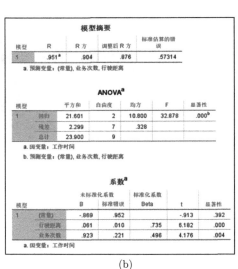

(a)   (b)

图 1.8　基于 SPSS 的多元线性回归

由图 1.8(b) 可得，样本可决系数 $R^2 = 0.904$，多元线性回归模型对于例 1.4 的数据拟合能力较强；调整后的 $R^2 = 0.876$，相较于 R^2 虽出现一定程度的下降，但仍然说明了拟合程度较优；方差分析的显著性检验 P 值明显小于 0.05，说明回归效果非常显著；行驶距离的 t 检验统计量为 6.182，显著性检验 P 值明显小于 0.05，说明行驶距离对工作时间有显著影响；业务次数的 t 检验统计量为 4.176，显著性检验 P 值明显小于 0.05，说明业务次数对工作时间有显著影响。综上，线性回归模型：$\hat{y} = -0.869 + 0.061x_1 + 0.923x_2$。

3) 虚拟变量回归

例 1.5　某公司 2012～2022 年的生产资料购买力和公司营业收入的统计数据显示，由于 2016 年公司实行体制改革，经济形势发生了巨大的变化，营业收入和生产资料购买力发生了重大变异，如表 1.9 所示。

表 1.9　某公司生产资料购买力和营业收入统计表 (单位：十亿元)

年份	2012	2013	2014	2015	2016	2017	2018	2019	2020	2021	2022
生产资料购买力	1.3	1.3	1.4	1.5	1.8	2.1	2.3	2.6	2.7	3.0	3.2
营业收入	4.7	5.4	5.5	6.9	9.0	10.0	11.3	13.4	15.2	19.3	27.8

问：根据上述统计数据，试建立一元线性回归方程和带虚拟变量的回归方程，并进行对比分析。

解　一元线性回归方程的操作步骤不再赘述，结果如图 1.9(a) 所示。带虚拟变量的回归方程操作步骤如下。

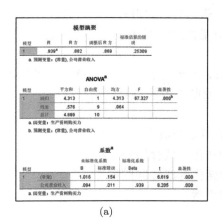

(a)

(b)

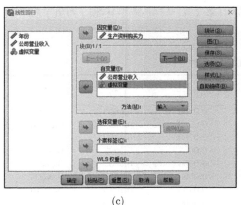

(c)

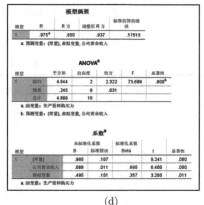

(d)

图 1.9　基于 SPSS 的虚拟变量回归

第一步：虚拟变量的引入。从上述统计数据可以看出，由于体制改革的影响，年份成为影响购买力的重要因素，因此需要引入虚拟变量 D_i 来反映体制改革的影响。设

$$D_i = \begin{cases} 0, & i < 2016 \\ 1, & i \geqslant 2016 \end{cases}$$

并将虚拟变量输入软件中, 如图 1.9(b) 所示。

第二步: 把 D_i 当成自变量, 将 "公司营业收入""虚拟变量" 分别添加到 "自变量" 中, 将 "生产资料购买力" 添加到 "因变量" 中, 如图 1.9(c) 所示。

第三步: 单击 "确定" 按钮, 得到输出结果, 如图 1.9(d) 所示。

由图 1.9(a) 可得一元线性回归的结果。其中样本可决系数 $R^2 = 0.882$, 说明线性相关程度强; 方差分析的显著性检验 P 值明显小于 0.05, F 检验统计量为 67.327, 查表可知通过 F 检验, 说明回归效果非常显著; 公司营业收入的 t 检验统计量经查表后通过检验, P 值明显小于 0.05, 说明公司营业收入对工作时间有显著影响。

由图 1.9(d) 可得虚拟变量回归的结果。其中样本可决系数 $R^2 = 0.950$, 说明线性相关程度强; 方差分析的显著性检验 P 值明显小于 0.05, F 检验统计量为 75.689, 查表可知通过 F 检验, 说明回归效果非常显著; 公司营业收入的 t 检验统计量经查表后通过检验, P 值明显小于 0.05, 说明公司营业收入对工作时间有显著影响; 虚拟变量的 t 检验统计量经查表后通过检验, P 值明显小于 0.05, 说明虚拟变量对工作时间有显著影响。综上, 虚拟变量回归模型: $\hat{y} = 0.985 + 0.069x + 0.495D$。

对比上述两个方程可以看出引入虚拟变量之后, 回归方程的估计标准差从 0.25309 降到 0.17515, 而样本可决系数由 0.882 上升到 0.950, 回归方程的拟合度明显提高。

4) 非线性回归

根据非线性回归模型线性化的不同性质, 一般可以分成三种类型:

(1) 直接换元型, 通过简单的变量换元可直接转化为线性回归模型;

(2) 间接代换型, 通过对数变形的代换间接地转化为线性回归模型;

(3) 非线性型, 属于不可线性化的非线性回归模型。

本节重点研究第一类, 即直接换元型。

例 1.6 某商店 2013~2022 年商品流通费用率 (%) 与商品零售额 (万元) 资料如表 1.10 所示。

表 1.10 直接换元法计算表

年份	商品流通费用率 y	商品零售额 x	$x_i' = \dfrac{1}{x_i}$	$x_i'y_i$	$x_i'^2$	y_i^2
2013	7.0	10.2	0.0980	0.6863	0.00961	49.00
2014	6.2	11.7	0.0855	0.5299	0.00731	38.44
2015	5.8	13.0	0.0769	0.4462	0.00592	33.64
2016	5.3	15.0	0.0667	0.3533	0.00444	28.09
2017	5.0	16.5	0.0606	0.3030	0.00367	25.00
2018	4.6	19.0	0.0526	0.2421	0.00277	21.16
2019	4.5	22.0	0.0455	0.2045	0.00207	20.25
2020	4.4	25.0	0.0400	0.1760	0.00160	19.36
2021	4.2	28.5	0.0351	0.1474	0.00123	17.64
2022	4.0	32.0	0.0313	0.1250	0.00098	16.00
合计	51.0	—	0.5921	3.2137	0.03960	268.58

问: 根据上述资料, 配合适当的回归模型分析商品零售额和流通费用率之间的关系。若

2023 年该商店商品零售额预计为 36.33 万元，对 2023 年的商品流通费用额做出预测。

解　(1) 绘制散点图，分析商品零售额和流通费用率之间的关系。

第一步：输入表 1.10 所示数据，选择菜单栏中的"图形"→"旧对话框"→"散点图/点图"子菜单，如图 1.10(a) 所示。

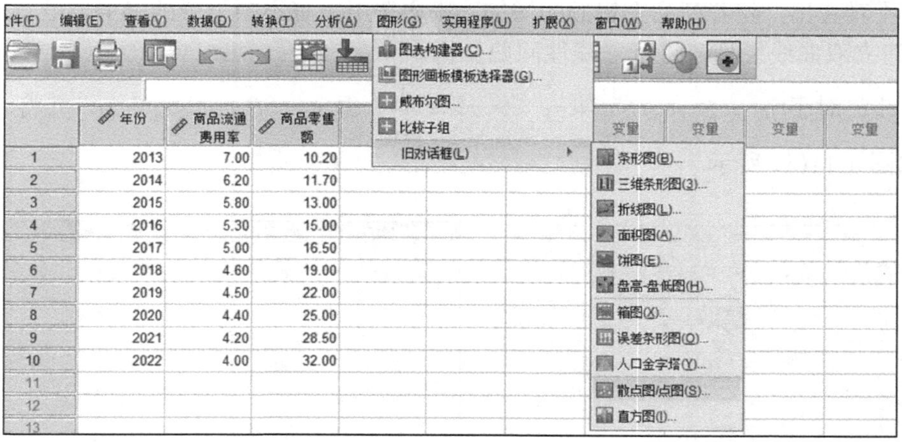

(a)

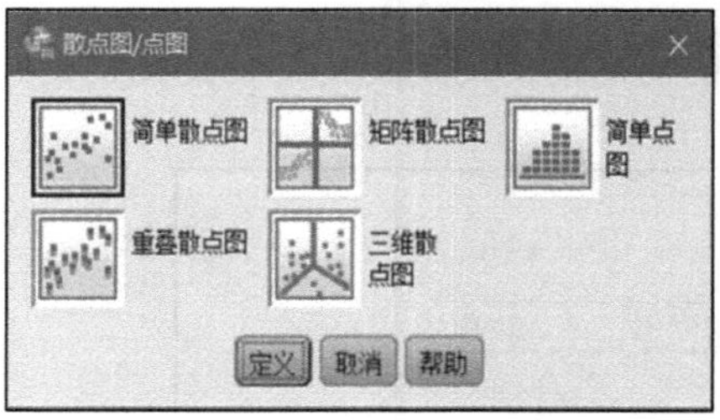

(b) 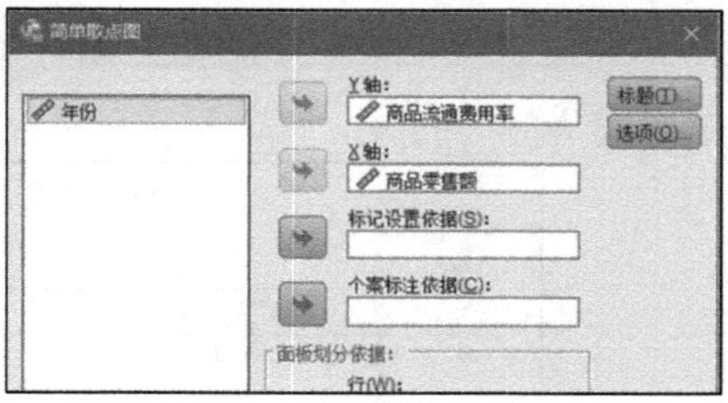　　　　　　　　　　　　　　(c)

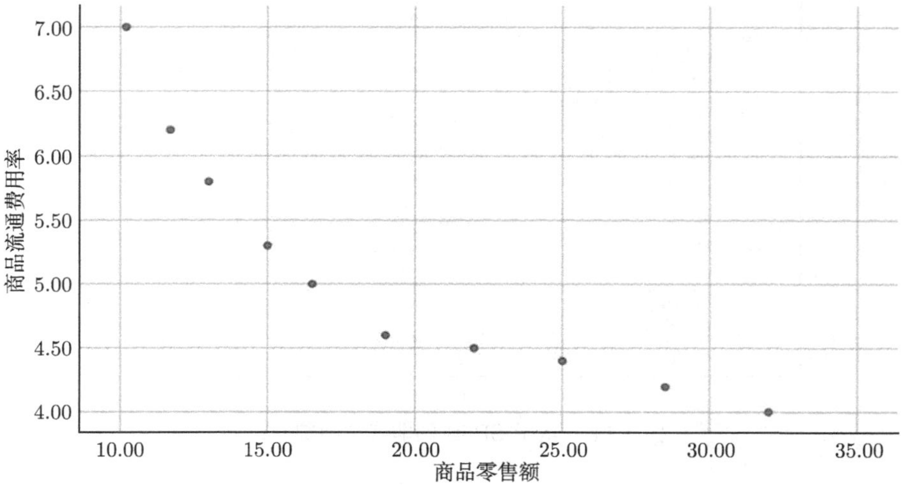

(d)

图 1.10　商品零售额和流通费用率之间的散点图

第二步：在"散点图/点图"对话框，选择"简单散点图"，单击"定义"按钮，如图 1.10(b) 所示。

第三步：先将"商品流通费用率"添加到"Y 轴"中，再将"商品零售额"添加到"X 轴"中，单击"确定"按钮，如图 1.10(c) 所示。

第四步：得到商品零售额和流通费用率之间的散点图，如图 1.10(d) 所示。从图 1.10(d) 中，我们不难看出，随着商品零售额的增加，流通费用率有不断下降的趋势，呈双曲线形状。

(2) 建立双曲线模型，进行非线性回归分析。

第一步：对于 $y_i = \beta_1 + \beta_2 \dfrac{1}{x_i} + \varepsilon_i$，令 $x_i' = \dfrac{1}{x_i}$，得 $y_i = \beta_1 + \beta_2 x_i' + \varepsilon_i$，并将 x_i' 输入软件中，如图 1.11(a) 所示。

(a)　　　　　　　　　(b)

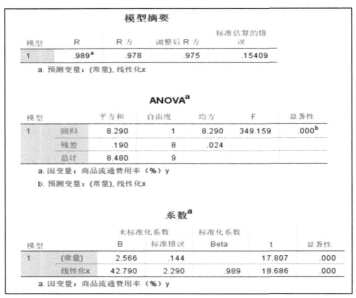

(c)

图 1.11　基于 SPSS 的非线性回归分析

第二步：将"线性化 x"添加到"自变量"中，将"商品流通费用率"添加到"因变量"中，如图 1.11(b) 所示。

第三步：单击"确定"按钮，得到输出结果，如图 1.11(c) 所示。

由图 1.11(c) 可知，样本可决系数 $R^2 = 0.978$，说明两者高度相关，用双曲线回归模型配合进行预测是可靠的。双曲线回归模型为 $\hat{y} = 2.566 + 42.790\dfrac{1}{x}$。将 2023 年该商店零售额 36.33 万元代入模型，得 2023 年流通费用率为 $\hat{y} = 2.566 + 42.790 \times \dfrac{1}{36.33} \approx 3.744$，故 2023 年该商店商品流通费用总额预测值为 $36.33 \times 3.744\% = 1.36$ (万元)。

5) 逻辑回归

例 1.7　现有某市 28 位居民的上班方式统计表，上班方式状态 y("1" 表示乘车出行、"0" 表示骑自行车出行)、月收入 (单位：元) 具体数据见表 1.11。其中，将性别转换成 0-1 变量，"0" 表示男性、"1" 表示女性。

表 1.11　居民上班方式统计表

序号	性别	年龄	月收入/元	y	序号	性别	年龄	月收入/元	y
1	0	18	4250	0	15	1	20	5000	0
2	0	21	6000	0	16	1	25	6000	0
3	0	23	4250	1	17	1	27	6500	0
4	0	23	4750	1	18	1	28	7500	0
5	0	28	6000	1	19	1	30	4750	1
6	0	31	4250	0	20	1	32	5000	0
7	0	36	7500	1	21	1	33	9000	0
8	0	42	5000	1	22	1	33	5000	0
9	0	46	4750	1	23	1	38	6000	0
10	0	48	6000	0	24	1	41	7500	0
11	0	55	9000	1	25	1	45	9000	1
12	0	56	10500	1	26	1	48	5000	0
13	0	58	9000	1	27	1	52	7500	1
14	1	18	4250	0	28	1	56	9000	1

问：试使用 SPSS 进行逻辑回归分析，实现居民上班方式的预测。

解　第一步：选择菜单栏中"分析"→"回归"→"二元 Logistic"子菜单，如图 1.12(a) 所示。

第二步：将"y"添加到"因变量"中，将"性别""年龄""月收入"分别添加到"协变量"中，如图 1.12(b) 所示。

第三步：由于"性别"是"男/女"的分类变量，因此单击"分类"按钮，将"性别"添加到"分类协变量"中，如图 1.12(c) 所示。

第四步：单击"保存"按钮，选择"概率"和"组成员"复选框，单击"继续"按钮，如图 1.12(d) 所示。

第五步：单击"选项"按钮，选择"Exp(B) 的置信区间"复选框，单击"继续"按钮，如图 1.12(e) 所示。

第六步：单击"确定"按钮，得到分类结果，如图 1.12(f) 所示。

由图 1.12(f) 可知，"年龄"和"月收入"变量均不显著，且"月收入"最不显著，因此尝试剔除"月收入"，重复上述步骤，试验"性别"和"年龄"作为自变量的输出结果，结果如图 1.13 所示。

在图 1.13 中，"性别""年龄"均通过显著性检验，表明剔除"月收入"变量的步骤起了作用。一般而言，"月收入"会影响上班方式的选择，此处不显著的原因可能在于数据量过少。

逻辑回归的方程可构建为 $p = \dfrac{1}{1 + \mathrm{e}^{-(-4.852 + 2.224\text{性别} + 0.102\text{年龄})}}$，当 $p > 0.5$ 时，上班方式为乘车出行；当 $p < 0.5$ 时，上班方式为骑自行车出行。

(a)

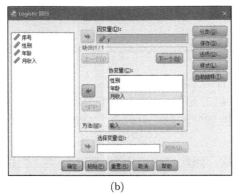

(b)

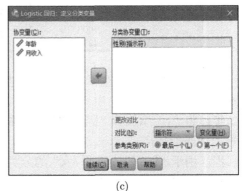

(c)

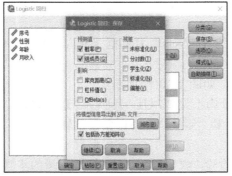

(d)

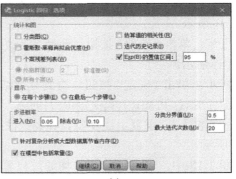

(e)

分类表[a]

实测			预测		
			y		正确百分比
			0	1	
步骤 1	y	0	13	2	86.7
		1	3	10	76.9
	总体百分比				82.1

a. 分界值为 .500

方程中的变量

		B	标准误差	瓦尔德	自由度	显著性	Exp(B)	EXP(B) 的 95% 置信区间	
								下限	上限
步骤 1[a]	性别(1)	2.502	1.158	4.669	1	.031	12.205	1.262	118.052
	年龄	.082	.052	2.486	1	.115	1.086	.980	1.202
	月收入	.000	.000	.661	1	.416	1.000	1.000	1.001
	常量	-6.157	2.687	5.251	1	.022	.002		

a. 在步骤 1 输入的变量：性别, 年龄, 月收入。

(f)

图 1.12　基于 SPSS 逻辑回归分析的居民上班方式预测

分类表[a]

实测			预测		
			y		正确百分比
			.00	1.00	
步骤 1	y	.00	12	3	80.0
		1.00	4	9	69.2
	总体百分比				75.0

a. 分界值为 .500

方程中的变量

		B	标准误差	瓦尔德	自由度	显著性	Exp(B)	EXP(B) 的 95% 置信区间	
								下限	上限
步骤 1[a]	性别(1)	2.224	1.048	4.506	1	.034	9.243	1.186	72.041
	年龄	.102	.046	4.986	1	.026	1.108	1.013	1.212
	常量	-4.852	1.926	6.350	1	.012	.008		

a. 在步骤 1 输入的变量：性别, 年龄。

图 1.13　剔除"月收入"的居民上班方式预测

例 1.8　选取 2010 年至 2022 年接受手术的 50 份患者生存率病例，如表 1.12 所示。任务是确定患者的生存率。其中年龄、手术年份、淋巴结阳性检出数为影响生存率的因素。状态为二分类变量，"negative"表示淋巴结阴性，"positive"表示淋巴结阳性。

问：试使用 SPSS 进行逻辑回归分析，求出二分类模型的准确率。

解　第一步：将文本型的状态变量转化为数值型变量，"negative"记为 1，"positive"记为 0，并将转化后的变量输入 SPSS 中，如图 1.14(a) 所示。

第二步：选择菜单栏中"分析"→"回归"→"二元 Logistic"子菜单，如图 1.14(b) 所示。

第三步：将"状态"添加到"因变量"中，将"年龄""手术年份""淋巴结阳性检出数"分别添加到"协变量"中，如图 1.14(c) 所示。

第四至六步与上例相同，单击"确定"按钮，得到分类结果，如图 1.14(d) 所示。

表 1.12　癌症手术后患者生存率数据集

年龄	手术年份	淋巴结阳性检出数	状态	年龄	手术年份	淋巴结阳性检出数	状态
38	11	2	negative	63	13	0	negative
39	15	4	negative	68	19	0	negative
49	14	1	negative	42	14	20	negative
53	12	2	negative	54	11	7	negative
47	20	4	negative	77	17	3	negative
56	19	0	negative	60	13	1	negative
64	10	0	negative	58	11	0	negative
55	21	22	negative	58	13	1	negative
45	18	0	positive	72	19	3	negative
52	13	0	negative	35	16	13	negative
61	17	8	negative	39	10	0	negative
64	20	0	negative	69	19	8	positive
54	14	0	negative	61	14	5	positive
44	13	0	negative	53	10	4	positive
49	13	0	negative	73	20	0	negative
55	10	1	negative	62	14	6	negative
55	18	18	negative	61	20	0	negative
43	15	14	negative	76	19	0	negative
37	11	6	negative	30	17	0	negative
42	12	1	negative	60	17	0	positive
34	12	0	negative	50	16	0	negative
43	15	2	negative	45	12	0	negative
63	12	1	positive	52	14	0	negative
59	16	4	negative	42	15	1	negative
41	10	0	negative	46	14	0	negative

(a)

(b)

(c)

分类表ᵃ

			预测		
			状态		
实测			.00	1.00	正确百分比
步骤 1	状态	.00	0	6	.0
		1.00	0	44	100.0
	总体百分比				88.0

a. 分界值为 .500

方程中的变量

		B	标准误差	瓦尔德	自由度	显著性	Exp(B)	EXP(B) 的 95% 置信区间	
								下限	上限
步骤 1ᵃ	年龄	-.061	.049	1.584	1	.208	.941	.855	1.035
	手术年份	.070	.159	.193	1	.661	1.072	.786	1.463
	淋巴结阳性检出数	-.015	.096	.024	1	.876	.985	.817	1.188
	常量	4.392	2.626	2.796	1	.094	80.780		

a. 在步骤 1 输入的变量: 年龄, 手术年份, 淋巴结阳性检出数。

(d)

图 1.14　基于 SPSS 逻辑回归分析的生存率预测

由图 1.14(d) 可知，逻辑回归模型将 "positive" 状态识别正确的概率为 0.0%，将 "negative" 状态识别正确的概率为 100.0%，总体正确率为 88.0%。这主要是由于 "positive" 状态与 "negative" 状态的样本数量存在显著差异，即具有非均衡特征，可以采用人工少数类过采样法 (synthetic minority oversampling technique, SMOTE) 等采样技术均衡数据，提升模型对于 "positive" 少数类的识别能力。

4. 时间序列预测

例 1.9 某公司 1997~2022 年收益 (单位：万元) 的时间序列数据，如表 1.13 所示。

表 1.13 某公司 1997~2022 年收益数据

年份	收益	年份	收益	年份	收益
1997	1588	2006	1488	2015	1698
1998	1588	2007	1562	2016	1523
1999	1753	2008	1619	2017	1557
2000	1408	2009	1687	2018	1795
2001	1310	2010	1841	2019	1934
2002	1424	2011	1865	2020	2125
2003	1677	2012	1637	2021	2543
2004	1937	2013	1653	2022	2616
2005	1685	2014	1699		

问：试使用 SPSS 进行三步移动平均法与指数平滑法的时间序列预测。

1) 移动平均法

解 第一步：使用移动平均计算公式 (1.20)，计算三步移动平均的序列值，例如第一个三年平均为 $\hat{Y}_3 = (1588 + 1588 + 1753)/3 = 1643$，第二个三年平均为 $\hat{Y}_3 = (1588 + 1753 + 1408)/3 = 1583$，并以此类推得到所有预测结果，如图 1.15(a) 所示。

(a)   (b)

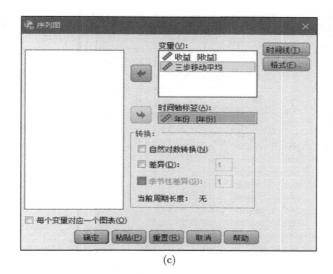

(c)

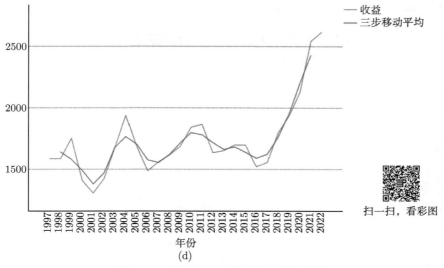

扫一扫，看彩图

图 1.15　基于 SPSS 的移动平均法预测

第二步：选择菜单栏中 "分析"→"时间序列预测"→"序列图" 子菜单，如图 1.15(b) 所示。

第三步：在 "序列图" 对话框中，将 "收益""三步移动平均" 分别添加到 "变量" 中，将 "年份" 添加到 "时间轴标签"，如图 1.15(c) 所示。

第四步：单击 "确定" 按钮，得到序列图，如图 1.15(d) 所示。

2) 指数平滑法

第一步：选择菜单栏中 "分析"→"时间序列预测"→"创建传统模型" 子菜单，如图 1.16(a) 所示。

第二步：将 "收益" 添加到 "因变量" 中，"方法" 选择 "指数平滑"，如图 1.16(b) 所示。

第三步：单击 "确定" 按钮，得到模型分析结果，如图 1.16(c) 所示。

(a)

(b)

	模型摘要										
			模型拟合度								
							百分位数				
拟合统计	平均值	标准误差	最小值	最大值	5	10	25	50	75	90	95
平稳 R 方	-.054	.	-.054	-.054	-.054	-.054	-.054	-.054	-.054	-.054	-.054
R 方	.648	.	.648	.648	.648	.648	.648	.648	.648	.648	.648
RMSE	181.003	.	181.003	181.003	181.003	181.003	181.003	181.003	181.003	181.003	181.003
MAPE	8.002	.	8.002	8.002	8.002	8.002	8.002	8.002	8.002	8.002	8.002
MaxAPE	24.503	.	24.503	24.503	24.503	24.503	24.503	24.503	24.503	24.503	24.503
MAE	139.231	.	139.231	139.231	139.231	139.231	139.231	139.231	139.231	139.231	139.231
MaxAE	418.003	.	418.003	418.003	418.003	418.003	418.003	418.003	418.003	418.003	418.003
正态化 BIC	10.522	.	10.522	10.522	10.522	10.522	10.522	10.522	10.522	10.522	10.522

(c)

图 1.16　基于 SPSS 的指数平滑法预测

由图 1.16(c) 可知，指数平滑模型的 R^2 为 0.648，拟合程度良好，可以用于时间序列的预测分析。

1.5.2　基于灰色建模软件的数据分析与挖掘应用

本节将借助灰色系统理论及应用第七版软件并结合具体案例，对 1.1 节和 1.4 节中灰色关联度分析、灰色系统预测等理论在解决实际问题时的软件操作流程进行介绍。

1. 灰色关联度分析

例 1.10　2017~2021 年我国 GDP、第一产业、第二产业、第三产业增加值如下所示[①]，单位：千亿元。

GDP 为

$$X_1 = (x_1(1), x_1(2), x_1(3), x_1(4), x_1(5)) = (830.9, 915.2, 983.8, 1005.5, 1133.2)$$

第一产业增加值为

$$X_2 = (x_2(1), x_2(2), x_2(3), x_2(4), x_2(5)) = (62.1, 64.7, 70.5, 78.0, 83.1)$$

第二产业增加值为

$$X_3 = (x_3(1), x_3(2), x_3(3), x_3(4), x_3(5)) = (331.6, 364.8, 380.7, 383.6, 450.9)$$

第三产业增加值为

$$X_4 = (x_4(1), x_4(2), x_4(3), x_4(4), x_4(5)) = (438.4, 489.7, 535.4, 552.0, 609.7)$$

问：将 GDP 作为系统行为特征序列，计算 X_2, X_3, X_4 与 X_1 的灰色关联度。

解　第一步：选择菜单栏中"灰色关联分析模型"→"邓氏关联度"子菜单，跳转至灰色系统理论及应用第七版窗口，如图 1.17(a) 所示。

第二步：单击"数据来自 Excel 文件"按钮，将数据导入，如图 1.17(b) 所示。

第三步：选择合适的"分辨系数及结果精度设置"，此处保持默认设置，如图 1.17(c) 所示。

第四步：单击"邓氏关联度的计算"按钮，得到灰色关联分析结果，如图 1.17(d) 所示。

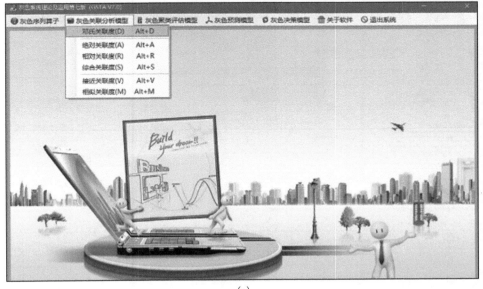

(a)

---

① 正文中数据与图中对应数据存在四舍五入关系，下同。

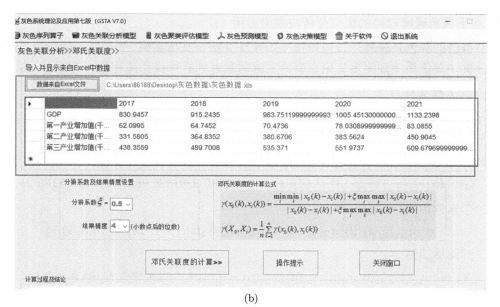

(b)

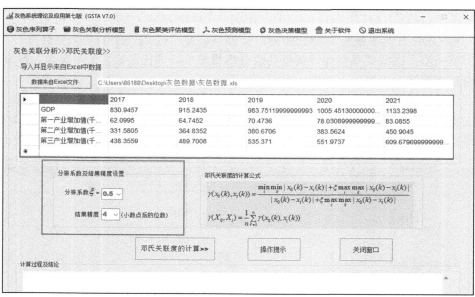

(c)

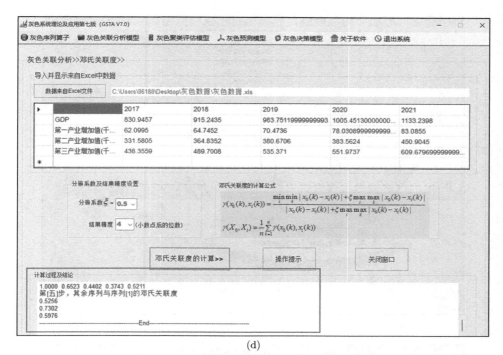

(d)

图 1.17　基于灰色建模软件的灰色关联度分析

由图 1.17(d) 可知，GDP 与第一产业增加值之间的灰色关联度 γ_{12} 为 0.5256，与第二产业增加值之间的灰色关联度 γ_{13} 为 0.7302，与第三产业增加值之间的灰色关联度 γ_{14} 为 0.5976。将其进行从大到小的排序，可以得出第二产业增加值与 GDP 的灰色关联度最大，第三产业增加值次之，第一产业增加值最小。

2. 灰色系统预测

例 1.11　某乡镇企业产值序列为 $X^{(0)} = (x^{(0)}(1), x^{(0)}(2), x^{(0)}(3), x^{(0)}(4)) = (10155, 12588, 23480, 35388)$。请给出该乡镇企业产值往后 5 年的预测值。

解　第一步：选择菜单栏中 "灰色预测模型"→"均值 GM(1,1) 模型" 子菜单，如图 1.18(a) 所示，跳转至灰色系统理论及应用第七版窗口。

第二步：在 "建模数据" 处，输入企业产值数据，如图 1.18(b) 所示。

第三步：单击 "参数计算与数据模拟" 按钮，得到数据模拟过程与拟合图形，如图 1.18(c) 所示。

第四步：选择 "共 5 步预测值"，并单击 "数据预测" 按钮，得到企业产值往后 5 年的预测值，如图 1.18(d) 所示。

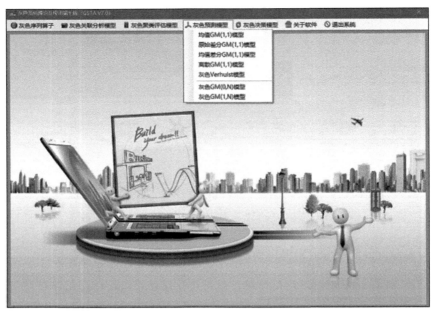

(a)

(b)

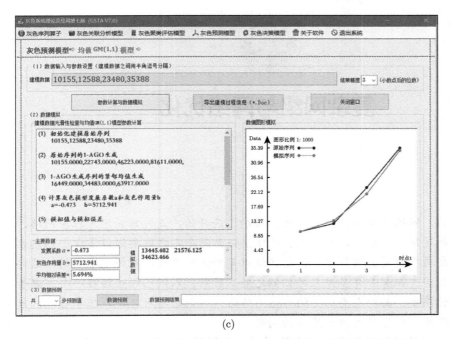

(c)

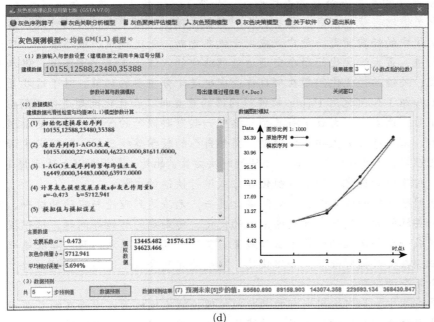

扫一扫，看彩图

(d)

图 1.18　基于灰色建模软件的灰色系统预测分析

由图 1.18(d) 可知，发展系数 a 为 -0.473，灰色作用量 b 为 5712.941，平均相对误差为 5.694%。往后 5 年数据预测结果分别为 55560.690，89158.903，143074.358，229593.134，368430.847。

第2章

复杂网络与网络优化

 章首语

随着科技发展、网络普及和社会全球化，人们已经开始广泛观察并思考社会网络、交通网络、电力网络等展现的一些问题和现象。地球上任意两个人之间要通过多少个朋友才能相互认识？城市的交通拥堵是如何引起的？局部故障是如何触发大面积停电事故的？这些问题尽管看上去各不相同，但有着许多惊人的相似之处。目前，人们已经生活在一个充满着各种各样复杂网络的世界中，面对人类社会的日益网络化，我们需要对各种人工和自然的复杂网络行为有更深的理解，以便应对诸如此类的问题。

本章基于复杂网络的基本概念及其表达形式，介绍了三大优化问题：最短路优化问题、最大流优化问题和关键路径优化问题。这些优化问题都在现实生活中有很好的体现：最短路优化问题是网络优化中的经典问题，被广泛应用于设备更新、管道铺设、线路安排、厂区布局等网络优化问题中；最大流优化问题在交通运输网络中的人流、车流、货物流，供水网络中的水流均有体现；关键路径优化问题在项目作业中也是十分重要的环节。对于这些复杂的优化问题，本章也介绍了如何运用 Pajek 软件对网络的重要特征和优化问题进行求解分析。

通过本章的学习，读者可以大致了解复杂网络中一些重要概念的含义，熟悉复杂网络在生活中的具体应用，掌握这三大主要优化模型，提升自己的数学建模思维，对现实生活中的优化问题有自己的理解，并且可以给出较为合理的解决方案。此外，读者可以大致掌握 Pajek 软件的主要功能，对复杂的优化问题以可视化的方式进行快速的求解。

但目前，复杂网络仍然面临着两大主要问题。其一，无法达到理论与实际的统一。针对具体的实际系统和实际问题，例如实际交通系统的优化、传染病的防控等问题，很难提出具体的解决方案，形成一个普适性的研究方法和成果。其二，复杂的算法问题。算法是进行网络分析的技术基础，在大数据背景下，如何快速、准确处理包含数千万乃至数亿、数十亿的巨网络，仍是一个复杂的难题。

在未来的发展进程中，如何运用现有的复杂网络理论解决现代管理中存在的复杂网络优化问题，如何探索网络的拓扑结构揭示网络的演化规律、挖掘网络中动力学的特征，以促进社会经济的发展，都将会是需要攻克的重要难题。因此，未来可以考虑个体与群体、认知和行为等复杂性特征，分析复杂决策信息的表征与处理，提出基于图神经网络的多模态信息融合方法，探索群体智能激励机制与共识演化规律，基于观点动力学和复杂网络理论建立自适应共识交互模型。

第 1 章主要基于研究对象间的函数关系，介绍了数据分析与挖掘的多种方法，而在现实问题中，可以借助图和网络的显性表示方法，从显性化视角表现研究对象间的关系，为决策者提供清晰可靠的决策依据。本章将以图和网络的基本知识为铺垫，介绍常见的网络优化模型，最后借助 Pajek 软件实现网络重要特征的求解和网络优化分析。

2.1　图与网络的基本知识

图与网络可以刻画研究对象之间的关系。图属性值的增加衍生出了网络，是网络分析的基础。本节主要介绍图与网络的基本概念及其表现形式，以便读者掌握网络分析的基础知识。

2.1.1　图的基本概念

图 2.1 展示了图的基本形状，使用 G 来指代图，G 包含了节点集 V 和边集 E。

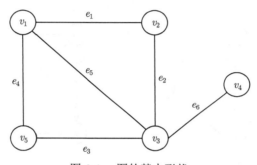

图 2.1　图的基本形状

1. 节点

节点是图的研究对象。在图 2.1 中，五个研究对象可以使用节点 v_1，v_2，v_3，v_4，v_5 表示，这五个节点构成了节点集 V，$V = \{v_1, v_2, v_3, v_4, v_5\}$。

2. 边

边是图研究对象之间的关系。在图 2.1 中，五个研究对象的关系可以使用边 e_1，e_2，e_3，e_4，e_5，e_6 表示，这六条边构成了边集 E，$E = \{e_1, e_2, e_3, e_4, e_5, e_6\}$。除了该种表示方式，边也可以用 (v_i, v_j) 来表示。如节点 v_1，v_2 的边 e_1，可以用 (v_1, v_2) 表示。

方向和权重是边的两种重要属性。根据方向这一属性，可以将边分为有向边与无向边。如图 2.2(a) 和图 2.2(c) 所示，图中所有的边都是无方向的，将这种图称为无向图；如图 2.2(b) 和图 2.2(d) 所示，图中的边都是有方向的，将这种图称为有向图。

根据权重，可以将图分为无权图和加权图。如图 2.2(a) 和图 2.2(b) 所示，图中的边没有权重，因此将这种图称为无权图；如图 2.2(c) 和图 2.2(d) 所示，图中的边是有权重的，因此将这种图称为加权图。

更进一步地，同时考虑方向和权重两种属性，将图分为四种基本类型：无权无向图、无权有向图、加权无向图、加权有向图。

(1) 无权无向图是指图中的边既无权重也无方向，如图 2.2(a) 所示。

(2) 无权有向图是指图中的边没有权重但有方向，如图 2.2(b) 所示。

(3) 加权无向图是指图中的边有权重但没有方向，如图 2.2(c) 所示。

(4) 加权有向图是指图中的边既有权重又有方向，如图 2.2(d) 所示。

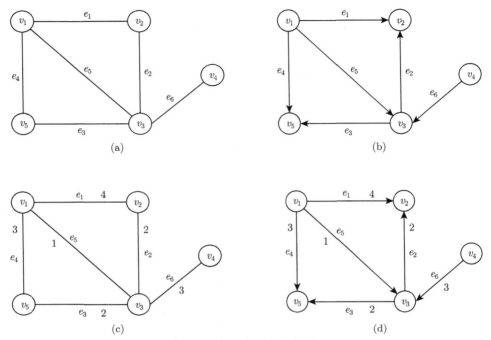

图 2.2　图的四种基本类型

2.1.2　网络的基本概念

网络除了包含节点和边，还包含了由节点和边衍生出来的平均路径长度、节点的度与网络的密度、中心性、聚类系数等重要特征。相较于图而言，网络属性值的增加，使得网络可以解决更多复杂的优化问题，如最短路、最大流、关键路径等更复杂的网络优化问题。

1. 节点

与图类似，网络的研究对象可以使用节点 v_i 来表示，节点组成的集合称为节点集 V。

2. 边

与图类似，网络研究对象的关系可以使用边 e_i 来表示，边组成的集合称为边集 E。网络中的边同样具备方向和权重这两个重要属性。

3. 直径与平均路径长度

1) 直径

网络中两个节点 v_i 和 v_j 之间的距离 $d(v_i, v_j)$ 定义为连接两个节点的最短路径上的边数，网络中任意两个节点之间的距离最大值称为网络的直径，记为 D，如公式 (2.1) 所示。

$$D = \max_{i,j} d(v_i, v_j) \tag{2.1}$$

2) 平均路径长度

N 为网络的节点数，平均路径长度 L 定义为任意两个节点之间距离的平均值，如公式 (2.2) 所示。

$$L = \frac{1}{\frac{1}{2}N(N-1)} \sum_{i \geqslant j} d(v_i, v_j) \tag{2.2}$$

4. 度与密度

1) 度与平均度

度是刻画节点属性的重要概念之一。无向图中节点 v_i 的度 k_i 表示与节点直接相连的边的数目。将网络中所有节点 v_i 的度 k_i 的平均值称为网络节点的平均度，记为 $\langle k \rangle$。

对于给定网络的邻接矩阵 $(a_{ij})_{N \times N}$，M 为网络的边数，度和平均度的定义分别如公式 (2.3) 和公式 (2.4) 所示。

$$k_i = \sum_{j \in \{N \backslash i\}}^{N} a_{ij} \tag{2.3}$$

$$\langle k \rangle = \frac{1}{N} \sum_{i=1}^{N} k_i = \frac{2M}{N} \tag{2.4}$$

2) 出度与入度

在有向图中，节点的度包括出度和入度。节点 v_i 的出度 k_i^{out} 是指从节点 v_i 指向其他节点的边的数量，节点 v_i 的入度 k_i^{in} 是指从其他节点指向节点 v_i 的边的数量。节点的出度和入度也可以通过邻接矩阵来表示，如公式 (2.5) 所示。

$$k_i^{\text{out}} = \sum_{j=1}^{N} a_{ij}, \quad k_i^{\text{in}} = \sum_{j=1}^{N} a_{ji} \tag{2.5}$$

3) 网络的密度

网络的密度 ρ 定义为网络中实际存在的边数 M 与最大可能的边数之比。

对于无向网络，网络密度的定义如公式 (2.6) 所示。

$$\rho = \frac{M}{\frac{1}{2}N(N-1)} \tag{2.6}$$

对于有向网络，网络密度的定义如公式 (2.7) 所示。

$$\rho = \frac{M}{N(N-1)} \tag{2.7}$$

5. 中心性

中心性用来度量节点在网络中的重要性，中心性的分析方法主要分为如下四种：度中心性、紧密中心性、间接中心性和特征向量中心性。

1) 度中心性

度中心性是网络分析中刻画节点中心性最直接的度量指标。归一化后，度为 k_i 的节点的度中心性定义为公式 (2.8)。

$$\text{DC}_i = \frac{k_i}{N-1} \tag{2.8}$$

2) 紧密中心性

紧密中心性反映某一节点与其他节点之间的接近程度。节点 v_i 到网络中其他所有节点的平均最短距离 d_i 如公式 (2.9) 所示。

$$d_i = \frac{1}{n-1} \sum_{j \neq i} d_{ij} \tag{2.9}$$

一个节点的平均最短距离 d_i 越小，那么该节点的紧密中心性越大。d_i 越小，意味着节点 v_i 更接近网络中其他节点，于是把 d_i 的倒数定义为节点 v_i 的紧密中心性，即 CC_i，如公式 (2.10) 所示。

$$\text{CC}_i = \frac{1}{d_i} = \frac{n-1}{\sum_{j \neq i} d_{ij}} \tag{2.10}$$

如果节点 v_i 和 v_j 之间没有路径可达，则 d_{ij} 定义为无穷大，CC_i 为 0。

3) 间接中心性

间接中心性是指某节点出现在其他节点之间的最短路径的个数。节点 v_i 的间接中心性的计算公式，如公式 (2.11) 所示。

$$\text{BC}_i = \sum_{s \neq i \neq t} \frac{d_{st}(i)}{d_{st}} \tag{2.11}$$

其中 $d_{st}(i)$ 表示经过节点 v_i 的最短路径数量，d_{st} 表示连接 s 和 t 的最短路径数量。如需进行标准化，节点 v_i 的间接中心性的计算方法如公式 (2.12) 所示。

$$\text{BC}_i = \frac{1}{(N-1)(N-2)/2} \sum_{s \neq i \neq t} \frac{d_{st}(i)}{d_{st}} \tag{2.12}$$

4) 特征向量中心性

一个节点的重要性取决于其邻居节点的数量，即该节点的度，也取决于其邻居节点的重要性。特征向量中心性的计算方法见公式 (2.13)。

$$\text{EC}_i = x_i = c \sum_{j=1}^{n} a_{ij} x_j \tag{2.13}$$

其中 x_i 为节点 v_i 重要性的度量值，c 为一个比例常数。设 $x = [x_1, x_2, \cdots, x_N]^{\text{T}}$，则公式 (2.13) 也可以写成矩阵形式，如公式 (2.14) 所示。

$$x = cAx \tag{2.14}$$

这里 x 是矩阵 A 的特征值 c^{-1} 对应的特征向量，亦可以表示为形式 $Ax = \lambda x$。

6. 聚类系数

聚类系数是描述网络节点间聚集程度的系数。例如在社交网络中，某人的两个朋友可能彼此也是朋友，这种可能性的大小反映了社交圈的紧密程度。可以用聚类系数来刻画任意两个朋友之间彼此也是朋友的概率。

一般地，假设网络中的一个节点 v_i 有 k_i 条边将它和其他节点 v_j 相连，这个节点 v_j 就称为节点 v_i 的邻接点。这 k_i 个节点之间最多可能有 $k_i(k_i-1)/2$ 条边，设这 k_i 个节点之间实际存在的边数为 E_i，则节点 v_i 的聚类系数 C_i 定义为公式 (2.15)。

$$C_i = 2E_i/(k_i(k_i-1)) \tag{2.15}$$

也可以从几何特点的角度来阐述，将节点 v_i 的聚类系数定义为公式 (2.16)。

$$C_i = \frac{\text{包含节点 } i \text{ 的三角形数目}}{\text{以节点 } i \text{ 为中心的连通三元组的数目}} \tag{2.16}$$

其中，以节点 v_i 为中心的连通三元组的数目是指包括节点 v_i 的三个节点，至少存在从节点 v_i 到其他两个节点的两条边，如图 2.3 所示。

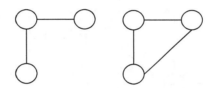

图 2.3　三元组的两种可能形式

整个网络的聚类系数 C 为所有节点聚类系数的平均值，如公式 (2.17) 所示。

$$C = \frac{1}{N}\sum_{i=1}^{N} C_i \tag{2.17}$$

显然 $0 \leqslant C \leqslant 1$，当 $C = 0$ 时，网络中没有边，所有的节点为孤立节点；当 $C = 1$ 时，网络中的任意两个节点直接相连。也可以从几何特点的角度来计算所有节点聚类系数的平均值，如公式 (2.18) 所示。

$$C = \frac{3 \times \text{网络图中三角形的数目}}{\text{网络图中三元组的数目}} \tag{2.18}$$

2.1.3　图和网络的表示

图和网络的表示一般有三种：邻接矩阵、邻接表和三元组。

1. 邻接矩阵

1) 无向图

无向图的邻接矩阵通常可以表示为

$$A_{ij} = (a_{ij})_{N\times N} = \begin{cases} 1, & v_i \text{ 和 } v_j \text{ 相连} \\ 0, & v_i \text{ 和 } v_j \text{ 不相连} \end{cases}$$

无向图的邻接矩阵为对称矩阵，即对于任意的 i 和 j 均有 $a_{ij}=a_{ji}$。例如，图 2.2(a) 对应的邻接矩阵可由图 2.4 表示。

$$A=\begin{bmatrix}0&1&1&0&1\\1&0&1&0&0\\1&1&0&1&1\\0&0&1&0&0\\1&0&1&0&0\end{bmatrix}$$

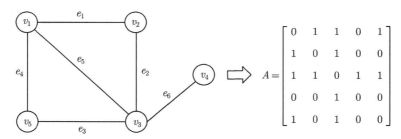

图 2.4　无权无向图以及对应的邻接矩阵

对于加权图，在邻接矩阵中可用权重值代替 1/0 值。例如，图 2.2(c) 对应的加权邻接矩阵可由图 2.5 表示。

$$A=\begin{bmatrix}0&4&1&0&3\\4&0&2&0&0\\1&2&0&3&2\\0&0&3&0&0\\3&0&2&0&0\end{bmatrix}$$

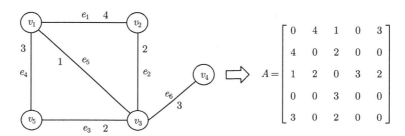

图 2.5　加权无向图以及对应的邻接矩阵

2) 有向图

有向图的邻接矩阵通常可以表示为

$$A_{ij}=(a_{ij})_{N\times N}=\begin{cases}1, & v_i \text{ 指向 } v_j\\ 0, & v_i \text{ 不指向 } v_j\end{cases}$$

类似，图 2.2(b) 中的无权有向图所对应的邻接矩阵如图 2.6 所示。

$$A=\begin{bmatrix}0&1&1&0&1\\0&0&0&0&0\\0&1&0&0&1\\0&0&1&0&0\\0&0&0&0&0\end{bmatrix}$$

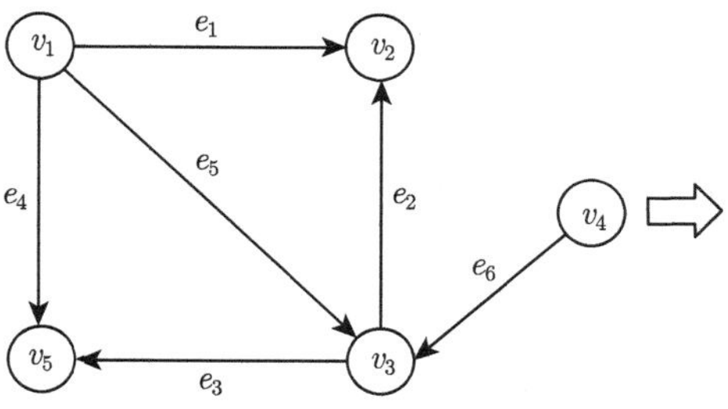

图 2.6　无权有向图以及对应的邻接矩阵

图 2.2(d) 中的加权有向图所对应的邻接矩阵如图 2.7 所示。

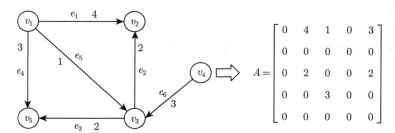

图 2.7　加权有向图以及对应的邻接矩阵

2. 邻接表

在图与网络的表示方法中，无权图最常用的方法是邻接表。该方法是对网络中每个节点 v_i 建立一个邻接表，这个邻接表由邻接于节点 v_i 的所有节点构成，图中的节点标号 $v_1 \sim v_5$ 分别替换为数字 1~5。例如，图 2.2(a) 无权无向图的邻接表，如图 2.8 所示。

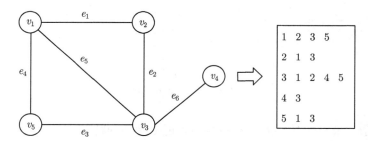

图 2.8　无权无向图以及对应的邻接表

第一行邻接表中的 "1"，即为图 2.2(a) 中的节点 v_1。因此，以第一行邻接表 "1 2 3 5" 为例，它表示从节点 v_1 出发，各有一条边指向节点 v_2、节点 v_3 和节点 v_5。

3. 三元组

对于加权图，常用的表示方法为三元组。以图 2.2(d) 加权有向图为例，其三元组表示形式如图 2.9 所示。

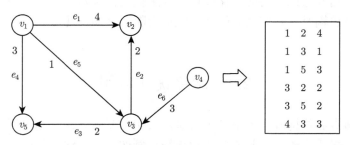

图 2.9　加权有向图以及对应的三元组

以第一行三元组 "1 2 4" 为例，它表示有一条从节点 v_1 指向节点 v_2 的边，且该边权重值为 4。

2.1.4 复杂网络

复杂网络，即呈现高度复杂性的网络，如图 2.10 所示。其复杂性主要表现在以下几个方面。

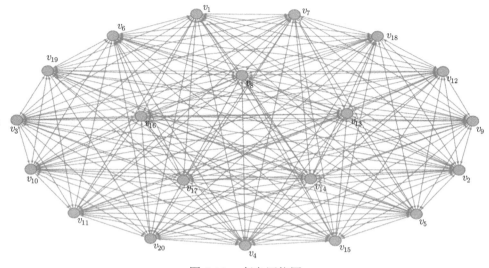

图 2.10 复杂网络图

(1) 结构复杂。节点数量巨大，网络结构呈现多种不同特征。

(2) 网络进化。节点或边的产生与消失。例如万维网，网页或链接随时可能出现或断开，导致网络结构不断发生变化。

(3) 连接多样性。节点之间的权重存在差异，且有可能存在方向性。

(4) 动力学复杂性。节点集可能属于非线性动力学系统。

(5) 节点多样性。复杂网络中的节点可以代表任何事物。例如人际关系构成的复杂网络节点代表单独个体，万维网组成的复杂网络节点可以表示不同网页。

(6) 多重复杂性融合。上述 (1)~(5) 互相影响，导致更为难以预料的结果。例如，设计一个电力供应网络需要考虑网络的进化过程，其进化过程决定网络的拓扑结构。当两个节点之间频繁进行能量传输时，它们之间的连接权重会随之增加，通过不断的学习与记忆逐步改善网络性能。

2.2 网络优化应用

网络由若干节点和边构成，表示诸多对象及其相互联系。在实际生活和管理实践中，有很多问题可以用网络相应的理论和方法进行求解。例如，一个快递员去送快递，要送完他负责的所有街区，完成任务后回到快递站点，那么应该按照什么路线配送才能确保所走路程最短？如果要开发一个产品，各工序之间要如何衔接，才能使任务完成得又快又好？本节我们主要选取三个问题：最短路优化问题、最大流优化问题以及关键路径优化问题。

2.2.1　最短路优化问题

最短路优化问题是网络优化中的经典问题，被广泛应用于设备更新、管道铺设、线路安排、厂区布局等网络优化问题中。

1. 最短路优化模型

v_1 为起始节点，v_j 为图中任意一节点。网络中有多条 $v_1 \to v_j$ 的路径 P，每条路径的权重是其所有构成边的权重之和。最短路优化问题是求 $v_1 \to v_j$ 的最佳路径 $P_{1,j}^*$，使得从 $v_1 \to v_j$ 总权重最小。为了模型表示便捷，以 s 和 t 分别表示路径的起点和终点。

根据以上思想，可以给出最短路优化模型，如公式 (2.19) 所示。

$$
\min_x \sum_{(i,j) \in A} w_{ij} x_{ij}
$$

$$
\text{s.t.} \begin{cases} \displaystyle\sum_{\{j:(i,j) \in A\}} x_{ij} - \sum_{\{j:(j,i) \in A\}} x_{ji} = \begin{cases} 1, & i = s \\ -1, & i = t \\ 0, & \text{否则} \end{cases} \\ x_{ij} \geqslant 0, \quad \forall (i,j) \in A \end{cases} \tag{2.19}
$$

其中，w_{ij} 为权重，x_{ij} 为 0-1 决策变量，表示边 (v_i, v_j) 是否位于 $v_s \to v_t$ 路上。当 $x_{ij} = 1$ 时，表示边 (v_i, v_j) 位于 $v_s \to v_t$ 路上；当 $x_{ij} = 0$ 时，表示边 (v_i, v_j) 不在 $v_s \to v_t$ 路上。

约束条件中状态变量个数等于有向图的边数，约束条件包括起点约束、中间点约束和终点约束，约束条件个数等于有向图的节点数。$\sum_{\{j:(i,j) \in A\}} x_{ij}$ 表示进入节点 v_j 的边数目，$\sum_{\{j:(j,i) \in A\}} x_{ji}$ 表示离开节点 v_j 的边数目。

2. Dijkstra 算法

求解最短路优化模型最常见的方法是 Dijkstra 算法。

Dijkstra 算法也称为双标号法。所谓双标号，也就是对图中的每个节点 v_i 赋予两个参数，通常称为标号 $(u_j, \text{pred}(j))$：第一个标号 u_j 表示从起点 v_1 到 v_j 的最短路的长度，是距离标号；第二个标号 $\text{pred}(j)$ 称作前趋标号，是记录在 v_1 到 v_j 的最短路上，v_j 前面一个邻点的下标，用来标识最短路路径，从而可对终点到始点进行反向追踪，找到 v_1 到 v_j 的最短路。通过不断修改这些标号，进行迭代计算。Dijkstra 算法步骤如下。

第一步：给起点 v_1 标号 $(0, s)$，表示从 v_1 到 v_1 的距离为 0，v_s 为起点。$S = \varnothing$。

第二步：如果 $S = V$，则 u_j 即为 v_1 到 v_j 的最短路的长度，最短路可以按照 $\text{pred}(j)$ 记录的信息，反向追踪即可获得，结束。否则，转第三步。

第三步：求出边集 $E = \{(v_i, v_j) | v_i \in S, v_j \in \overline{S}\}$。若 $E = \varnothing$，表明从所有已经赋予标号的节点出发，不再有这样的边，它的另一节点尚未标号，则计算结束。对于已有标号的节点，可求得从 v_1 到达这个节点的最短路；对于没有标号的节点，则不存在从 v_1 到达这个节点的路。若边集 $E \neq \varnothing$，转第四步。

第四步：对边集 E 中的每一条边 (v_i, v_j)，计算 $\min\{u_i + w_{ij} : (v_i, v_j) \in A\} = u_{i^*} + w_{i^* j^*}$，则 v_t 赋予双标号 (u_{j^*}, i^*)，其中 $u_{j^*} = u_{i^*} + w_{i^* j^*}$，$S = S \cup v_{j^*}$。转第三步。

经上述一个循环的计算，将求出 v_1 到一个节点 v_j 的最短路及其长度，从而使一个节点 v_j 得到双标号。若图中总共有 n 个节点，则最多计算 $n-1$ 个循环，即可得到最后结果。

例 2.1 图 2.11 中网络共有 7 个节点，试求网络中节点 v_1 到其余各节点的最短路。

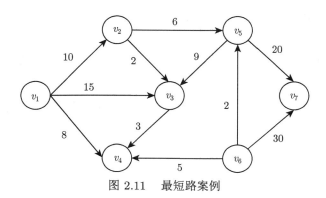

图 2.11　最短路案例

解 给起点 v_1 标号 $(0, s)$，表示从 v_1 到 v_1 的距离 $p(v_1) = 0$，v_1 为起点。

第一步：标号的节点的集合 $S = \{v_1\}$，没标号的节点的集合 $\overline{S} = \{v_2, v_3, v_4, v_5, v_6, v_7\}$，边集 $E = \{(v_i, v_j) | v_i \in S, v_j \in \overline{S}\} = \{(v_1, v_2), (v_1, v_3), (v_1, v_4)\}$。

$u_i + w_{ij} : (v_i, v_j) \in E$ 中，v_2 对应的是 $0 + 10$，v_3 对应的是 $0 + 15$，v_4 对应的是 $0 + 8$。v_4 最小，故 v_4 得到双标号 $(8, 1)$。8 代表最短路长度，1 代表前趋点 v_1。

第二步：标号的节点的集合 $S = \{v_1, v_4\}$，没标号的节点的集合 $\overline{S} = \{v_2, v_3, v_5, v_6, v_7\}$，边集 $E = \{(v_i, v_j) | v_i \in S, v_j \in \overline{S}\} = \{(v_1, v_2), (v_1, v_3)\}$.

$u_i + w_{ij} : (v_i, v_j) \in E$ 中 v_2 对应的是 $0 + 10$，v_3 对应的是 $0 + 15$。v_2 最小，v_2 得到双标号 $(10, 1)$。10 代表最短路长度，1 代表前趋点 v_1。

第三步：标号的节点的集合 $S = \{v_1, v_2, v_4\}$，没标号的节点的集合 $\overline{S} = \{v_3, v_5, v_6, v_7\}$，边集 $E = \{(v_i, v_j) | v_i \in S, v_j \in \overline{S}\} = \{(v_1, v_3), (v_2, v_3), (v_2, v_5)\}$。$v_3$ 对应的是 $10 + 2$，v_5 对应的是 $10 + 6$，给边 (v_2, v_3) 的终点 v_3 以双标号 $(12, 2)$。

第四步：标号的节点的集合 $S = \{v_1, v_2, v_3, v_4\}$，没标号的节点的集合 $\overline{S} = \{v_5, v_6, v_7\}$，边集 $E = \{(v_i, v_j) | v_i \in S, v_j \in \overline{S}\} = \{(v_2, v_5)\}$。给边 (v_2, v_5) 的终点 v_5 以双标号 $(16, 2)$。

第五步：标号的节点的集合 $S = \{v_1, v_2, v_3, v_4, v_5\}$，没标号的节点的集合 $\overline{S} = \{v_6, v_7\}$，边集 $E = \{(v_i, v_j) | v_i \in S, v_j \in \overline{S}\} = \{(v_5, v_7)\}$，给边 (v_5, v_7) 的终点 v_7 以双标号 $(36, 5)$。

第六步：标号的节点的集合 $S = \{v_1, v_2, v_3, v_4, v_5, v_7\}$，没标号的节点的集合 $\overline{S} = \{v_6\}$，边集 $E = \{(v_i, v_j) | v_i \in S, v_j \in \overline{S}\} = \varnothing$，计算结束。

此时，$J = \{v_6\}$，即 v_6 还未标号，说明 v_1 到 v_6 不存在有向路。

至此，自节点 v_1 出发至其余节点的最短路都已求得，如图 2.12 中的虚线所示。

根据 v_7 的标号 $(36, 5)$ 可知从 v_1 到 v_7 的最短路路程为 36，其最短路径中的 v_7 的紧邻节点是 v_5，从 v_5 的标号 $(16, 2)$ 可知 v_5 的紧邻节点是 v_2，从 v_2 的标号 $(10, 1)$ 可知 v_2 的紧邻节点是 v_1，即此最短路径为 $v_1 \to v_2 \to v_5 \to v_7$；同理，从 v_1 到 v_3 的最短路为 $v_1 \to v_2 \to v_3$，路程长为 12。

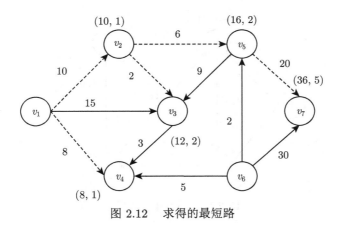

图 2.12　求得的最短路

2.2.2　最大流优化问题

最大流问题是一类应用极为广泛的问题，例如在交通运输网络中有人流、车流、货物流，供水网络中有水流，金融系统中有现金流，通信系统中有信息流，等等。20 世纪 50 年代，福特 (Ford)、富尔克逊 (Fulkerson) 建立的"网络流理论"是网络应用的重要组成部分。

1. 最大流优化模型

在研究网络流时，通常将边称为弧，将网络中各弧的通过能力，即弧的容量，记为 c_{ij}。将标有容量的网络称作容量网络，记为 $D = (V, A, C)$。在 D 中，由于各弧容量的配置可能不协调，实际通过各弧的流量记为 f_{ij}，各弧的流量不可能处处都达到其容量值。

对于一个带收发点的容量网络 (一般收点用 v_t 表示，发点用 v_s 表示，其余为中间点)，在不超过每条弧的容量的前提下，要求确定每条弧的流量，使得从发点到收点的流量 $v(f)$ 最大。据此，可给出网络最大流优化模型，如公式 (2.20) 所示。

$$
\begin{aligned}
\max \quad & v(f) \\
\text{s.t.} \quad & \begin{cases}
0 \leqslant f_{ij} \leqslant c_{ij} \ ((v_i, v_j) \in A) \\
\displaystyle\sum_{(v_i, v_j) \in A} f_{ij} - \sum_{(v_j, v_i) \in A} f_{ji} = \begin{cases} v(f), & i = s \\ 0, & i \neq s, t \\ -v(f), & i = t \end{cases}
\end{cases}
\end{aligned} \tag{2.20}
$$

网络最大流问题中的一个可行流相当于线性规划中的一个可行解，寻找最大流相当于求满足网络容量的最优解，可类似运用线性规划单纯形算法求解。但当节点、弧数量繁多时，单纯形方法求解效率不高，而用网络模型方法求解将更加直观、简便。

2. Ford-Fulkerson 标号法

求解网络最大流问题可以使用 Ford-Fulkerson 标号法。

例 2.2　试用 Ford-Fulkerson 标号法求图 2.13 所示的网络最大流，括号中第一个数字是容量，第二个数字是流量，求解步骤如下所示。

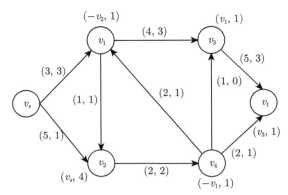

图 2.13　网络最大流标号

第一步：已经给出可行流 f。

第二步：首先给 v_s 标以 $(0, +\infty)$，此时 $V_0 = \{v_s\}, V_s = \varnothing, \overline{V}_s = \{v_1, v_2, v_3, v_4, v_t\}$。检查节点 v_s：

弧 (v_s, v_1)，$f_{s1} = c_{s1} = 3$，为饱和弧，所以对 v_1 不标号。

弧 (v_s, v_2)，$f_{s2} < c_{s2}$，为非饱和弧，所以给节点 v_2 标号，即 $v_2(v_s, L(v_2))$。其中，

$$L(v_2) = \min\{+\infty, (c_{s2} - f_{s2})\} = \min\{+\infty, (5-1)\} = 4$$

此时 $V_0 = \{v_2\}$，　$V_s = \{v_s\}$，　$\overline{V}_s = \{v_1, v_3, v_4, v_t\}$。

1) 检查节点 v_2

弧 (v_2, v_4)，$f_{24} = c_{24} = 2$，为饱和弧，所以对 v_4 不标号。

弧 (v_1, v_2)，$f_{12} = 1 > 0$，为非零流弧，所以给 v_1 标号，即 $v_1(-v_2, L(v_1))$，其中

$$L(v_1) = \min\{L(v_2), f_{12}\} = \min\{4, 1\} = 1$$

此时 $V_0 = \{v_1\}$，　$V_s = \{v_s, v_2\}$，　$\overline{V}_s = \{v_3, v_4, v_t\}$

2) 检查节点 v_1

弧 (v_1, v_3)，$f_{13} < c_{13}$，为非饱和弧，所以给节点 v_3 标号，即 $v_3(v_1, L(v_3))$，其中

$$L(v_3) = \min\{L(v_1), (c_{13} - f_{13})\} = \min\{1, (4-3)\} = 1$$

弧 (v_4, v_1)，$f_{41} = 1 > 0$，为非零流弧，所以给 v_4 标号，即 $v_4(-v_1, L(v_4))$，其中

$$L(v_4) = \min\{L(v_1), f_{41}\} = \min\{1, 1\} = 1$$

此时 $V_0 = \{v_3, v_4\}$，　$V_s = \{v_s, v_2, v_1\}$，　$\overline{V}_s = \{v_t\}$

3) 检查节点 v_3

弧 (v_3, v_t)，$f_{3t} < c_{3t}$，为非饱和弧，所以给节点 v_t 标号，即 $v_t(v_3, L(v_t))$，其中

$$L(v_t) = \min\{L(v_3), (c_{3t} - f_{3t})\} = \min\{1, (5-3)\} = 1$$

由于 v_t 已标号，不需再检查 v_4。

第三步：利用各节点已标号的第一个分量，从 v_t 反向追踪得增广链 $\mu = \{v_s, v_2, v_1, v_3, v_t\}$，如图 2.14 中粗箭头线所示，其中 $\mu^+ = \{(v_s, v_2), (v_1, v_3), (v_3, v_t)\}$，$\mu^- = \{(v_1, v_2)\}$。

由 v_t 标号的第二个分量知 $\theta = 1$，于是在 μ 上进行调整

$$
f'_{ij} =
\begin{cases}
f'_{s2} = f_{s2} + \theta = 1 + 1 = 2, & (v_s, v_2) \in \mu^+ \\
f'_{13} = f_{13} + \theta = 3 + 1 = 4, & (v_1, v_3) \in \mu^+ \\
f'_{3t} = f_{3t} + \theta = 3 + 1 = 4, & (v_3, v_t) \in \mu^+ \\
f'_{12} = f_{12} - \theta = 1 - 1 = 0, & (v_1, v_2) \in \mu^- \\
f_{ij}, & (v_i, v_j) \notin \mu
\end{cases}
$$

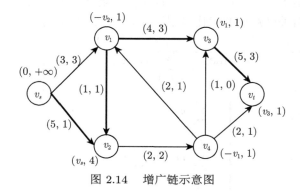

图 2.14　增广链示意图

调整后的可行流如图 2.15 所示。对这个新的可行流，重新在图中进行标号，寻找新的增广链。

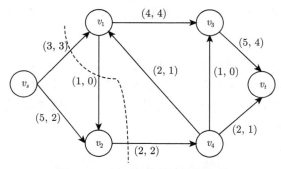

图 2.15　新可行流的网络图标号

第四步：再标号。

同上述第二步标号，易见，当给 v_2 标号 $(v_s, 3)$ 后，无法再进行下去，此时，$V_0 = \varnothing$，$V_s = \{v_s, v_2\}$，$\overline{V}_s = \{v_1, v_3, v_4, v_t\}$。因此，目前所得到的可行流就是最大流，最小截集为 $(V_s^*, \overline{V}_s^*) = \{(v_s, v_1), (v_2, v_4)\}$，最大流量为 $V(f^*) = C(V_s^*, \overline{V}_s^*) = c_{s1} + c_{24} = 3 + 2 = 5$。

从上例可以看出，最小截集中各弧的容量总和构成最大流问题的瓶颈。在实际问题中，为提高网络中的总流量，必须首先着力改善最小截集中各弧的弧容量。

2.2.3　关键路径优化问题

网络计划的基本原理是从管理任务的总进度着眼，以任务完成所需工时为时间因素，按照工作先后顺序和相互关系做出网络图以反映任务全貌，实现管理过程的模型化。然后进行

时间参数计算，找出计划中的关键工序和关键路径，对任务的各项工作所需人力、物力和财力通过改善网络计划做出合理安排，得到最优决策方案并付诸实施。

1. 关键路径优化模型

关键路径通常是决定项目工期的进度活动序列，把具有最长总工期的路径称为关键路径。假设某一工程项目，其网络图中各活动的逻辑关系以及工期是确定的，该项目的双代号网络图可以用 $S = (G, A, T)$ 表示。其中集合 G 是有限个节点的集合，代表双代号网络图中所有的事项；集合 $A \in G \times G$ 是 S 中全部有向弧的集合，表示网络图中所有活动以及活动之间的逻辑关系。给出关键路径的优化模型，如公式 (2.21) 所示。

$$D = \max \sum_{i=1}^{n} \sum_{j=1}^{n} t_{ij} \cdot x_{ij}$$

$$\text{s.t.} \begin{cases} \sum_{j=1}^{n} x_{1j} = 1 \\ \sum_{j=1}^{n} x_{ij} = \sum_{k=1}^{n} x_{ki} \\ \sum_{k=1}^{n} x_{kn} = 1 \\ x_{ij} = 0 \text{ 或 } 1, \quad (i,j) \in A \end{cases} \tag{2.21}$$

其中，t_{ij} 为工序 (i,j) 的时长，x_{ij} 代表决策变量，即工序之间是否有单位流通过。

2. 网络时间参数的计算

在应用中，不但要找出关键路径，而且要采取措施保证关键路径的顺利完工，为此要计算网络图中各个事项和各个作业的有关时间参数，即网络时间参数。计算网络图中有关的时间参数，其主要目的就是找出关键路径，为网络优化、调整和执行提供明确的时间概念。下面分别介绍几种网络时间参数。

1) 工序的作业时间

为完成某一工序 (i,j) 所需要的时间称为该工序的作业时间，用 $T(i,j)$ 表示。

2) 事项时间

(1) 事项最早时间 $T_E(j)$。

事项最早时间通常是按箭头事项计算事项最早时间，用 $T_E(j)$ 表示，它等于从始点事项起到本事项最长路径的时间长度。计算时，假定始点事项的最早时间等于零，即 $T_E(1) = 0$，每个箭头事项的最早时间等于箭尾事项最早时间加上作业时间，自左向右逐个事件向前计算。当同时有两个或若干个箭线指向箭头事项时，箭头事项的最早时间要选择各工序的箭尾事项最早时间与各自工序作业时间之和的最大值，即

$$T_E(j) = \max\{T_E(i) + T(i,j)\} \quad (j = 2, 3, \cdots, n)$$

其中，$T_E(j)$ 为箭头事项的最早时间，$T_E(i)$ 为箭尾事项的最早时间。

(2) 事项最迟时间 $T_L(i)$。

事项最迟时间通常是按箭头事项各工序的最迟必须结束时间，或箭尾事项各工序的最迟必须开始时间，用 $T_{\mathrm{L}}(j)$ 表示。若 n 为终点事项，终点事项的最迟时间 $T_{\mathrm{L}}(n) = T_{\mathrm{E}}(n)$。计算时，从右向左反顺序进行，箭尾事项的最迟时间等于箭头事项的最迟时间减去该工序的作业时间。当箭尾事项同时引出多个箭线时，该箭尾事项的最迟时间必须同时满足这些工序的最迟必须开始时间。所以在这些工序的最迟必须开始时间中选一个最早 (时间值最小) 的时间，即

$$T_{\mathrm{L}}(i) = \min\{T_{\mathrm{L}}(j) - T_{\mathrm{L}}(i,j)\} \quad (i = n-1, \cdots, 2, 1)$$

其中，$T_{\mathrm{L}}(i)$ 为箭尾事项的最迟时间，$T_{\mathrm{L}}(j)$ 为箭头事项的最迟时间。

3) 工序 (i,j) 的最早开始时间、最早结束时间、最迟结束时间与最迟开始时间

(1) 工序 (i,j) 的最早开始时间 $T_{\mathrm{ES}}(i,j)$。

任何一个工序都必须在其紧前工序结束后才能开始，所以其紧前工序最早结束时间即工序最早可能开始时间，简称为工序最早开始时间，用 $T_{\mathrm{ES}}(i,j)$ 表示。它等于该工序箭尾事项的最早时间，即

$$T_{\mathrm{ES}}(i,j) = T_{\mathrm{E}}(i)$$

(2) 工序 (i,j) 的最早结束时间 $T_{\mathrm{EF}}(i,j)$。

工序最早结束时间等于工序最早开始时间加上该工序的作业时间，用 $T_{\mathrm{EF}}(i,j)$ 表示工序 (i,j) 的最早结束时间，即

$$T_{\mathrm{EF}}(i,j) = T_{\mathrm{ES}}(i,j) + T(i,j)$$

(3) 工序 (i,j) 的最迟结束时间 $T_{\mathrm{LF}}(i,j)$。

在不影响工程最早结束时间的条件下，工序最迟必须结束的时间被简称为工序最迟结束时间，用 $T_{\mathrm{LF}}(i,j)$ 表示。它等于工序的箭头事项的最迟时间，即

$$T_{\mathrm{LF}}(i,j) = T_{\mathrm{L}}(j)$$

(4) 工序 (i,j) 的最迟开始时间 $T_{\mathrm{LS}}(i,j)$。

在不影响工程最早结束时间的条件下，工序最迟必须开始的时间被简称为工序最迟开始时间，用 $T_{\mathrm{LS}}(i,j)$ 表示。它等于工序最迟结束时间减去工序的作业时间，即

$$T_{\mathrm{LS}}(i,j) = T_{\mathrm{LF}}(i,j) - T(i,j)$$

(5) 工序 (i,j) 的总时差 $\mathrm{TF}(i,j)$。

在不影响工程总工期的条件下，将工序最早开始 (或结束) 时间可以推迟的时间称为该工序的总时差，用 $\mathrm{TF}(i,j)$ 表示，即工序的完工期可以推迟的时间

$$\text{工序总时差} = \text{最迟开始} - \text{最早开始}: \mathrm{TF}(i,j) = T_{\mathrm{LS}}(i,j) - T_{\mathrm{ES}}(i,j)$$

或

$$\text{工序总时差} = \text{最迟结束} - \text{最早结束}: \mathrm{TF}(i,j) = T_{\mathrm{LF}}(i,j) - T_{\mathrm{EF}}(i,j)$$

工序总时差越大，表明该工序在整个网络中的机动时间越大，可以在一定范围内将该工序的人力、物力资源利用到瓶颈工序上去，以达到压缩工期之目的。

(6) 工序 (i, j) 的单时差 $\mathrm{FF}(i, j)$。

在不影响紧后工序最早开始时间的条件下，工序最早结束时间可以推迟的时间被称为该工序的单时差，用 $\mathrm{FF}(i, j)$ 表示。

$$\mathrm{FF}(i, j) = T_{\mathrm{ES}}(j, k) - T_{\mathrm{EF}}(i, j)$$

其中，$T_{\mathrm{ES}}(j, k)$ 为工序 (i, j) 的紧后工序的最早开始时间。工序总时差、单时差及其紧后工序的最早开始时间、最迟开始时间的关系如图 2.16 所示。

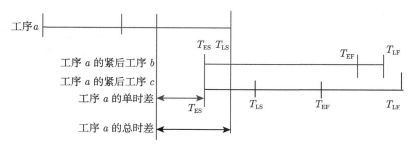

图 2.16　工序总时差、单时差及其紧后工序的时间参数关系

从图 2.16 中可以看出，工序 b 与工序 c 同为工序 a 的紧后工序。工序 a 的单时差不影响紧后工序的最早开始时间，而其总时差不仅包含了本工序的单时差，而且包含了工序 b，c 的时差，使工序 c 失去了部分时差，而使工序 b 失去了全部自由机动时间。占用某一工序的总时差虽然不影响整个任务的最短工期，却有可能使其紧后工序失去自由机动的时间。

总时差为零的工序，它的开始和结束的时间没有一点机动的余地。因此，由这些工序所组成的路径就是网络中的关键路径，对应的工序就是关键工序。用计算工序总时差的方法确定网络中的关键工序是解决关键路径优化问题最常用的方法。

例 2.3　求解图 2.17 中调查项目网络图的关键路径和工期。

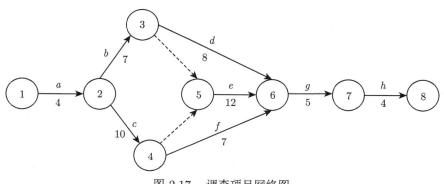

图 2.17　调查项目网络图

解　事项的时间参数如图 2.18 所示。

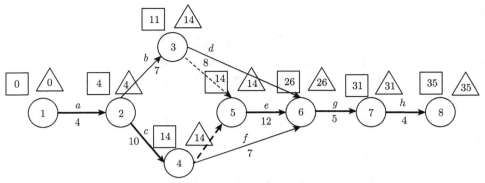

图 2.18　事项的时间参数

第一步：计算工序 (i,j) 的最早开始时间 T_{ES} 和最迟结束时间 T_{LF}。

$$T_{\mathrm{ES}}(1,2) = T_{\mathrm{E}}(1) = 0, \quad T_{\mathrm{LF}}(1,2) = T_{\mathrm{L}}(2) = 4$$
$$T_{\mathrm{ES}}(2,3) = T_{\mathrm{E}}(2) = 4, \quad T_{\mathrm{LF}}(2,3) = T_{\mathrm{L}}(3) = 14$$
$$T_{\mathrm{ES}}(2,4) = T_{\mathrm{E}}(2) = 4, \quad T_{\mathrm{LF}}(2,4) = T_{\mathrm{L}}(4) = 14$$
$$T_{\mathrm{ES}}(3,6) = T_{\mathrm{E}}(3) = 11, \quad T_{\mathrm{LF}}(3,6) = T_{\mathrm{L}}(6) = 26$$
$$T_{\mathrm{ES}}(5,6) = T_{\mathrm{E}}(5) = 14, \quad T_{\mathrm{LF}}(5,6) = T_{\mathrm{L}}(6) = 26$$
$$T_{\mathrm{ES}}(4,6) = T_{\mathrm{E}}(4) = 14, \quad T_{\mathrm{LF}}(4,6) = T_{\mathrm{L}}(6) = 26$$
$$T_{\mathrm{ES}}(6,7) = T_{\mathrm{E}}(6) = 26, \quad T_{\mathrm{LF}}(6,7) = T_{\mathrm{L}}(7) = 31$$
$$T_{\mathrm{ES}}(7,8) = T_{\mathrm{E}}(7) = 31, \quad T_{\mathrm{LF}}(7,8) = T_{\mathrm{L}}(8) = 35$$

第二步：计算工序的最早结束时间和最迟开始时间

$$T_{\mathrm{EF}}(1,2) = T_{\mathrm{ES}}(1,2) + T(1,2) = 0 + 4 = 4,$$
$$T_{\mathrm{LS}}(1,2) = T_{\mathrm{LF}}(1,2) - T(1,2) = 4 - 4 = 0$$
$$T_{\mathrm{EF}}(2,3) = T_{\mathrm{ES}}(2,3) + T(2,3) = 4 + 7 = 11,$$
$$T_{\mathrm{LS}}(2,3) = T_{\mathrm{LF}}(2,3) - T(2,3) = 14 - 7 = 7$$
$$T_{\mathrm{EF}}(2,4) = T_{\mathrm{ES}}(2,4) + T(2,4) = 4 + 10 = 14,$$
$$T_{\mathrm{LS}}(2,4) = T_{\mathrm{LF}}(2,4) - T(2,4) = 14 - 10 = 4$$
$$T_{\mathrm{EF}}(3,6) = T_{\mathrm{ES}}(3,6) + T(3,6) = 11 + 8 = 19,$$
$$T_{\mathrm{LS}}(3,6) = T_{\mathrm{LF}}(3,6) - T(3,6) = 26 - 8 = 18$$
$$T_{\mathrm{EF}}(5,6) = T_{\mathrm{ES}}(5,6) + T(5,6) = 14 + 12 = 26,$$
$$T_{\mathrm{LS}}(5,6) = T_{\mathrm{LF}}(5,6) - T(5,6) = 26 - 12 = 14$$
$$T_{\mathrm{EF}}(4,6) = T_{\mathrm{ES}}(4,6) + T(4,6) = 14 + 7 = 21,$$
$$T_{\mathrm{LS}}(4,6) = T_{\mathrm{LF}}(4,6) - T(4,6) = 26 - 7 = 19$$
$$T_{\mathrm{EF}}(6,7) = T_{\mathrm{ES}}(6,7) + T(6,7) = 26 + 5 = 31,$$
$$T_{\mathrm{LS}}(6,7) = T_{\mathrm{LF}}(6,7) - T(6,7) = 31 - 5 = 26$$
$$T_{\mathrm{EF}}(7,8) = T_{\mathrm{ES}}(7,8) + T(7,8) = 31 + 4 = 35,$$
$$T_{\mathrm{LS}}(7,8) = T_{\mathrm{LF}}(7,8) - T(7,8) = 35 - 4 = 31$$

第三步：计算各工序的总时差 TF。

$$\text{TF}(1,2) = \text{T}_{\text{LS}}(1,2) - \text{T}_{\text{ES}}(1,2) = 0 - 0 = 0$$
$$\text{TF}(2,3) = \text{T}_{\text{LS}}(2,3) - \text{T}_{\text{ES}}(2,3) = 7 - 4 = 3$$
$$\text{TF}(2,4) = \text{T}_{\text{LS}}(2,4) - \text{T}_{\text{ES}}(2,4) = 4 - 4 = 0$$
$$\text{TF}(3,6) = \text{T}_{\text{LS}}(3,6) - \text{T}_{\text{ES}}(3,6) = 18 - 11 = 7$$
$$\text{TF}(5,6) = \text{T}_{\text{LS}}(5,6) - \text{T}_{\text{ES}}(5,6) = 14 - 14 = 0$$
$$\text{TF}(4,6) = \text{T}_{\text{LS}}(4,6) - \text{T}_{\text{ES}}(4,6) = 19 - 14 = 5$$
$$\text{TF}(6,7) = \text{T}_{\text{LS}}(6,7) - \text{T}_{\text{ES}}(6,7) = 26 - 26 = 0$$
$$\text{TF}(7,8) = \text{T}_{\text{LS}}(7,8) - \text{T}_{\text{ES}}(7,8) = 31 - 31 = 0$$

由表 2.1 可得各作业的时间参数，关键工序为总时差为 0 的工序，即工序 a, c, e, g, h。由关键工序组成的路径就是所求的关键路径，即①→②→④→⑤→⑥→⑦→⑧，工期为 35 天。

表 2.1　工序的时间参数计算表

作业代号	作业时间 $T(i,j)$	紧前作业	最早时间 开始 T_{ES}	最早时间 结束 T_{EF}	最迟时间 开始 T_{LS}	最迟时间 结束 T_{LF}	总时差 TF
a	4	—	0	4	0	4	0
b	7	a	4	11	7	14	3
c	10	a	4	14	4	14	0
d	8	b	11	19	18	26	7
e	12	b, c	14	26	14	26	0
f	7	c	14	21	19	26	5
g	5	d, e, f	26	31	26	31	0
h	4	g	31	35	31	35	0

2.3　基于 Pajek 软件的网络重要特征求解与优化问题分析

Pajek 是一款基于 Windows 操作平台，用于研究各种复杂非线性网络的大型复杂网络分析软件，可以实现上千乃至数百万个节点大型网络的分析和可视化操作。

2.3.1　Pajek 软件介绍

Pajek 软件不仅为用户提供了一整套快速有效的网络分析算法，而且还提供了一个可视化的界面，让用户可以更加直观地了解网络的结构特性。程序主界面如图 2.19 所示。

在对 Pajek 初始界面有所了解后，便可以进行网络数据的录入以及网络图的绘制，具体操作如下。

1. 网络数据的录入

网络是 Pajek 最基本也是最重要的数据类型，它包括了整个复杂网络中最基本的信息，如节点数、各节点的名称以及节点间各条边的连接情况及其权重等。一般而言，网络可以用以下两种基本方式定义。

1) 以三元组形式输入

依次列举该复杂网络的所有边。这种表述形式的复杂网络用后缀名为 .net 的文件来存储，例如图 2.20(a) 里的网络图可以表示为三元组的形式 (图 2.20(b))。

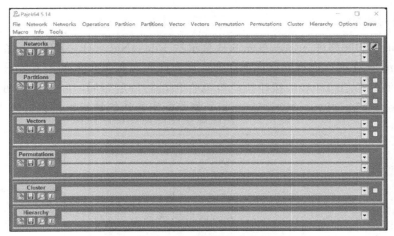

图 2.19　Pajek 软件程序主界面

文件表示的网络有四个节点，其节点名称依次为 V1，V2，V3，V4，且该网络有四条边。第一条表示从节点 1 指向节点 2，权重为 1；第二条表示从节点 1 指向节点 3，权重为 2；第三条表示从节点 3 指向节点 4，权重为 3；第四条表示从节点 4 指向节点 2，权重为 4 (若该边写在 *Edges 行下，则为无向边)。

三元组形式表示复杂网络具有简单直接的特点，但缺点是当网络节点规模很大时，逐次输入网络的所有连边容易出错且耗时严重。

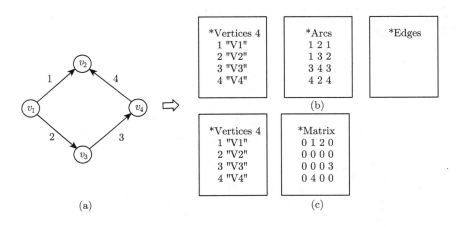

图 2.20　网络图以及对应的表达方式

2) 以矩阵形式输入

矩阵形式表示复杂网络用后缀名为 .mat 的文件来存储。例如，图 2.20(a) 中网络的矩阵表示形式见图 2.20(c)，矩阵第一行 "0 1 2 0" 对应节点 v_1 的连边特征，表明其与节点 v_2 和 v_3 相连，且权重分别为 1 和 2。

Pajek 可以非常方便地实现上述两种表示方式的相互转换。因此，用户可以不必拘泥于选择一种最优的表示方式，而可以根据习惯任意选择其中一种，在必要时只需进行适当的转换即可。

2. 网络图的绘制

以图 2.20(a) 的网络图为例。首先选择菜单栏 File→Network→Read 子菜单读取输入的文件，之后单击按钮 ✎，进行网络图的绘制。用户既可以根据个人的需求偏好将节点移动到想要的位置，也可以在 Layout 菜单里选择软件预设的特定布局，并且可以通过选择菜单栏 Options→Lines→Mark Lines with Values 子菜单标出各边的边权，结果如图 2.21 所示。

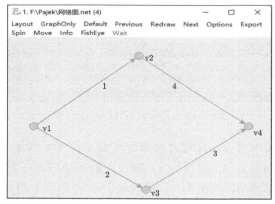

图 2.21　网络图的绘制

3. 复杂网络绘制

除了绘制简单的网络图形，Pajek 软件还可以绘制网络规模大、结构特征复杂的多种类型复杂网络，如图 2.22 所示。

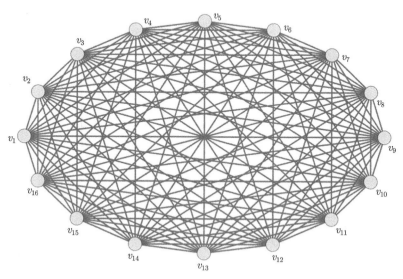

图 2.22　复杂网络图

可以看到网络图中的节点数越来越多，而且各节点之间的连接关系十分复杂，如果再引入方向和边权，那这个网络会更加复杂。

2.3.2　基于 Pajek 软件的网络重要特征求解

本节将以图 2.2(a) 和图 2.2(b) 为例，结合 Pajek 软件对度、平均度、出度与入度、紧密中心性、间接中心性、聚类系数这些网络的重要特征进行求解，以便读者熟练掌握网络重要特征的求解方法。

1. 度的求解

根据图 2.2(a)，对网络中各节点的度进行求解。

第一步：数据的录入与读取。将图 2.2(a) 转化为矩阵形式输入，如图 2.23(a) 所示。

第二步：选择菜单栏中 Network→Create Partition→Degree→All 子菜单，如图 2.23(b) 所示。

第三步：单击按钮，即可得到所有节点的度，如图 2.23(c) 和图 2.23(d) 所示。

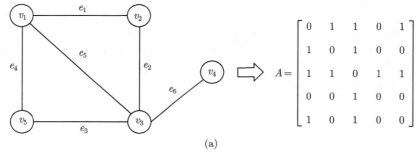

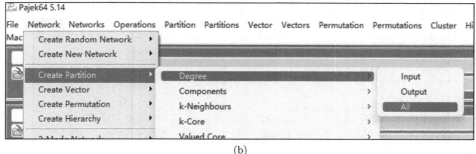

图 2.23　度的求解步骤

根据结果可以看到节点 $v_1 \sim v_5$ 的度分别为 3，2，4，1，2。

2. 平均度的求解

根据图 2.2(a)，对网络的平均度进行求解。

第一步：数据的录入与读取。将图 2.2(a) 转化为矩阵形式输入，如图 2.23(a) 所示。

第二步：选择菜单栏中 Network→Info→General 子菜单，见图 2.24(a)，即可得到网络的平均度，如图 2.24(b) 所示。

根据结果可以得到网络的平均度为 2.4。

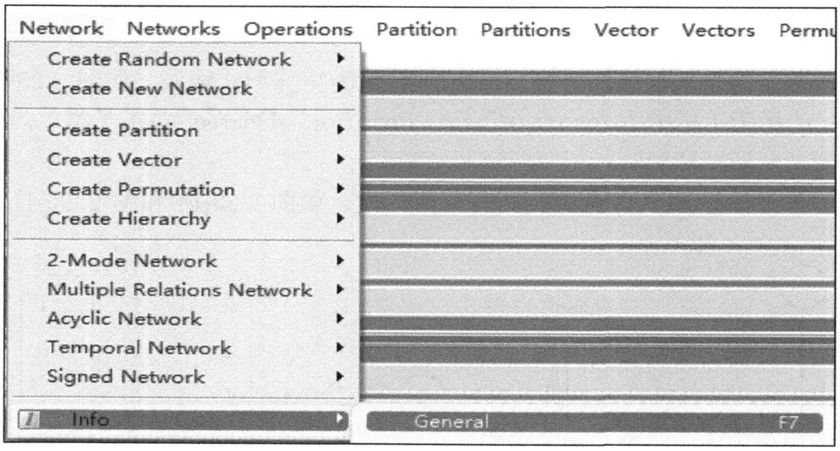

(a)

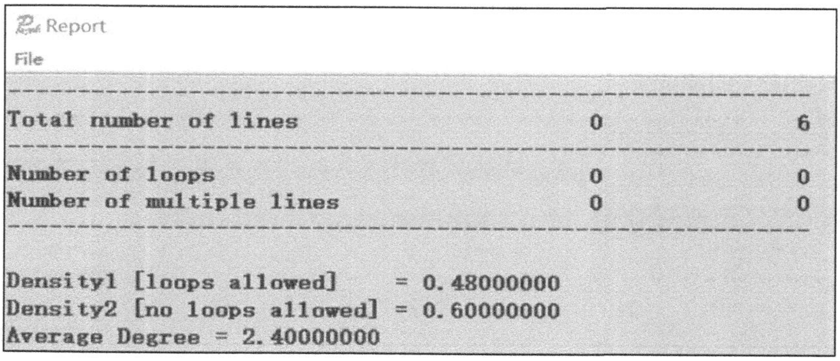

(b)

图 2.24   平均度的求解步骤

3. 出度与入度的求解

根据图 2.2(b)，对网络中各节点的出度和入度进行求解。

第一步：数据的录入与读取。将图 2.2(b) 转化为矩阵形式输入，如图 2.23(a) 所示。

第二步：选择菜单栏中 Network→Create Partition→Degree→Output 子菜单即可得到网络的出度，单击菜单栏中 Network→Create Partition→Degree→Input 子菜单，即可得到网络的入度，见图 2.25(a)。

第三步：单击按钮 ，即可得到网络的出度与入度，如图 2.25(b) 和图 2.25(c) 所示。

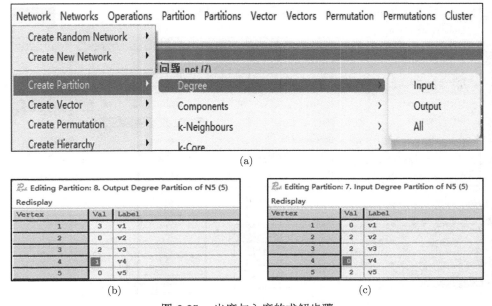

(a)

(b)　　　　　　　　　　　　　　　(c)

图 2.25　出度与入度的求解步骤

根据结果可以得到各个节点的出度与入度，节点 v_1 的出度为 3，入度为 0；节点 v_2 的出度为 0，入度为 2；节点 v_3 的出度为 2，入度为 2；节点 v_4 的出度为 1，入度为 0；节点 v_5 的出度为 0，入度为 2。复杂网络中的边和节点特别多，人为去数的话很容易数错，而 Pajek 软件却能将相当复杂网络中的出度和入度快速准确地识别，这可以看到 Pajek 软件功能的强大。

4. 紧密中心性的求解

根据图 2.2(a)，对网络中各节点的紧密中心性进行求解。

第一步：数据的录入与读取，将图 2.2(a) 转化为矩阵形式输入，如图 2.23(a) 所示。

第二步：选择菜单栏中 Network→Create Vector→Centrality→Closeness→All 子菜单，即可得到网络中各节点的紧密中心性，见图 2.26(a)。

第三步：单击按钮，即可得到网络各节点的紧密中心性，见图 2.26(b) 和图 2.26(c)。

根据结果可以得到网络中各节点的紧密中心性。节点 $v_1 \sim v_5$ 的紧密中心性分别为 0.80，0.67，1.00，0.57，0.67。

5. 间接中心性

根据图 2.2(a)，对网络中各节点的间接中心性进行求解。

第一步：数据的录入与读取，将图 2.2(a) 转化为矩阵形式输入，如图 2.23(a) 所示。

第二步：选择菜单栏中 Network→Create Vector→Centrality→Betweenness 子菜单，即可得到网络中各节点的紧密中心性，见图 2.27(a)。

第三步：单击按钮，即可得到网络各节点的紧密中心性，见图 2.27(b) 和图 2.27(c)。

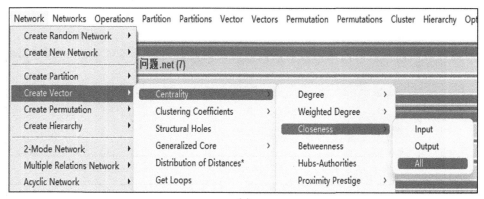

(a)

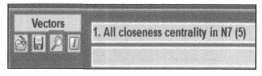

(b)

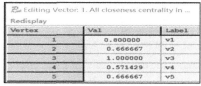

(c)

图 2.26 紧密中心性的求解步骤

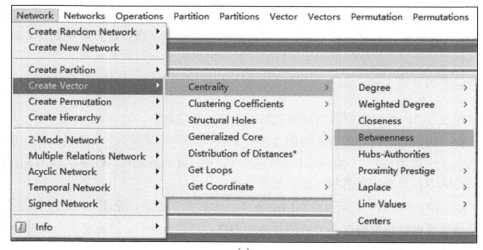

(a)

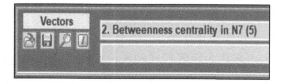

(b)

(c)

图 2.27 间接中心性的求解步骤

根据结果可以得到网络中各节点的紧密中心性。节点 $v_1 \sim v_5$ 的间接中心性分别为 0.08,0.00,0.58,0.00,0.00。

6. 聚类系数

根据图 2.2(a),对网络中所有节点聚类系数的平均值进行求解。

第一步:数据的录入与读取,见图 2.23(a)。

第二步:选择菜单栏中 Network→Create Vector→Clustering Coefficients→CC1 子菜单,即可得到网络中所有节点聚类系数的平均值,见图 2.28(a) 和图 2.28(b)。

根据结果可以看到网络中所有节点聚类系数的平均值约为 0.55 。

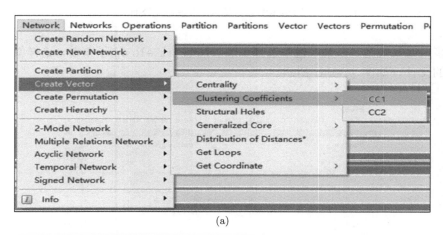

(a)

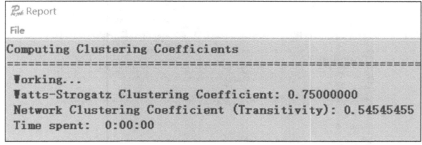

(b)

图 2.28 聚类系数的求解步骤

2.3.3 基于 Pajek 软件的网络优化问题求解

上述章节介绍了众多的网络优化问题及求解方案。但是在现实生活中,案例中的网络图存在复杂程度高、计算量大且容易出错的难题,上述解决方案难以有效解决。而 Pajek 软件具备较好的网络分析能力,能够很好地处理上述难题。本节将运用 Pajek 软件,对 2.2 节网络优化问题进行图示、分析和求解。

1. Pajek 求解最短路优化问题

第一步:将网络转化为三元组的形式录入软件。新建记事本,并在记事本内输入如下信息,用后缀名为 .net 的文件来存储,如图 2.29 所示。

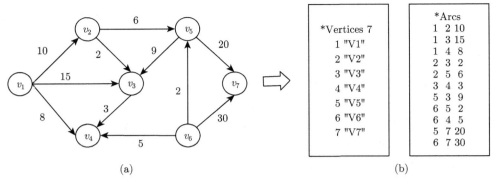

图 2.29 网络图的数据输入 (求解最短路优化问题)

第二步：读取数据。在菜单栏中选择 File→Network→Read 子菜单，这样就成功读取了刚才写入的文件，如图 2.30(a) 所示。

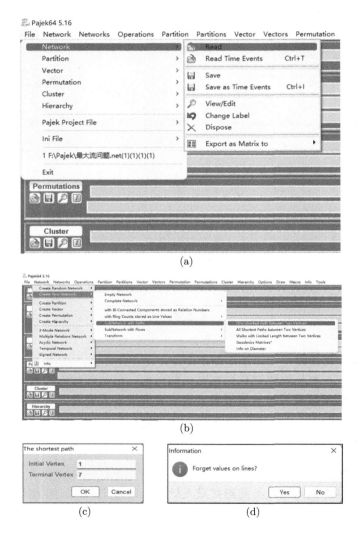

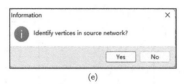

(e)

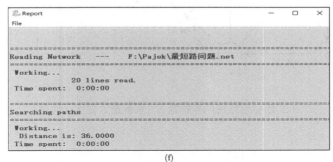

(f)

图 2.30　Pajek 求解最短路优化问题的操作步骤

第三步：在菜单栏中选择 Network→Create New Network→SubNetwork with Paths→One Shortest Path between Two Vertices 子菜单，见图 2.30(b)。

第四步：在弹出的 The shortest path 对话框中设置初始点与终点，选择初始点为 1，终点为 7，见图 2.30(c)。

第五步：确认后，在弹出的对话框中，Forget values on lines?（是否忽视边的权重？）如果选择 Yes，此时网络图中所有的边权为 1；选择 No，此时网络图中的边权为用户设置的边权。这里选择 No，见图 2.30(d)。

第六步：在弹出的对话框中，Identify vertices in source network?（是否识别网络图中的节点？）选择 Yes，表示识别网络图中的节点，见图 2.30(e)；确认后显示结果，见图 2.30(f)。

v_1 到 v_7 间最短路长为 36，再单击 Draw network 就可以看到最短路径，即 $v_1 \rightarrow v_2 \rightarrow v_5 \rightarrow v_7$，同理可以求出 v_1 到其他节点的最短路径。v_1 到 v_2 的最短路径为 $v_1 \rightarrow v_2$，路长为 10；v_1 到 v_3 的最短路径为 $v_1 \rightarrow v_3$，路长为 15；v_1 到 v_4 的最短路径为 $v_1 \rightarrow v_4$，路长为 8；v_1 到 v_5 的最短路径为 $v_1 \rightarrow v_2 \rightarrow v_5$，路长为 16；$v_1$ 到达不了 v_6。即使面对较为复杂的网络，Pajek 软件仍然可以将网络中任意两个节点的最短路径快速准确求出。

2. Pajek 求解最大流优化问题

将节点的容量输入当作边的权重即可，不必考虑节点的流量。

第一步：根据网络图将网络数据录入。新建记事本，在记事本内输入如下信息，用后缀名为 .net 的文件来存储，如图 2.31 所示。

第二步：读取数据。在菜单栏中选择 File→Network→Read 子菜单，以读取写入的文件，见图 2.32(a)。

第三步：在菜单栏中选择 Network→Create New Network→SubNetwork with Flows→Maximum Flow between Two Vertices 子菜单，见图 2.32(b)。

第四步：之后在弹出的 Maximum flow 对话框中设置初始点与终点，选择初始点为 1，终点为 6，见图 2.32(c)。

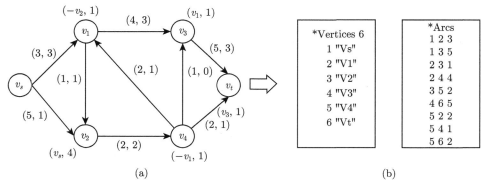

图 2.31　网络图的数据输入 (求解最大流优化问题)

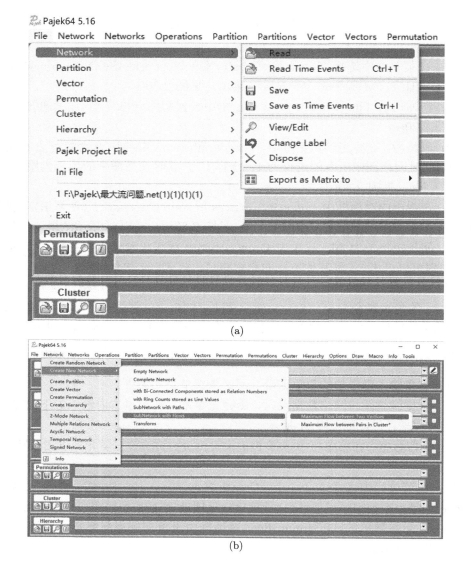

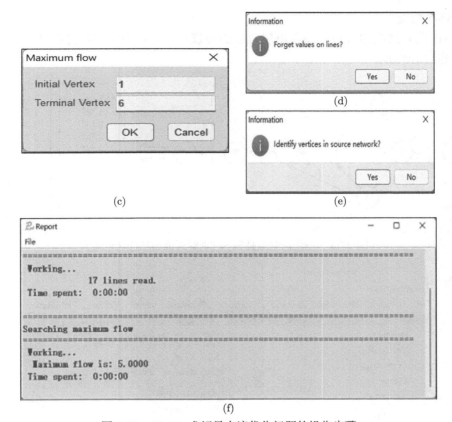

图 2.32　Pajek 求解最大流优化问题的操作步骤

第五步：确认后，在弹出的对话框中，Forget values on lines? (是否忽视边的权重？) 如果选择 Yes，此时网络图中所有的边权为 1；选择 No，此时网络图中的边权为用户设置的边权，选择 No，见图 2.32(d)。

第六步：后弹出的对话框中，Identify vertices in source network? (是否识别网络图中的节点？) 选择 Yes，表示识别网络图中的节点，见图 2.32(e)。确认后就会显示出结果，网络图中的最大流为 5，见图 2.32(f)。

整个网络中的最大流量为 5，相较于 Ford-Fulkerson 标号法烦琐的步骤，Pajek 软件只需要输入数据，就可以得到结果，因此更为实用。

3. Pajek 求解关键路径优化问题

第一步：根据网络图将网络数据录入。新建记事本，在记事本内输入如下信息，用后缀名为 .net 的文件来存储，如图 2.33(b) 所示。

第二步：读取数据。在菜单栏中选择 File→Network→Read 子菜单，见图 2.34(a)。

第三步：对数据进行修改。项目 3-5 和项目 4-5 是虚工序，但由于 Pajek 并不能识别虚工序，因此只能对其任意赋予一个值。

(1) 找到 Pajek 界面的按钮 🔍，单击后会出现 Edit lines incident to vertex 的对话框，这里是选择需要修正的节点，输入 "3"，见图 2.34(b)，单击 OK，之后会出现这个节点与其他节点的连接情况。

(2) 右击需要修改的节点，就会出现对应的边权，进行修改即可，见图 2.34(c)。同理对节点 "4" 也进行修正。

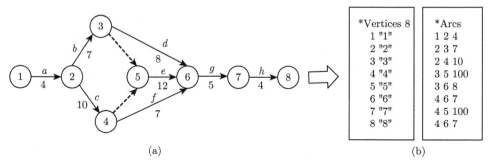

(a)

(b)

图 2.33 网络图的数据输入 (求解关键路径优化问题)

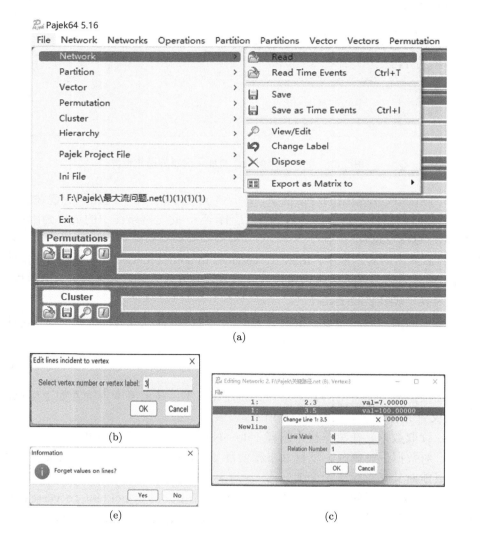

(a)

(b)

(e)

(c)

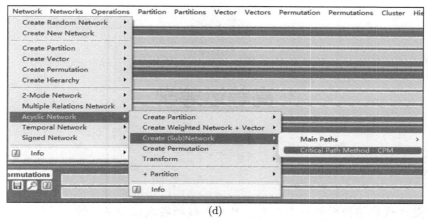

(d)

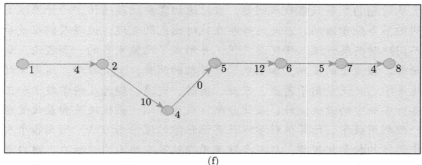

(f)

图 2.34　Pajek 求解关键路径优化问题的操作步骤

第四步：在菜单栏中选择 Network→Acyclic Network→Create (Sub) Network→Critical Path Method-CPM 子菜单，见图 2.34(d)。

第五步：在弹出的对话框中，Forget values on lines? (是否忽视边权?) 如果选择 Yes，此时网络图中所有的边权为 1；选择 No，此时网络图中的边权为用户设置的边权，见图 2.34(e)。

第六步：之后就得到了结果，再单击 Draw network 就可以看到关键路径为 1→2→4→5→6→7→8，总天数为 35 天，见图 2.34(f)。

需要特别注意的是 Pajek 软件无法识别虚工序，因此需要先给对应的边一个任意的权重，之后再调整为 0 即可。

第3章

高等运筹学

 章首语

运筹学是近代应用数学的一个分支，具有很强的实践性和应用性。其诞生便是为了解决第二次世界大战时期的军事战略战术问题，当时迫切需要把各项稀少的资源以有效的方式分配给各种不同的军事经营活动。正是运筹学在战时出色的表现，使得人们在战后遇到类似问题时，不约而同地对其展开深入研究与应用，并形成了比较完备的一套理论，如排队论、存储论、决策论等。理论上的成熟，加上电子计算机的问世，大大推动了运筹学的发展。

目前，运筹学已广泛应用于商业、农业、国防、交通、能源及科学技术和工程管理等领域，以解决各行各业中的最优设计、最优分配、最优计划、最优决策和最优管理等最优化问题。运筹学一般利用数学、计算机科学以及其他科学的理论与方法，研究各个系统尤其是经济管理系统中运行的数量化规律，从而合理使用与统筹安排人力、物力、财力等资源，为决策者提供最优决策方案，以实现有效的管理并获得满意的经济效益和社会效果。

本章立足于运筹学常用知识，以凸分析、高等概率统计为数学基础，结合经济学、多目标决策、计算机网络等相关学科分支的应用实际，主要包括动态规划、排队论、非线性规划和多目标规划等，旨在全面提高读者的理论基础和建模水平。

通过本章的学习，读者能够基本掌握运筹学主要分支的基本概念、基本模型和基本方法，能够根据具体的应用问题建立运筹学模型，提高理论分析能力、数学建模能力及求解能力。另外，在学习各部分运筹思想和求解方法的过程中，读者也可以收获一定的生活启迪。动态规划要求在每个阶段都要进行决策，最优策略是由若干相继进行的阶段决策构成的决策序列。在确定阶段决策时不能只从本阶段的效应出发，必须通盘考虑、整体规划，否则可能因小失大，得不偿失。多目标规划主要解决多个目标共存时的决策问题。虽然目标众多，但在不同时期、不同条件下，各个目标的地位和作用有所不同，处理这些目标时也应有轻重缓急之分。因此，针对运营管理中经济效益、环境污染、社会责任、公众形象等问题，读者可以结合目标规划思想进行调查分析，分清主次矛盾，明确工作重点，统筹解决方案。

虽然已经历近一个世纪的发展，但高等运筹学领域仍面临两大主要问题。其一，易出现理论与实际相分离的情况，常常过于强调数学理论与方法解释，如数学公式的推导等，而对于运筹学思想、从实际问题中建模的技术，以及定量化方法在实际管理问题中的应用有所忽略。其二，部分问题求解方式缺少简单且易于操作的计算机求解方式，难以实现简单化和普及化。

计算机是推动运筹学发展的基本因素，是运筹学不可缺少的工具；而运筹学方法如今也已经成为计算机信息系统的一个主要部分。随着信息化时代的到来，运筹学与计算机之间的关系将会愈加密切，相辅相成，推动智能决策发展步入新阶段。基于此，未来如何将高等运筹学实现简单化和普及化，如何更有效地将碎片化的数学和计算机知识转化为读者系统分析、建模预测、优化决策等分析与解决问题的能力显得尤为重要。在未来工作岗位上能够合理运用各种运筹学的理论和工具解释、解决现实中遇到的一些实际应用问题，对提高工作计划、统筹分析和决策能力具有十分重要的现实意义。同时，高等运筹学的理论与实践仍在日新月异地发展，其应用领域也在不断拓展。运筹学所能解决的问题几乎涉及政治、经济、社会的方方面面，而且未来还会出现更多的分支理论与专门解法。高等运筹学的应用是未来学科的一个发展趋势，运筹学将不仅是解决特定问题的专门理论，更会与计算机网络技术结合，向解决复杂大系统的优化问题和综合性问题的方向发展。

现实生活中很多问题涉及的模型更加复杂，例如非线性规划、排队问题等，此时单纯的线性规划等初等运筹学理论方法并不能解决这类问题，这就需要高等运筹学的理论知识。本章主要对高等运筹学相关理论进行阐述，包括动态规划、排队论、非线性规划和多目标规划。

3.1　动　态　规　划

动态规划 (dynamic programming) 是求解多阶段决策问题的一种最优化方法。20 世纪 50 年代初，贝尔曼 (Bellman) 等在研究多阶段决策过程 (multiple step decision process) 的优化问题时，提出了著名的最优性原理 (principle of optimality)，即把多阶段决策过程转化为一系列单阶段问题，逐个求解，创立了解决这类多阶段优化问题的新方法——动态规划。1957 年，Bellman 出版了 *Dynamic Programming*，这是该领域的第一本著作。

动态规划问世以来，在经济管理、生产调度、工程技术、博弈论和最优控制等方面得到了广泛的应用。例如最短路径、库存管理、资源分配、设备更新、排序、装载等问题，用动态规划方法比用其他方法求解更为方便。

虽然动态规划主要用于求解以时间划分阶段的动态过程的优化问题，但是一些与时间无关的静态规划 (如线性规划、非线性规划)，其本质是一个多阶段决策问题，可以人为地引入时间因素，把它视为多阶段决策过程，也可以用动态规划方法方便地求解。

应指出，动态规划是求解某类问题的一种方法，是考察问题的一种途径，而不是一种特殊算法 (如线性规划的是一种算法)。因而，它不像线性规划那样有一个标准的数学表达式和明确定义的一组规则，而必须对具体问题进行具体分析处理，面向特定问题，建立动态规划模型。因此，在学习时，除要对基本概念和方法正确理解外，应思考从不同的角度来建立模型，用创造性的技巧去求解问题，通过案例揣摩解题精髓。

3.1.1　多阶段决策过程与方法

动态规划是目前解决多阶段决策过程问题的基本方法之一。所谓多阶段决策过程，是指这样一类的决策问题：由问题的特性可将整个决策过程按时间、空间等标志划分为若干个互相联系又互相区别的阶段。在它的每一阶段都需要做出决策，从而使整个过程达到最好的效果。因此，各个阶段的决策不是任意确定的，它依赖于当前面临的状态，又影响以后的发展，当各个阶段决策确定后，就组成了一个决策序列，因而也就决定了整个决策过程的一条活动路线，这样一个前后关联具有链状结构的决策过程就称为多阶段决策过程，也称为序贯决策过程 (如图 3.1 所示)，这种问题称为多阶段决策问题。

在多阶段决策问题中，各个阶段的决策通常与时间相关，决策依赖于当前的状态，并随后引起状态的变化。一个决策序列就是在变化的状态中产生出来的，故有 "动态" 的含义，因此处理这种问题的方法称为动态规划方法。

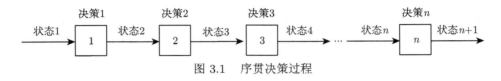

图 3.1   序贯决策过程

例 3.1   如图 3.2 所示，给定一个线路网络，两点之间连线上的数字表示两点间的距离 (或费用)。试求一条由 A 到 E 的线路，使总长度最小 (或总费用最小)。

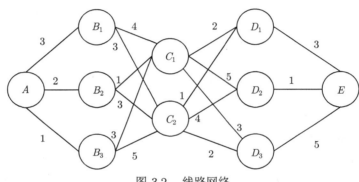

图 3.2   线路网络

这是一个以空间位置为特征的多阶段决策问题，决策顺序为 $A \to B \to C \to D \to E$。

例 3.2   工厂生产某种产品，每单位 (千件) 的成本为 1 (千元)，每次开工的固定成本为 3 (千元)，工厂每季度的最大生产能力为 6 (千件)。经调查，市场对该产品的需求量第一、二、三、四季度分别为 2, 3, 2, 4 (千件)。如果工厂在第一、二季度将全年的需求都生产出来，自然可以降低成本 (少付固定成本费)，但是对于第三、四季度才能上市的产品需付存储费，每季每千件的存储费为 0.5 (千元)。还规定年初和年末这种产品均无库存。试制订一个生产计划，即安排每个季度的产量，使一年的总费用 (生产成本和存储费) 最少。

显然，这是一个以时间为特征的多阶段决策问题。

例 3.1 通常称为最短路径问题，这是一个简单而又十分典型的多阶段决策问题。我们以它为列来说明用动态规划求解多阶段决策问题的特点与方法原理。

从图 3.2 可以看出，从 A 到 E 一共有 $3 \times 2 \times 3 \times 1 = 18$ 条不同的线路，即 18 种不同的方案。显然其中必定存在一条从全过程看效果最好的线路，称为最佳线路。对最佳线路来说，它具有如下的重要性质：设最佳线路第二、三、四阶段决策的结果是选择 $B_i(1 \leqslant i \leqslant 3)$，$C_j(1 \leqslant j \leqslant 3)$，$D_t(1 \leqslant t \leqslant 3)$ (见图 3.3)，则其中从第二阶段初始状态 B_i 到 E 点的路径，也是从 B_i 到 E 点一切可能路径中的最佳路径。这个性质很容易用反证法证明：设从 B_i 到 E 另有一条更短的路径 $B_i \to C_j' \to D_t' \to E$，则用 $A \to B_i$ 再加上这条路

径就比 $A \to B_i \to C_j \to D_t \to E$ 更短。这与后者是一切路径中最短路径相矛盾。因此 $B_i \to C_j \to D_t \to E$ 一定也是 $B_i \to E$ 所有路径中的最短路径。显然这个性质不仅对 $B_i \to E$ 是成立的，而且对最短路径中的任意一个中间点都是成立的。因此，最佳路径中任意一个状态 (中间点) 到最终状态 (最终点) 的路径也是该状态到最终状态所有可能路径中的最短路径。

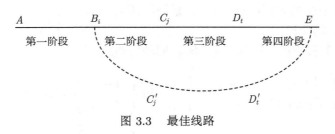

图 3.3　最佳线路

利用这个性质，则可以从最后一段开始，由终点向起点逐阶递推，寻求各点到终点的最短路径，当递推到起始点 A 时，便是全过程的最短路径。这种由后向前逆向递推的方法正是动态规划中常用的逆序法 (逆向归纳法)。

我们以例 3.1 为例，说明如何用逆向归纳法来求解多阶段决策问题。

由图 3.3，将决策全过程分为四个阶段。从最后一个阶段开始计算。

(1) $k = 4$，第四阶段。

在第四阶段，有三个初始状态：D_1，D_2 与 D_3，而全过程的最短路径究竟是经过 D_1，D_2 与 D_3 中的哪一点，目前无法肯定，因此只能将各种可能都考虑，若全过程的最短路径经过 D_1，则从 D_1 到终点的最短路径距离为 $f_4(D_1) = 3$；而类似可得 $f_4(D_2) = 1$，$f_4(D_3) = 5$。

(2) $k = 3$，第三阶段。

在第三阶段有两个初始状态：C_1 与 C_2。同样我们无法确定全过程的最短路径是经过 C_1 还是 C_2。因此两种状态都要计算。

若全过程最短路径是经过 C_1，则由 C_1 到 E 有三条支路：$C_1 \to D_1 \to E$，$C_1 \to D_2 \to E$ 及 $C_1 \to D_3 \to E$，而对支路 $C_1 \to D_1 \to E$，其最短路径应为从 $C_1 \to D_1$ 的距离 $d_3(C_1, D_1)$，再加上 $D_1 \to E$ 的最短路径距离 $f_4(D_1)$，故有

$$C_1 \to D_1 \to E : d_3(C_1, D_1) + f_4(D_1) = 2 + 3 = 5$$

$$C_1 \to D_2 \to E : d_3(C_1, D_2) + f_4(D_2) = 5 + 1 = 6$$

$$C_1 \to D_3 \to E : d_3(C_1, D_3) + f_4(D_3) = 3 + 5 = 8$$

由前述性质可知，若全过程最短路径经过 C_1，则 C_1 到终点 E 应是一切可能路径中最短路径，因此可有

$$f_3(D_1) = \min \left\{ \begin{array}{l} d_3(C_1, D_1) + f_4(D_1) \\ d_3(C_1, D_2) + f_4(D_2) \\ d_3(C_1, D_3) + f_4(D_3) \end{array} \right\} = d_3(C_1, D_1) + f_4(D_1) = 5$$

即 $C_1 \to E$ 的最短路径为 $C_1 \to D_1 \to E$，最短距离为 5。

同理，有

$$f_3(C_2) = \min \left\{ \begin{array}{l} d_3(C_2, D_1) + f_4(D_1) \\ d_3(C_2, D_2) + f_4(D_2) \\ d_3(C_2, D_3) + f_4(D_3) \end{array} \right\} = \min \left\{ \begin{array}{l} 1 + 3 \\ 4 + 1 \\ 2 + 5 \end{array} \right\} = d_3(C_2, D_1) + f_4(D_1) = 4$$

即 $C_2 \to E$ 的最短路径为 $C_2 \to D_1 \to E$，最短距离为 4。

(3) $k = 2$，第二阶段。

第二阶段有三个初始状态：B_1, B_2, B_3。同理可得到

$$f_2(B_1) = \min \left\{ \begin{array}{l} d_2(B_1, C_1) + f_3(C_1) \\ d_2(B_1, C_2) + f_3(C_2) \end{array} \right\} = \min \left\{ \begin{array}{l} 4 + 5 \\ 3 + 4 \end{array} \right\} = d_2(B_1, C_2) + f_3(C_2) = 7$$

$$f_2(B_2) = \min \left\{ \begin{array}{l} d_2(B_2, C_1) + f_3(C_1) \\ d_2(B_2, C_2) + f_3(C_2) \end{array} \right\} = \min \left\{ \begin{array}{l} 1 + 5 \\ 3 + 4 \end{array} \right\} = d_2(B_2, C_1) + f_3(C_1) = 6$$

$$f_2(B_3) = \min \left\{ \begin{array}{l} d_2(B_3, C_1) + f_3(C_1) \\ d_2(B_3, C_2) + f_3(C_2) \end{array} \right\} = \min \left\{ \begin{array}{l} 3 + 5 \\ 5 + 4 \end{array} \right\} = d_2(B_3, C_1) + f_3(C_1) = 8$$

因此 $B_1 \to E$ 的最短路径为 $B_1 \to C_2 \to D_1 \to E$，最短距离为 7；$B_2 \to E$ 的最短路径为 $B_2 \to C_2 \to D_1 \to E$，最短距离为 6；$B_3 \to E$ 的最短路径为 $B_3 \to C_2 \to D_1 \to E$，最短距离为 8。

(4) $k = 1$，第一阶段。

第一阶段只有一种初始状态 A，可计算

$$f_1(A) = \min \left\{ \begin{array}{l} d_3(A, B_1) + f_2(B_1) \\ d_3(A, B_2) + f_2(B_2) \\ d_3(A, B_3) + f_2(B_3) \end{array} \right\} = \min \left\{ \begin{array}{l} 3 + 7 \\ 2 + 6 \\ 1 + 8 \end{array} \right\} = d_3(A, B_2) + f_2(B_2) = 8$$

即 $A \to E$ 的最短路径为 $A \to B_2 \to C_1 \to D_1 \to E$，最短距离为 8。

从以上的计算过程可看出，动态规划方法的基本思想是，把一个比较复杂的问题分解成一系列同一类型的更容易求解的子问题，对每个子问题，计算过程单一化，便于应用计算机求解。同时由于对每个子问题都考虑到最优效果，于是可排除掉大量的中间非最优化的方案组合，这使得计算工作量较穷举法大大减少，但是究其本质还是穷举法。

由上述分析，可将动态规划方法求解多阶段决策问题的特点归纳如下。

(1) 每个阶段的最优决策过程只与本阶段的初始状态有关，而与以前各阶段的决策 (即为了到达本阶段的初始状态而采取的决策组合) 无关。换言之，本阶段之前的状态与决策，只是通过影响系统在本阶段所处的初始状态来影响系统的未来。具有这种性质的状态称为无后效性 (即马尔可夫性) 状态，动态规划方法适用于求解具有无后效性的多阶段决策问题。

(2) 对最佳路径 (最优决策过程) 所经过的各个阶段，其中每个阶段始点到全过程终点的路径，也是子决策中的最佳路径，整体最优必然有局部最优。这就是著名的贝尔曼最优性原理 (Bellman 最优性原理)。

(3) 在逐段递推过程中，每阶段选择最优决策时，不应只从本阶段的直接效果出发，而应从本阶段开始的往后全过程的效果出发，也即应该考虑两种效果：一是本阶段初到本阶段终 (也即下阶段初) 所选决策的直接效果；二是由所选决策确定的下个阶段初往后直到终点的所有决策过程的总效果，也称为间接效果。这两种效果的结合必须是最优的。

(4) 经过递推计算得到各阶段的有关数据后，反方向即可求出相应的最优决策过程。

3.1.2　动态规划的基本概念与递归方程

1. 阶段

阶段 (step) 是对整个决策过程的自然划分。通常根据时间顺序或空间顺序的特征，来划分阶段，以便按阶段的次序解优化问题。阶段变量一般用 $k = 1, 2, \cdots, n$ 表示。

2. 状态

状态 (state) 表示每个阶段开始时决策过程所处的自然状况。它应能描述过程的特征并且无后效性，即当某阶段的状态变量给定时，这个阶段以后过程的演变与该阶段以前各阶段的状态无关。通常要求状态是直接的或间接可以观测的。

描述状态的变量称状态变量 (state variable)。变量允许取值的范围称允许状态集合 (set of admissible states)。用 x_k 表示第 k 阶段的状态变量，它可以是一个数或一个向量。用 X_k 表示第 k 阶段的允许状态集合，有 $x_k \in X_k$。n 个阶段的决策过程有 $n+1$ 个状态变量，x_{n+1} 表示 x_n 演变的结果。根据过程演变的具体情况，状态变量可以是离散的或连续的。为了计算的方便，有时将连续变量离散化，为了分析的方便有时又将离散变量视为连续的。状态变量简称为状态。

3. 决策

当一个阶段的状态确定后，可以做出各种选择从而演变到下一阶段的某个状态，这种选择过程称为决策 (decision)，在最优控制问题中也称为控制 (control)。

描述决策的变量称决策变量 (decision variable)，变量允许取值的范围称允许决策集合 (set of admissible decisions)。用 $u_k(x_k)$ 表示第 k 阶段处于状态 x_k 时的决策变量，它是 x_k 的函数，用 $U_k(x_k)$ 表示 x_k 的允许决策集合，决策过程就是选择 $u_k(x_k) \in U_k(x_k)$ 的过程。决策变量简称决策。

4. 策略

决策组成的序列称为策略 (policy)。由初始状态 x_1 开始的全过程的策略记作 $p_{1n}(x_1)$，即

$$p_{1n}(x_1) = \{u_1(x_1), u_2(x_2), \cdots, u_n(x_n)\}$$

由第 k 阶段的状态 x_k 开始到终止状态的后部子过程的策略记作 $p_{kn}(x_k)$，即

$$p_{kn}(x_k) = \{u_k(x_k), \cdots, u_n(x_n)\}, \quad k = 1, 2, \cdots, n-1$$

类似地，由第 k 阶段到第 j 阶段的子过程的策略记作

$$p_{kj}(x_k) = \{u_k(x_k), \cdots, u_j(x_j)\}$$

可供选择的策略有一定的范围, 称为允许策略集合 (set of admissible policies), 用 $P_{1n}(x_1)$, $P_{kn}(x_k)$ 和 $P_{kj}(x_k)$ 表示。

5. 状态转移方程

在确定性决策过程中, 一旦某阶段的状态和决策为已知, 下阶段的状态便完全确定, 该过程称作状态转移。用状态转移方程 (equation of state transition) 表示这种演变规律, 写作

$$x_{k+1} = T_k(x_k, u_k), \quad k = 1, 2, \cdots, n$$

6. 指标函数和最优值函数

目标函数 (objective function) 又称指标函数, 是衡量决策过程和决策结果优劣的数量指标, 它是定义在全过程和所有后部子过程上的数量函数, 用 $V_{kn}(x_k, u_k, x_{k+1}, \cdots, x_{n+1})$ 表示, $k = 1, 2, \cdots, n$。指标函数应具有可分离性, 即 V_{kn} 可表为 x_k, u_k 和 $V_{k+1,n}$ 的函数, 记为

$$V_{kn}(x_k, u_k, x_{k+1}, \cdots, x_{n+1}) = \varphi_k(x_k, u_k, V_{k+1,n}(x_{k+1}, u_{k+1}, x_{k+2}, \cdots, x_{n+1}))$$

决策过程在第 j 阶段的阶段指标取决于状态 x_j 和决策 u_j, 用 $v_j(x_j, u_j)$ 表示, 即为对整体目标函数的贡献。整体指标函数由 v_j $(j = 1, 2, \cdots, n)$ 组成, 常见的形式如下。

阶段指标之和, 即

$$V_{kn}(x_k, u_k, x_{k+1}, \cdots, x_{n+1}) = \sum_{j=k}^{n} v_j(x_j, u_j)$$

阶段指标之积, 即

$$V_{kn}(x_k, u_k, x_{k+1}, \cdots, x_{n+1}) = \prod_{j=k}^{n} v_j(x_j, u_j)$$

阶段指标之极大 (或极小), 即

$$V_{kn}(x_k, u_k, x_{k+1}, \cdots, x_{n+1}) = \max_{k \leqslant j \leqslant n} (\min) v_j(x_j, u_j)$$

这些形式下第 k 阶段到第 j 阶段子过程的指标函数为 $V_{kj}(x_k, u_k, x_{k+1}, \cdots, x_{j+1})$。

根据状态转移方程, 指标函数 V_{kn} 还可以表示为状态 x_k 和策略 p_{kn} 的函数, 即 $V_{kn}(x_k, p_{kn})$。在 x_k 给定时, 指标函数 V_{kn} 对 p_{kn} 的最优值称为最优值函数 (optimal value function), 记为 $f_k(x_k)$, 即

$$f_k(x_k) = \operatorname*{opt}_{p_{kn} \in P_{kn}(x_k)} V_{kn}(x_k, p_{kn})$$

实际上, $f_k(x_k)$ 是从状态 x_k 开始的后继最优决策的目标函数值。

7. 最优策略和最优轨线

最优子策略是指能使从阶段 k 开始的后续子过程达到最优值的策略, 即使指标函数 V_{kn} 达到最优值的策略, 记作 $p_{kn}^* = \{u_k^*, \cdots, u_n^*\}$。$p_{1n}^*$ 是全过程的最优策略, 简称最优策略 (optimal policy)。从初始状态 $x_1 (= x_1^*)$ 出发, 决策过程按照 p_{1n}^* 和状态转移方程演变所经历的状态序列 $\{x_1^*, x_2^*, \cdots, x_{n+1}^*\}$ 称为最优轨线 (optimal trajectory)。

8. 递归方程

如下方程称为递归方程

$$
\begin{cases}
f_{n+1}(x_{n+1}) = 0 \text{ 或 } 1 \\
f_k(x_k) = \underset{u_k \in U_k(x_k)}{\mathrm{opt}} \{ v_k(x_k, u_k) \otimes f_{k+1}(x_{k+1}) \}, \quad k = n, \cdots, 1
\end{cases}
$$

其中, $f_{n+1}(x_{n+1})$ 称作边界条件。在递归方程中, 当 $\otimes$ 为加法时, $f_{n+1}(x_{n+1}) = 0$; 当 $\otimes$ 为乘法时, $f_{n+1}(x_{n+1}) = 1$。动态规划递归方程是动态规划的最优性原理的基础, 即最优策略的子策略, 构成最优子策略。用状态转移方程和递归方程求解动态规划的过程, 是由 $k = n+1$ 逆推至 $k = 1$ 的, 故这种解法称为逆序解法。当然, 对某些动态规划问题, 也可采用顺序解法。

3.1.3 最优性原理与建模方程

1. Bellman 最优性原理

作为整个过程的最优策略, 无论过去的状态和决策如何, 对前面的决策形成状态而言, 余下的决策必构成最优策略。

即若 M 是从 A 到 B 最优路径上的任一点, 则从 M 到 B 的路径也是最优路径 (见图 3.4)。

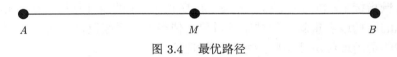

图 3.4 最优路径

2. 动态规划的递归方程

设阶段数为 n 的多阶段决策过程, 其阶段编号为 $k = 0, 1, \cdots, n-1$。

允许策略 $p_{0,n-1}^* = (u_0^*, u_1^*, \cdots, u_{n-1}^*)$ 是最优策略的充要条件, 即对任一个 k, $0 < k < n-1$ 和 $s_0 \in S_0$, 有

$$
V_{0,n-1}(s_0, p_{0,n-1}^*) = \underset{p_{0,n-1} \in p_{0,k-1}(s_0)}{\mathrm{opt}} \left\{ V_{0,k-1}(s_0, p_{0,k-1}) \otimes \underset{p_{k,n-1} \in p_{k,n-1}(s_k)}{\mathrm{opt}} V_{k,n-1}(s_k, p_{k,n-1}) \right\}
$$

其中, $p_{0,n-1} = (p_{0,k-1}, p_{k,n-1})$, $s_k = T_{k-1}(s_{k-1}, u_{k-1})$。$s_k$ 是由给定的初始状态 s_0 和子策略 $p_{0,k-1}$ 所确定的 k 段状态。当 V 是效益函数时, opt 取 max; 当 V 是损失函数时, opt 取 min。

推论 3.1 若允许策略 $p_{0,n-1}^*$ 是最优策略, 则对任意的 k, $0 < k < n-1$, 它的子策略 $p_{k,n-1}^*$ 对于 $s_k^* = T_{k-1}(s_{k-1}^*, u_{k-1}^*)$ 为起点的 k 到 $n-1$ 子过程来说, 必是最优策略。

3. 动态规划的求解步骤

(1) 将决策过程划分成恰当的阶段。

(2) 正确选择状态变量 x_k, 使它既能描述过程的状态, 又满足无后效性, 同时确定允许状态集合 X_k。

(3) 选择决策变量 u_k，确定允许决策集合 $U_k(x_k)$。

(4) 写出状态转移方程。

(5) 确定阶段指标 $v_k(x_k, u_k)$ 及指标函数 V_{kn} 的形式 (阶段指标之和、阶段指标之积、阶段指标之极大或极小等)。

(6) 写出基本方程，即最优值函数满足的递归方程，以及边界条件。

建立动态规划模型时，基本上是按照上述顺序，逐步确定步骤 (1)~(6) 的内容。

建模是解决实际问题的第一步，也是比较困难的一步，动态规划不像线性规划那样有统一的模型和统一的处理方法，必须针对具体问题做具体分析，综合考虑多方面的因素。譬如，如何划分阶段，如何选择正确的状态变量和决策变量，如何构造递归方程，等等，确实需要一定的技巧，需多练习，不断总结和积累经验。

3.2 排 队 论

本章将详细介绍排队论的理论构成、模型分析以及数学求解过程，分析不同排队模型的效率，介绍排队的生灭过程和流的稳定求解理论，优化服务机构所关心的容客量、服务强度和服务台数量。

3.2.1 排队论基本概念

排队论，又称随机服务系统理论，是通过对服务对象到来以及服务时间的统计研究，得出一系列的数量指标 (等待时间、排队长度、忙期长短等) 的统计规律，然后根据这些规律来改进服务系统的结构或者重新组织被服务对象，使得排队系统既能满足服务对象的需要，又能使服务机构的费用最经济或某些指标最优的理论。

3.2.2 排队系统的组成

排队系统整体上分为服务机构和服务对象 (顾客) 两部分。一个排队系统可以描述为：为了获得服务的顾客到达服务设施前排队，等待服务，服务完毕后自行离开。服务对象的到达和离开称为排队系统的输入和输出。

一般的排队系统有三个基本组成部分：输入过程、排队及排队规则和服务机构，见图 3.5。

图 3.5 排队系统

1. 输入过程

输入即顾客到达排队系统，输入的指标包括：顾客到达排队系统的时间间隔，顾客到达系统的方式，以及顾客源的情况。

顾客源情况：顾客的来源可以是多种多样的，顾客源可以是有限的，例如厂房内机器设备发生故障后待维修的对象为有限的总体；也可以是无限的，例如日常生活中超市收银台、银行柜面、医院的挂号服务台的顾客来源就是无限的。

顾客到达系统的方式：即单个到达或者成批到达。常见的排队系统顾客都是按单个到达服务台的，但是比如旅行社组团旅行，以及仓储货物的入库和出库调用我们就可以认为服务对象是成批到达的。

顾客到达排队系统的时间间隔：这是输入过程中最重要的指标，根据到达时间间隔的不同可以将输入过程分为确定型和随机型。在自动装配线上装配的各部件必须是按照确定的时间间隔到达装配点的，以及定期的航班、车次等都属于确定型；而日常生活中大部分情况的排队系统输入过程都是随机型的，即 t 时间内顾客到达数量 $n(t)$ 服从一定的概率分布，例如服从泊松分布，则 t 时间内到达 n 个顾客的概率为

$$P_n(t) = \frac{\mathrm{e}^{-\lambda t}(\lambda t)^n}{n!} \quad (n = 0, 1, \cdots, N)$$

其中，λ 为单位时间顾客期望到达数量，称为平均到达率。当顾客到达服从其他随机型的概率分布时，我们也将其分布的期望值作为平均到达率进行模型求解。

2. 排队及排队规则

排队规则是指顾客来到排队系统后如何排队等候服务的规则，一般有即时制、等待制和混合制三大类。

即时制，又叫损失制排队规则，即顾客到达服务系统时，如果所有服务台均被占用，顾客随即离去，不进行等待或者服务机构不允许等待。旅店客满谢客、停车场位满拒绝停车等就是典型的损失制。

等待制指顾客到达系统时，若所有服务台被占用，顾客就加入排队队列进行等待服务。这也是生活中最常见的。只有在研究等待制排队系统的时候才有后面的排队规则和系统优化的意义。

混合制分为两种情况：一是队长有限制，当顾客排队等候的人数超过一定数量，后到的顾客就自动离去，服务机构一般都会具有一定的容纳量与等待空间，超过等待空间的顾客就需要另外寻求服务机构接受服务；二是等候时间有限制，当顾客排队等候超过一定时间就自动离去。

在等待制的排队系统中，常见的服务规则有先到先服务、后到先服务、优先服务和随机服务四种。

先到先服务 (FCFS)：按照到达次序接受服务，这是最常见的情形。

后到先服务 (LCFS)：如仓库中存放的货物常常是后放入的先被出库使用。

优先服务 (PS)：医院会对病情严重的患者以及紧急意外的患者进行优先处理与治疗。

随机服务 (SIRO)：随机挑选队列中的对象进行服务，常见的就是电信等通信行业，如电话交换台接通热线时就是随机接通的。

3. 服务机构

服务机构主要包括服务台的数量及其连接形式 (串联或者并联)，顾客单个接受服务还是成批接受服务以及服务时间的分布。常见的服务机构模型如图 3.6 所示。图中，E 表示顾客到达开始排队，D 和 D' 表示服务台，L 表示顾客接受完服务离开服务台。

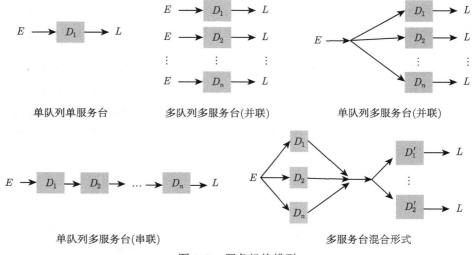

图 3.6   服务机构模型

需要区分的是单队列多服务台和多队列多服务台模型。单队列多服务台系统中,顾客到达后在同一队列中等待,任何一个服务台服务完毕,则队列中先到者上前接受服务;多队列多服务台相当于多个单队列多服务台的并联,服务机构可能分别在不同的服务台提供不同质的服务或者服务机构有强制隔离队列的设施。这两种系统本质上较为相似,我们会在下文对两种模型的效率进行分析与比较。

服务台的服务时间一般也分为确定型和随机型两种。例如洗衣房的自动洗衣机每一次服务的时长是固定的,因而是确定型。而绝大多数情况下服务时间是随机的,服从一定的概率分布,如果服务时间 v 服从负指数分布,其分布函数为

$$P(v \leqslant t) = 1 - \mathrm{e}^{-\mu t} \quad (t \geqslant 0)$$

其中,μ 为平均服务率,$1/\mu$ 为平均服务时长。当服务时长服从其他随机型概率分布时,我们也将其分布的期望值作为平均服务率来进行模型求解。

3.2.3   排队系统的符号表示与衡量指标

1. 排队系统的符号表示

排队论中广泛采用的是 20 世纪 50 年代初,肯德尔 (D. G. Kendall) 提出的 "Kendall 符号"。经过扩展后的基本形式为

$$X/Y/Z/A/B/C$$

其中 X 指顾客到达时间间隔的分布;Y 指服务时长的概率分布;Z 为并列的服务台的数量;A 为服务机构的容量,取非负整数或 ∞;B 表示顾客源的数目,取非负整数或 ∞;C 表示服务规则 (FCFS,LCFS,PS 和 SIRO 等),在无说明的情况下一般服务机构容量默认为 ∞,顾客源默认为 ∞,服务规则默认为先到先服务。

顾客到达间隔时间和服务时长的分布一般有以下几种。

M:负指数分布。顾客到达时间间隔为独立的负指数分布,称为 Poisson 流。

D：定长分布，即顾客到达时间间隔一定或服务时长一定。

E_k：k 阶埃尔朗分布 (Erlang distribution)，密度函数为

$$b(t) = \frac{k\mu(k\mu t)^{k-1}}{(k-1)!}e^{-k\mu t}$$

其中，μ 为非负常数。

G：一般随机分布。

2. 排队系统的主要衡量指标

排队系统的效率、运营机构服务台的综合利用率以及顾客到达与接受服务的满意程度等是评价一个排队系统的重要衡量指标。为了得出这一系列指标，我们需要对排队系统进行定量的分析以得出最终指标。利用这些指标，我们可以在服务机构设置之前对服务机构的规模进行预测，来设置合理的服务规模；也可以在服务机构成立之后，对服务机构现有的运营效率进行评估，来提供决策支持，以调整服务台数量、适当影响顾客到达的时间分布或提高服务效率来使得服务机构综合成本最低。常用的指标包括如下。

(1) 平均队长 L_s 和平均排队长 L_q。平均队长 L_s 指一个排队系统的顾客平均数 (包括正在接受服务的顾客)。平均排队长 L_q 指在队列中等待服务的顾客平均数。

(2) 平均逗留时间 W_s 和平均等待时间 W_q。平均逗留时间 W_s 指进入系统的顾客逗留时间 (包括接受服务的时间) 的平均值；平均等待时间 W_q 是指顾客在队列中等待接受服务的平均时长。

(3) 忙期和闲期。闲期是指所有服务台均闲置的状态，相应的忙期即服务系统中有顾客的时期。忙期和闲期的长短直接体现出服务台的利用效率。

(4) 服务强度 ρ。每个服务台单位时间内的平均服务时间。

其中 L_s，L_q，W_s，W_q 是排队系统最重要的定量统计指标。它们的取值越小，系统队长越短，顾客等待时间越短，系统性能越好。

还有一些其他表示各种意义的符号，包括上文提到过的 λ 和 μ，分别为顾客平均到达率即输入强度和顾客平均服务时间；服务强度 $\rho = \dfrac{\lambda}{\mu}$；$P_j$ 表示在进行平衡的统计的时候，排队系统中恰好有 j 个顾客的概率。

3. 生灭过程

排队论中，一个顾客到达使得系统状态从 n 到 $n+1$，这一过程称为生；一个顾客离开使得系统状态从 n 到 $n-1$，这一过程称为灭。排队系统状态的转移过程可以用图 3.7 来表示。

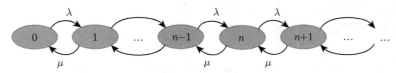

图 3.7　生灭过程状态转移图

根据图 3.7 的转移形式以及流的平衡原理，可以得出排队论基本模型的求解方法。流的平衡原理就是在稳定状态下，流入任一节点的流量等于流出该节点的流量。这一原理在排队论中有广泛的适用性。

3.2.4 基本模型求解

1. 标准的 $M/M/1/\infty/\infty$ 系统

根据流的平衡原理对每一个节点进行平衡求解得方程组

$$\begin{cases} \lambda P_0 = \mu P_1 \\ \lambda P_{n-1} + \mu P_{n+1} = (\mu + \lambda)P_n \end{cases}$$

得到

$$\begin{cases} P_1 = \dfrac{\lambda}{\mu} P_0 \\ P_n = \left(\dfrac{\lambda}{\mu}\right)^n P_0 \end{cases}, \quad n = 1, 2, \cdots$$

直观上来说，要使得一个排队系统达到平衡，则不能使得顾客到达率高于服务率，即输入强度 λ 要小于服务强度 μ，这样才能使得系统能把正在排队的顾客服务完，才能使得系统的忙期和闲期交替出现，如果 λ 大于 μ，那么排队的队伍会无限增长 (假设容量源和容量为 ∞)。因此排队系统达到稳态平衡的条件为

$$\rho = \frac{\lambda}{\mu}$$

由

$$\begin{cases} \displaystyle\sum_{n=0}^{\infty} P_n = 1 \\ P_n = \rho^n P_0 \end{cases}$$

得

$$P_0 = \left(\sum_{n=0}^{\infty} \rho^n\right)^{-1} = \left(\frac{1}{1-\rho}\right)^{-1} = 1 - \rho$$

进而

$$P_n = (1 - \rho)\rho^n, \quad n = 1, 2, \cdots$$

P_0 即系统中顾客数为 0 的概率，也就是系统空闲的概率，可见 $P_0 = 1 - \rho$，那么相应地，系统繁忙的概率即为 ρ，通常称为服务强度。由稳态平衡的条件可知 $\rho < 1$，且 ρ 越接近于 1，说明系统的服务强度越大，服务机构越繁忙。

在平衡条件下系统的平均队长 L_s 为

$$L_s = \sum_{n=0}^{\infty} nP_n = \sum_{n=0}^{\infty} n(1-\rho)\rho^n = (\rho + 2\rho^2 + 3\rho^3 + \cdots) - (\rho^2 + 2\rho^3 + 3\rho^4 + \cdots)$$

$$= \rho + \rho^2 + \rho^3 + \cdots = \frac{\rho}{1-\rho}$$

或

$$L_s = \frac{\lambda}{\mu - \lambda}$$

则平均排队长 L_q 为

$$L_q = \sum_{n=0}^{\infty}(n-1)P_n = L_s - \rho = \frac{\rho^2}{1-\rho}$$

即

$$L_q = \frac{\lambda^2}{\mu(\mu - \lambda)}$$

顾客在系统中逗留的时间为 T，服从参数为 $\mu - \lambda$ 的负指数分布，即顾客在系统中的逗留时间超过 t 的概率

$$P(T > t) = \mathrm{e}^{-(\mu - \lambda)t}, \quad t \geqslant 0$$

得到平均逗留时间 W_s 为

$$W_s = E(T) = \frac{1}{\mu - \lambda}$$

或

$$W_s = \frac{L_s}{\lambda} = \frac{1}{\lambda} \cdot \frac{\lambda}{\mu - \lambda} = \frac{1}{\mu - \lambda}$$

平均等待时间 W_q 为

$$W_q = W_s - \frac{1}{\mu} = \frac{\lambda}{\mu(\mu - \lambda)} = \frac{\rho}{\mu - \lambda}$$

或

$$W_q = \frac{L_q}{\lambda} = \frac{\lambda}{\mu(\mu - \lambda)} = \frac{\rho}{\mu - \lambda}$$

2. 有限等待空间的 $M/M/1/N/\infty$ 系统

有限等待空间的 $M/M/1/N/\infty$ 系统的状态转移图如图 3.8 所示。

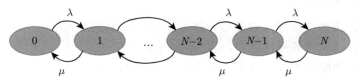

图 3.8　有限等待空间系统的生灭过程状态转移图

相比于标准的 $M/M/1/\infty/\infty$ 系统有了最大等待空间的限制, 即最大容客量, 因而生灭过程有了右端点。同样由流的平衡原理得出该系统平衡方程组为

$$
\begin{cases}
\lambda P_0 = \mu P_1 \\
\lambda P_{n-1} + \mu P_{n+1} = (\mu + \lambda) P_n, \quad 1 \leqslant n \leqslant N+1 \\
\lambda P_{N-1} = \mu P_N
\end{cases}
$$

关键指标的求解与标准的 $M/M/1/\infty/\infty$ 系统的求解类似, 得到关键指标如下。

(1) 平均队长

$$
L_s = \sum_{n=0}^{N} n P_n = \frac{\rho}{1-\rho} - \frac{(N+1)\rho^{N+1}}{1-\rho^{N+1}}
$$

当 $N \to \infty (\rho < 1)$ 时

$$
L_s = \frac{\rho}{1-\rho} - \frac{(N+1)\rho^{N+1}}{1-\rho^{N+1}} \longrightarrow \frac{\rho}{1-\rho}
$$

(2) 平均排队长 $L_q = L_s - \dfrac{\lambda_e}{\mu} = L_s - (1 - P_0)$;

(3) 平均逗留时间 $W_s = \dfrac{L_s}{\lambda_e} = \dfrac{L_s}{\mu(1 - P_0)}$;

(4) 平均等待时间 $W_q = W_s - \dfrac{1}{\mu}$。

3. 有限顾客源的 $M/M/1/\infty/m$ 系统

其生灭过程状态转移图如图 3.9 所示。

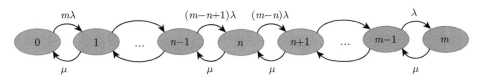

图 3.9　有限顾客源系统的生灭过程状态转移图

需要说明的是顾客总体为 m 个, 每个顾客被服务之后, 仍然可以回到原来的总体中去。设每个顾客的到达率都是相同的 λ (例如每台机器单位运转时间内发生故障的概率或平均次数), 这时在系统外的顾客平均数为 $m - L_s$, 系统的有效到达率变为 $\lambda_e = \lambda(m - L_s)$。

平衡状态下的方程组与求解和前两种模型类似, 不再进行详细求解。

4. 多服务台的排队系统

多服务台的排队系统原理与单服务台基本相同, 区别在于多服务台的服务强度 μ_e 要用正在服务的服务台的总服务强度之和, 即 $\mu_e = c\mu$。

因而当正在接受服务的顾客量小于服务台数量 c 时, 此时系统服务强度为 $n\mu (0 < n < c)$, 当顾客量大于服务台数量时, 系统的服务强度为 $c\mu$。

要达到平衡，同样要求

$$\rho = \frac{\lambda}{c\mu} < 1$$

3.2.5　排队系统优化

1. 最优等待空间

在排队系统的评价条件中，顾客满意度是非常重要的指标。顾客来到队列中等待的时间越长，则满意度会越低，理想状况是顾客一到达服务台就能接受服务。

在顾客容量有限制的排队系统里，为满足一定比率 a $(0 \leqslant a \leqslant 1)$ 的顾客到达后有等待空间，应设置 m 个等待空间，则

$$P(n \leqslant m) = \sum_{n=0}^{m} P_n = \sum_{n=0}^{m} (1-\rho)\rho^n \geqslant a$$

$$\rho^{m+1} \leqslant 1 - a \to m \geqslant \frac{\ln(1-a)}{\ln \rho} - 1$$

由此得出为满足一定顾客满意度所需要设置的最小等待空间 m。

2. 最优服务率

设进入系统的顾客单位时间带来的损失为 c_1，单位时间服务台每服务一位顾客的服务成本为 c_2，则单位时间总费用的期望为

$$C(\mu) = c_1 L(\mu) + c_2 \mu = \frac{\lambda}{\mu - \lambda} c_1 + \mu c_2$$

由 $\dfrac{\mathrm{d}c}{\mathrm{d}\mu} = c_2 - \dfrac{\lambda c_1}{(\mu - \lambda)^2} = 0$，解得 $\mu = \lambda \pm \sqrt{\dfrac{\lambda c_1}{c_2}}$；再由 $\dfrac{\mathrm{d}^2 c}{\mathrm{d}\mu^2} = \dfrac{2\lambda c_1}{(\mu - \lambda)^3} > 0$ 以及 $\rho = \dfrac{\lambda}{\mu} < 1$，解得最优服务率为 $\mu^* = \lambda + \sqrt{\dfrac{\lambda c_1}{c_2}}$。

需要说明的是，最优服务率是指为了使系统效率最高即综合成本最低的理想服务率，而不是系统固有的指标。由上面的式子可知，最优服务率 μ^* 随着进入系统的顾客数 λ 和损失费 c_1 的增加而增加，随着服务成本 c_2 的增加而减小。

3. 不同组合方式排队模型的比较

两种模型的概念区别在上文已经给出，这里主要讨论的是单队列多服务台和多队列多服务台的效率比较，以 $M/M/2$ 和两个 $M/M/1$ 系统为例。

(1) $M/M/2$ 系统：

$$\rho_2 = \frac{\lambda}{2\mu} < 1$$

$$L_2 = \frac{2\rho_2}{1 - \rho_2^2}$$

$$L_q = L_2 - 2\rho_2 == \frac{2\rho_2^3}{1 - \rho_2^2}$$

$$W_2 = \frac{L_2}{\lambda} = \frac{2\rho_2}{\lambda(1 - \rho_2^2)}$$

$$W_q = \frac{L_q}{\lambda} = \frac{2\rho_2^3}{\lambda(1 - \rho_2^2)}$$

(2) 两个 $M/M/1$ 系统:

$$\rho = \frac{\lambda/2}{\mu} = \frac{\lambda}{2\mu} = \rho_2$$

$$L_1' = \frac{\rho_2}{1 - \rho_2}, \quad 2L_1' = \frac{2\rho_2}{1 - \rho_2} > L_2$$

$$L_q' = \frac{\rho_2}{1 - \rho_2} - \rho_2 = \frac{\rho_2^2}{1 - \rho_2}, \quad 2L_q' = \frac{2\rho_2^2}{1 - \rho_2} > L_q$$

$$W_1' = \frac{L_1'}{\lambda/2} = \frac{2\rho_2}{\lambda(1 - \rho_2)} > W_2$$

$$W_q' = \frac{L_q'}{\lambda/2} = \frac{2\rho_2^2}{\lambda(1 - \rho_2)} > W_q$$

从以上的比较来看, 如果不考虑服务的异质性, 仅从等待时间和等待队长考虑的话, 应该让顾客只排一个队。

4. 最优服务台数量

设顾客等待单位时间带来的损失为 c_1, 单位时间服务台的服务成本为 c_2, 则单位时间总费用的期望值为 $C(s) = c_1 L_q(s) + c_2 s$。

最优服务台数目满足 $\min_{s \in N} C(s) = \min_{s \in N} [c_1 L_q(s) + c_2 s]$。

当 $C(s^*)$ 取最小值时应满足

$$\begin{cases} C(s^*) \leqslant C(s^* - 1) \\ C(s^*) \leqslant C(s^* + 1) \end{cases}$$

将 $C(s^*)$ 的表达式代入得

$$L(s^*) - L(s^* + 1) \leqslant \frac{c_2}{c_1} \leqslant L(s^* - 1) - L(s^*)$$

对于 $s = 1, 2, \cdots$, 依次计算 L_s 以及 $\Delta L_s = L(s) - L(s + 1)$。

已知 c_2/c_1, 当服务台数量 s 满足 $L(s^*) - L(s^* + 1) \leqslant \frac{c_2}{c_1} \leqslant L(s^* - 1) - L(s^*)$ 时, 可确定最优值 $s = s^*$。

3.3 非线性规划

在目标函数或约束条件中含有一个或多个变量的非线性函数，我们称这类规划问题为非线性规划 (nonlinear programming，NP)。

一般地，解非线性规划问题要比解线性规划问题困难得多，因为它不像解线性规划问题有单纯形法这一通用的方法。目前非线性规划还没有适合于各种问题的一般算法，各个方法都有自己特定的应用范围。

3.3.1 基本概念

1. 非线性规划的数学模型

数学模型的一般描述

$$
\begin{aligned}
\min \quad & f(x) \\
\text{s.t.} \quad & g_j(x) \geqslant 0, \quad j = 1, 2, \cdots, \ell
\end{aligned}
\qquad 或 \qquad
\begin{aligned}
& \min f(x) \\
& \text{s.t.} \begin{cases} h_i(x) = 0, & i = 1, 2, \cdots, m \\ g_j(x) \geqslant 0, & j = 1, 2, \cdots, \ell \end{cases}
\end{aligned}
$$

其中，$x = (x_1, x_2, \cdots, x_n)^{\mathrm{T}}$，$f(x), h_i(x), g_j(x)$ 分别为非线性函数。

2. 非线性规划的图示

例 3.3 求解如下非线性规划问题

$$
\begin{aligned}
\min \quad & f(x) = (x_1 - 2)^2 + (x_2 - 2)^2 \\
\text{s.t.} \quad & x_1 + x_2 - 6 = 0
\end{aligned}
$$

解 作 $f(x)$ 的等值线，即 $f(x) = c$ (常数)，如图 3.10 所示，等值线与直线相切于 D 点，在 D 点得到最优解 $x_1^* = x_2^* = 3$，最小值 $\min f(x) = f(x^*) = 2$。

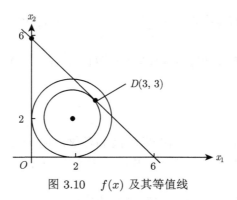

图 3.10 $f(x)$ 及其等值线

分析：若 $h(x) = x_1 + x_2 - 6 \leqslant 0, x_1^* = 2, x_2^* = 2, f(x^*) = 0$，最优解位于可行域内部，此时 $h(x) \leqslant 0$ 事实上不起约束作用，x^* 直接由 $\min f(x)$ 求得。

3. 极值问题

下面讨论极值存在的必要条件和充分条件。

定理 3.1(必要条件) 设 R 为 n 维欧氏空间 E^n 上的某一开集，$f(x)$ 在 R 上有一阶连续偏导数，若 $f(x^*)$ 为局部极值，则必有 $f(x)$ 在 x^* 的梯度 $\nabla f(x^*) = 0$，这里 $\nabla f(x^*) = \left(\dfrac{\partial f}{\partial x_1}, \dfrac{\partial f}{\partial x_2}, \cdots, \dfrac{\partial f}{\partial x_n} \right)_{x=x^*}$。

$\nabla f(x)$ 的方向为 $f(x)$ 等值面 (线) 在 x 处的法线方向，沿这个方向函数值增加最快。满足 $\nabla f(x^*) = 0$ 的点称为平稳点或驻点。在区域内部极值点必为平稳点，但平稳点不一定是极值点。

定理 3.2 (充分条件) 设 R 为 n 维欧氏空间 E^n 上的某一开集，$f(x)$ 在 R 上有二阶连续偏导数。若 $x^* \in R$，且 $f(x)$ 在 x^* 处的黑塞矩阵 $H(x^*)$ 正定，则 x^* 为 $f(x)$ 的严格局部极小值点，其中

$$
H(x^*) = \begin{bmatrix}
\dfrac{\partial^2 f}{\partial x_1^2} & \dfrac{\partial^2 f}{\partial x_1 \partial x_2} & \cdots & \dfrac{\partial^2 f}{\partial x_1 \partial x_n} \\[2mm]
\dfrac{\partial^2 f}{\partial x_2 \partial x_1} & \dfrac{\partial^2 f}{\partial x_2^2} & \cdots & \dfrac{\partial^2 f}{\partial x_2 \partial x_n} \\[2mm]
\vdots & \vdots & & \vdots \\[2mm]
\dfrac{\partial^2 f}{\partial x_n \partial x_1} & \dfrac{\partial^2 f}{\partial x_n \partial x_2} & \cdots & \dfrac{\partial^2 f}{\partial x_n^2}
\end{bmatrix}_{x=x^*}
$$

4. 凸函数与凸规划

1) 凸函数与凹函数

设 R 为凸集，$\forall X^{(1)}, X^{(2)} \in R$ 及 $a \in (0,1)$。

若 $f(\alpha X^{(1)} + (1-\alpha) f(X^{(2)})) \leqslant \alpha f(X^{(1)}) + (1-\alpha) f(X^{(2)})$，则称 $f(X)$ 为 R 上的凸函数，如图 3.11(a) 所示。

若 $f(\alpha X^{(1)} + (1-\alpha) f(X^{(2)})) < \alpha f(X^{(1)}) + (1-\alpha) f(X^{(2)})$，则称 $f(X)$ 为 R 上的严格凸函数。

若 $f(\alpha X^{(1)} + (1-\alpha) f(X^{(2)})) \geqslant \alpha f(X^{(1)}) + (1-\alpha) f(X^{(2)})$，则称 $f(X)$ 为 R 上的凹函数，如图 3.11(b) 所示。

若 $f(\alpha X^{(1)} + (1-\alpha) f(X^{(2)})) > \alpha f(X^{(1)}) + (1-\alpha) f(X^{(2)})$，则称 $f(X)$ 为 R 上的严格凹函数。

2) 凸性的判别

(1) 一阶条件。

设 R 为开凸集，$f(X)$ 在 R 上有一阶连续偏导数，是 $f(X)$ 在 R 上为凸函数的充要条件。对任意 $X^{(1)}, X^{(2)} \in R, X^{(1)} \neq X^{(2)}$，恒有 $f(X^{(2)}) \geqslant f(X^{(1)}) + \nabla f(X^{(1)})^{\mathrm{T}} (X^{(2)} - X^{(1)})$。

(2) 二阶条件。

设 R 为开凸集，$f(X)$ 在 R 上有二阶连续偏导数，则 $f(X)$ 在 R 上为凸函数的充要条件是 $f(X)$ 的黑塞矩阵 $H(X)$ 在 R 上任意一点半正定。若 $H(X)$ 正定，则 $f(X)$ 在 R 上为严格凸函数。

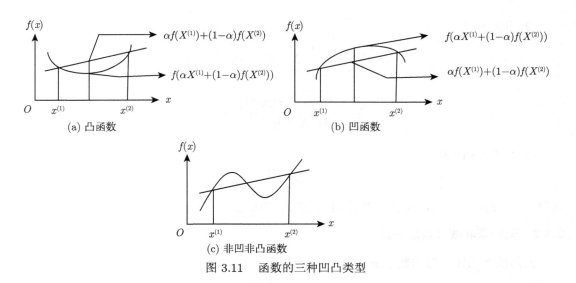

图 3.11　函数的三种凹凸类型

3) 凸函数的极值

对于定义在凸集上的凸函数，其极小值点就是最小值点，极小值就是最小值。

4) 凸规划

凸规划的问题可以表示为如下的形式

$$\min_{X \in R} \quad f(X)$$
$$\text{s.t.} \quad R = \{X \,|\, g_j(X) \geqslant 0, j = 1, \cdots, l\}$$

其中，$f(X)$ 为凸函数，$g_j(X)$ 为凹函数。

凸规划的局部最优解为全局最优解，当凸规划的目标函数为严格凸函数时，若存在最优解，则最优解必定唯一。

凸规划是一类比较简单而又具有重要理论意义的非线性规划。

5) 下降迭代算法

(1) 选定某一初始点 $X^{(0)}$，令 $k = 0$，检查是否为最小值点。通过迭代得 $X^{(k)}$，若 $X^{(k)}$ 不是极小值点则转下一步。

(2) 确定搜索方向 $P^{(k)}$。

(3) 确定步长 λ_k。

(4) 令 $X^{(k+1)} = X^{(k)} + \lambda_k P^{(k)}$，应有 $f(X^{(k+1)}) < f(X^{(k)})$。

(5) 检查，若 $X^{(k+1)}$ 为极小值点 (或近似极小值点)，则停止迭代，否则令 $k = k+1$，转步骤 (2)，继续迭代。

几种终止迭代的准则如下。

(1) 绝对误差

$$\left\| X^{(k+1)} - X^{(k)} \right\| < \varepsilon_1$$

$$\left| f(X^{(k+1)}) - f(X^{(k)}) \right| < \varepsilon_2$$

(2) 相对误差

$$\frac{\left\|X^{(k+1)} - X^{(k)}\right\|}{\left\|X^{(k)}\right\|} < \varepsilon_3$$

$$\frac{\left|f(X^{(k+1)}) - f(X^{(k)})\right|}{\left|f(X^{(k)})\right|} < \varepsilon_4$$

(3) $\nabla f(X)$ 的模

$$\left\|\nabla f(X^{(k)})\right\| < \varepsilon_5$$

其中，ε_1，ε_2，ε_3，ε_4，ε_5 为事先给定的足够小的正数。

3.3.2 无约束非线性规划的解法

无约束非线性规划的数学描述

$$\min_{X \in E^n} \quad f(X)$$

其中，$f(X)$ 为非线性函数。

解法主要有解析法和直接法两大类。

解析法是利用函数的解析性，如一阶或二阶导数，主要包括梯度法、共轭梯度法、变尺度法等。

直接法是利用问题的函数值，经常使用的是步长加速法。

下面介绍梯度法的基本原理和求解步骤。

1. 基本原理

设 $f(X)$ 有一阶连续偏导数，X^* 为极小值点，以 $X^{(k)}$ 表示极小值点的第 k 次近似，在 $X^{(k)}$ 沿方向 $P^{(k)}$ 作射线 $X = X^{(k)} + \lambda P^{(k)}$ $(\lambda > 0)$。将 $f(X)$ 在 $X^{(k)}$ 展开成泰勒级数

$$f(X) = f(X^{(k)}) + \lambda \nabla f(X^{(k)})^{\mathrm{T}} P^{(k)} + o(\lambda)$$

其中

$$\lim_{\lambda \to 0} \frac{o(\lambda)}{\lambda} = 0$$

对于充分小的 λ，只要

$$\nabla f(X^{(k)})^{\mathrm{T}} P^{(k)} < 0$$

就有

$$f(X^{(k)} + \lambda P^{(k)}) < f(X^{(k)})$$

取 $X^{(k+1)} = X^{(k)} + \lambda P^{(k)}$，可使 $f(X)$ 得到改善。

寻找使 $\nabla f(X^{(k)})^{\mathrm{T}} P^{(k)}$ 取最小的 $P^{(k)}$。

$$\nabla f(X^{(k)})^{\mathrm{T}} P^{(k)} = \left\|\nabla f(X^{(k)})\right\| \cdot \left\|P^{(k)}\right\| \cos \theta$$

其中，θ 为 $\nabla f(X^{(k)})$ 与 $P^{(k)}$ 的夹角。当 $\theta = 180°$ 时

$$\cos\theta = -1$$

取 $P^{(k)} = -\nabla f(X^{(k)})$，此外，应确定 λ，使

$$f(X^{(k)} - \lambda\nabla f(X^{(k)})) < f(X^{(k)})$$

2. 求解步骤

(1) 给定精度 $\varepsilon > 0$，任找一点 $X^{(0)}$。

(2) 一般地，若 $\left\|\nabla f(X^{(0)})\right\|^2 \leqslant \varepsilon$，则极小值点为 $X^* \approx X^{(0)}$；若 $\left\|\nabla f(X^{(0)})\right\|^2 > \varepsilon$，则找下一点，

$$X^{(k+1)} = X^{(k)} - \lambda_k\nabla f(X^{(k)})^{\mathrm{T}}$$

其中

$$\lambda_k = \frac{\nabla f(X^{(k)})^{\mathrm{T}}\nabla f(X^{(k)})}{\nabla f(X^{(k)})^{\mathrm{T}}H(X^{(k)})\nabla f(X^{(k)})}$$

$$\nabla f(X^{(k)}) = \left(\frac{\partial f}{\partial x_1}, \frac{\partial f}{\partial x_2}, \cdots, \frac{\partial f}{\partial x_n}\right)^{\mathrm{T}}_{X=X^{(k)}}$$

$$H(X^{(k)}) = \begin{bmatrix} \dfrac{\partial^2 f}{\partial x_1^2} & \cdots & \dfrac{\partial^2 f}{\partial x_1\partial x_n} \\ \vdots & & \vdots \\ \dfrac{\partial^2 f}{\partial x_n\partial x_1} & \cdots & \dfrac{\partial^2 f}{\partial x_n^2} \end{bmatrix}_{X=X^{(k)}}$$

重复迭代，直至满足精度为止。

3.3.3　有约束的非线性规划

有约束非线性规划数学描述

$$\begin{aligned} \min \quad & f(X) \\ \text{s.t.} \quad & \begin{cases} h_i(X) = 0, & i = 1, \cdots, m \\ g_j(X) \geqslant 0, & j = 1, \cdots, l \end{cases} \end{aligned}$$

或

$$\begin{aligned} \min \quad & f(X) \\ \text{s.t.} \quad & g_j(X) \geqslant 0, \quad j = 1, \cdots, l \end{aligned}$$

或

$$\begin{aligned} \min \quad & f(X), \quad X \in R \subset E^n \\ \text{s.t.} \quad & R = \{X|g_j(X) \geqslant 0, j = 1, \cdots, l\} \end{aligned}$$

其中，$f(X)$，$h_i(X)$，$g_j(X)$ 为非线性函数。

1. 库恩-塔克 (Kuhn-Tucker，K-T) 条件

假设 X^* 是非线性规划的极小值点，且 X^* 点所有起作用的约束的梯度 $\nabla h_i(X^*)$ 及 $\nabla g_j(X^*)$ 线性无关，则存在向量 $\Lambda^* = (\lambda_1^*, \lambda_2^*, \cdots, \lambda_m^*)^{\mathrm{T}}$ 及 $\gamma^* = (\gamma_1^*, \gamma_2^*, \cdots, \gamma_l^*)^{\mathrm{T}}$ 使下式成立

$$\begin{cases} \nabla f(X^*) - \displaystyle\sum_{i=1}^{m} \lambda_i^* \nabla h_i(X^*) - \sum_{j=1}^{l} \gamma_j^* \nabla g_j(X^*) = 0 \\ \gamma_j^* g_j(X^*) = 0 \\ \gamma_j^* \geqslant 0, \quad j = 1, 2, \cdots, l \end{cases}$$

其中，λ_i^*, γ_j^* 为广义拉格朗日乘子，满足上式的点 X^* 为 K-T 点。

说明：

(1) 根据 $\gamma_j^* g_j(X^*) = 0$，若 $g_j(X^*) = 0, \gamma_j^* \neq 0$，说明最优解在起作用约束的边界上；

(2) 若 $g_j(X^*) > 0, \gamma_j^* = 0$，说明最优解在约束边界内，$g_j(X^*)$ 不起约束作用。

2. 二次规划

二次规划的数学描述

$$\begin{aligned} \min \quad & f(X) = CX + \frac{1}{2}X^{\mathrm{T}}QX \\ \text{s.t.} \quad & \begin{cases} AX + b \geqslant 0 \\ X \geqslant 0 \end{cases} \end{aligned}$$

其中

$$X = (x_1, x_2, \cdots, x_n)^{\mathrm{T}},$$

$$C = (c_1, c_2, \cdots, c_n), \quad b = (b_1, b_2, \cdots, b_m)^{\mathrm{T}}$$

$A = (a_{ij})_{m \times n}$ 为 $m \times n$ 矩阵；$Q = (q_{ij})_{n \times n}$ 且 $q_{ij} = q_{ji}$，为对称矩阵。

1) 二次规划的 K-T 条件

求相应问题梯度

$$\nabla f(X) = \nabla \left(CX + \frac{1}{2}X^{\mathrm{T}}QX \right) = \nabla(CX) + \frac{1}{2}\nabla(X^{\mathrm{T}}QX)$$

$$= \frac{\mathrm{d}}{\mathrm{d}X}X^{\mathrm{T}}C^{\mathrm{T}} + \frac{1}{2}\left(\frac{\mathrm{d}}{\mathrm{d}X}X^{\mathrm{T}}QX + \frac{\mathrm{d}}{\mathrm{d}X}X^{\mathrm{T}}Q^{\mathrm{T}}X \right)$$

$$= C^{\mathrm{T}} + \frac{1}{2}(QX + Q^{\mathrm{T}}X) = C^{\mathrm{T}} + QX$$

$$\nabla(AX + b) = \nabla(AX) + \nabla(b) = \frac{\mathrm{d}}{\mathrm{d}X}X^{\mathrm{T}}A^{\mathrm{T}} = A^{\mathrm{T}}$$

$$\nabla(X) = \frac{\mathrm{d}}{\mathrm{d}X}X^{\mathrm{T}} = I$$

引入拉格朗日乘子

$$X \geqslant 0 \Rightarrow Y_1 = (y_1, y_2, \cdots, y_n)^{\mathrm{T}}$$
$$AX + b \geqslant 0 \Rightarrow Y_2 = (y_{n+1}, y_{n+2}, \cdots, y_{n+m})^{\mathrm{T}}$$

二次规划的 K-T 条件

$$\begin{cases} C^{\mathrm{T}} + QX - Y_1 - A^{\mathrm{T}}Y_2 = 0 \\ X^{\mathrm{T}}Y_1 = 0 \\ (AX + b)^{\mathrm{T}}Y_2 = 0 \\ Y_1, Y_2 \geqslant 0 \end{cases}$$

2) 线性规划描述

引入松弛变量及人工变量分别为

$$X_s = (x_{s1}, x_{s2}, \cdots, x_{sm})^{\mathrm{T}}, \quad Z = (z_1, z_2, \cdots, z_n)^{\mathrm{T}}$$

$$\min \quad \phi(z) = \sum_{j=1}^{n} z_j$$
$$\text{s.t.} \quad \begin{cases} -QX + Y_1 + A^{\mathrm{T}}Y_2 + Z = C^{\mathrm{T}} \\ AX - X_s + b = 0 \\ X, X_s, Y_1, Y_2, Z \geqslant 0 \\ x_j y_j = 0, \quad j = 1, 2, \cdots, n + m \end{cases}$$

取 z_j 为初始基变量时 $z_j = c_j$，但可正可负。为此，引入符号函数 $\mathrm{sign}\, c_j = \begin{cases} 1, & c_j \geqslant 0 \\ -1, & c_j < 0 \end{cases}$。
由 $\mathrm{sign}\, c_j \cdot z_j = c_j \Rightarrow z_j$ 非负。而为了便于向量表示，定义符号函数阵

$$S = \begin{bmatrix} \mathrm{sign}\, c_1 & 0 & \cdots & 0 \\ 0 & \mathrm{sign}\, c_2 & \cdots & 0 \\ \vdots & \vdots & \ddots & \vdots \\ 0 & 0 & \cdots & \mathrm{sign}\, c_n \end{bmatrix}$$

于是得到相应的线性规划模型

$$\min \quad \phi(z) = \sum_{j=1}^{n} z_j$$
$$\text{s.t.} \quad \begin{cases} -QX + Y_1 + A^{\mathrm{T}}Y_2 + SZ = C^{\mathrm{T}} \\ AX - X_s + b = 0 \\ X, X_s, Y_1, Y_2, Z \geqslant 0 \\ x_j y_j = 0, \quad j = 1, 2, \cdots, n + m \end{cases}$$

其中，Z, X_s 为初始基变量，列表用单纯形法求解。最优解 $X^*, X_s^*, Y_1^*, Y_2^*, Z^*$；而 X^* 为二次规划的最优解。

3.4 多目标规划

3.4.1 多目标规划的数学模型

目标规划 (goal programming, GP) 是在线性规划的基础上, 为适应实际决策问题而逐步发展起来的一个分支。但在一些多目标决策问题中, 决策者不仅要考虑多个目标, 而且这些目标以 "软约束" 的形式出现且有优先顺序, 这时需要建立多目标规划模型。

1. 多目标规划的基本概念

1) 目标值和偏差变量

目标值: 预先给定的某个目标的一个期望值。

偏差变量 (事先无法确定的未知数): 实现值和目标值之间的差异, 记为 d。

正偏差变量: 实现值超过目标值的部分, 记为 d^+。

负偏差变量: 实现值未达到目标值的部分, 记为 d^-。

在一次决策中, 实现值不可能既超过目标值又未达到目标值, 故有 $d^+ \times d^- = 0$, 并规定 $d^+ \geqslant 0, d^- \geqslant 0$。

当完成或超额完成规定的指标时, 则表示: $d^+ \geqslant 0, d^- = 0$。

当未完成规定的指标则表示: $d^+ = 0, d^- \geqslant 0$。

当恰好完成指标时则表示: $d^+ = 0, d^- = 0$。

注意: 多目标规划中, 一般有多个目标值, 每个目标值都相应有一对偏差变量。

2) 绝对约束和目标约束

绝对约束: 必须严格满足的等式约束或不等式约束, 如线性规划问题的所有约束条件, 不能满足这些条件的解称为非可行解, 所以绝对约束是硬约束。

目标约束: 目标规划所特有的一种约束, 它把要追求的目标值作为右端常数项, 在追求此目标值时允许发生正偏差和负偏差。因此, 目标约束是由决策变量, 正、负偏差变量和要追求的目标值组成的软约束。

3) 优先因子 (优先等级) 与优先权系数

优先因子 P_k 是将决策目标按其重要程度排序并表示出来, $P_1 \gg P_2 \gg \cdots \gg P_k \gg P_{k+1} \gg \cdots, k = 1, 2, \cdots, N$。

解释: $\gg$ 表示 P_k 比 P_{k+1} 有更大的优先级。

权系数 ω_k 可以区别具有相同优先因子的两个目标, 决策者可视具体情况而定。

4) 目标函数

目标函数是按各目标约束的正、负偏差变量和赋予相应的优先因子及权系数而构造的。

弹性约束基本形式如下。

(1) 要求恰好达到规定的目标值, 则 $\min(d^+ + d^-)$。

(2) 要求不超过目标值, 则 $\min(d^+)$。

(3) 要求超过目标值, 则 $\min(d^-)$。

5) 满意解 (具有层次意义的解)

对于这种解来说, 前面的目标可以保证实现或部分实现, 而后面的目标就不一定能保证实现或部分实现, 有些可能就不能实现。

2. 多目标规划的数学模型

$$\min \quad Z = \sum_{k=1}^{K} P_k \left(\sum_{l=1}^{L} \omega_{kl}^- d_l^- + \omega_{kl}^+ d_l^+ \right)$$

$$\text{s.t.} \begin{cases} \displaystyle\sum_{j=1}^{n} c_{kj} x_j + d_l^- - d_l^+ = q_l, \quad l = 1, 2, \cdots, L \\ \displaystyle\sum_{j=1}^{n} a_{ij} x_j \leqslant (=, \geqslant) b_i, \quad i = 1, 2, \cdots, m \\ x_j \geqslant 0, \quad j = 1, 2, \cdots, n \\ d_l^+, d_l^- \geqslant 0, \quad l = 1, 2, \cdots, L \end{cases}$$

例 3.4　某厂计划在下一个生产周期内生产甲、乙两种产品,已知资料如表 3.1 所示。工厂对于生产利润、产品数量以及生产原料有不同的目标,试制订生产计划,使获得的利润最大。

其目标要求有如下几点:

(1) 完成或超额完成利润指标 50000 元;

(2) 产品甲不超过 200 件,产品乙不低于 250 件;

(3) 现有钢材 3600 吨用完。

表 3.1　生产甲、乙两种产品所需资源及利用情况

	甲	乙	资源限制/吨
钢材/吨	9	4	3600
煤炭/吨	4	5	2000
设备/台时	3	10	3000
单件利润/元	70	120	

试建立数学模型,分析以下问题。

设生产甲产品 x_1 件,乙产品 x_2 件,利润为 z 元,则

$$\max \quad z = 70x_1 + 120x_2$$

$$\text{s.t.} \begin{cases} 9x_1 + 4x_2 \leqslant 3600 \\ 4x_1 + 5x_2 \leqslant 2000 \\ 3x_1 + 10x_2 \leqslant 3000 \\ x_1, x_2 \geqslant 0 \end{cases}$$

题目有三个目标层次,包含四个目标值。

第一目标:$P_1 d_1^-$。

第二目标:有两个要求,即甲 d_2^+,乙 d_3^-,但两个具有相同的优先因子。

本题可用单件利润比作为权系数,即 70:120,化简为 7:12,$P_2(7d_2^+ + 12d_3^-)$。

第三目标:$P_3(d_4^+ + d_4^-)$。

所以目标规划模型为

$$\min \quad Z = P_1 d_1^- + P_2(7d_2^+ + 12d_3^-) + P_3(d_4^+ + d_4^-)$$

$$\text{s.t.} \begin{cases} 70x_1 + 120x_2 + d_1^- - d_1^+ = 50000 \\ x_1 + d_2^- - d_2^+ = 200 \\ x_2 + d_3^- - d_3^+ = 250 \\ 9x_1 + 4x_2 + d_4^- - d_4^+ = 3600 \\ 4x_1 + 5x_2 \leqslant 2000 \\ 3x_1 + 10x_2 \leqslant 3000 \\ x_1, x_2 \geqslant 0, \quad d_j^+, d_j^- \geqslant 0, \quad j = 1, 2, 3, 4 \end{cases}$$

3. 小结

本节的小结如表 3.2 所示。

表 3.2　小结

	线性规划 (LP)	目标规划 (GP)
目标函数	min, max 系数可正可负	min, 偏差变量 系数 $\geqslant 0$
变量	决策变量	决策变量, d
约束条件	绝对约束	目标约束 绝对约束
解	最优	最满意

3.4.2　多目标规划的图解法

例 3.5　某厂生产 I，II 两种产品，有关数据如表 3.3 所示。试求获利最大的生产方案。

表 3.3　生产 I，II 两种产品所需资源及利用情况

	I	II	拥有量
原材料/吨	2	1	11
设备/台时	1	2	10
单件利润/元	8	10	

在此基础上考虑：

(1) 产品 II 的产量不低于产品 I 的产量；

(2) 充分利用设备有效台时，不加班；

(3) 利润不小于 56 元。

目标规划模型为

$$\min \quad Z = P_1 d_1^+ + P_2(d_2^- + d_2^+) + P_3 d_3^-$$

$$\text{s.t.} \begin{cases} 2x_1 + x_2 \leqslant 11 \\ x_1 - x_2 + d_1^- - d_1^+ = 0 \\ x_1 + 2x_2 + d_2^- - d_2^+ = 10 \\ 8x_1 + 10x_2 + d_3^- - d_3^+ = 56 \\ x_1, x_2 \geqslant 0, \quad d_j^+, d_j^- \geqslant 0, \quad j = 1, 2, 3 \end{cases}$$

图解法解题步骤如下。

第一步：建立直角坐标系，令各偏差变量为 0，做出所有的约束直线。满足所有绝对约束条件的区域，用阴影标出，如图 3.12 所示。

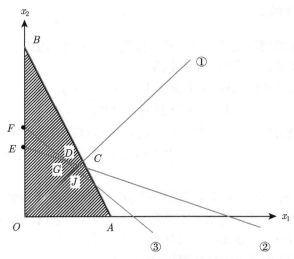

图 3.12　满足所有约束条件的区域

C 为 AB 与①的交叉点；D 为①与②的交叉点；G 为②与③的交叉点；J 为①与③的交叉点，下同。

第二步：作图表示偏差变量增减对约束直线的影响。在所有目标约束直线旁标上 d^+, d^-，如图 3.13 所示。

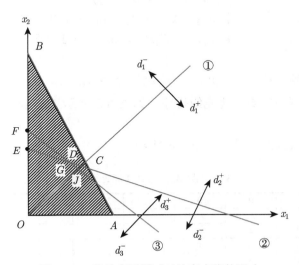

图 3.13　偏差变量增减对约束直线的影响

第三步：根据目标函数中的优先因子次序，逐步分析求解。

根据目标函数中的优先因子次序，首先考虑具有优先因子 p_1 的目标的实现。目标函数要求实现 $\min d_1^+$，从图 3.13 中可见，可以满足 $d_1^+ = 0$，这时，只能在三角形 OBC 的区域上取值。

考察具有优先因子 p_2 的目标，此时可在线段 ED 上取值。

考察优先因子 p_3 的目标，这就使取值范围缩小到线段 GD 上，该线段上所有点的坐标，都是问题的解，即点 $G(2,4)$ 和点 $D(10/3,10/3)$。

3.4.3 多目标规划的单纯形法

多目标规划的数学模型与线性规划的数学模型基本相同，因此利用单纯形法求解步骤也基本相同，但是尤其需要注意它们之间的区别。

线性规划的单纯形法求解过程 (目标函数极大化情况下)：

(1) 建立初始单纯形表，计算出所有变量的检验数；

(2) 在非基变量检验数中找到最大的正数 σ_j，它所对应的变量 x_j 作为换入基的变量；

(3) 对于所有 $a_{ij} > 0$，计算 b_i/a_{ij}，其中最小元素 θ 所对应的基变量 x_i 作为换出基的变量；

(4) 建立新单纯形表，重复上述步骤 (2) 和 (3)，直到所有检验数都小于等于零。

由于目标规划的目标函数都是求极小化问题，而线性规划问题的标准型中目标函数是求极大化问题，因此在用单纯形法求解时要注意一些重要的差别。

例 3.6 用单纯形法求解下述目标规划问题

$$\min \quad z = P_1(d_1^- + d_2^+) + P_2 d_3^-$$

$$\text{s.t.} \begin{cases} x_1 + d_1^- - d_1^+ = 10 \\ 2x_1 + x_2 + d_2^- - d_2^+ = 40 \\ 3x_1 + 2x_2 + d_3^- - d_3^+ = 100 \\ x_1, x_2, d_i^-, d_i^+ \geqslant 0, \quad i = 1, 2, 3 \end{cases}$$

第一步：列出初始单纯形表，并计算检验数 (表 3.4)。

将表格中最后一行检验数按优先级排序，如表 3.5 所示 (这是与线性规划单纯形法的第一个差别)。

第二步：确定换入基的变量，如表 3.6 所示。

表 3.4 例 3.6 的单纯形计算表 (一)

	C_j		0	0	P_1	0	0	P_1	P_2	0
C_B	基变量	b	x_1	x_2	d_1^-	d_1^+	d_2^-	d_2^+	d_3^-	d_3^+
P_1	d_1^-	10	1	0	1	-1				
0	d_2^-	40	2	1			1	-1		
P_2	d_3^-	100	3	2					1	-1
	$C_j - Z_j$		$-P_1-3P_2$	$-2P_2$	0	P_1	0	P_1	0	P_2

表 3.5 例 3.6 的检验数

$C_j - Z_j$	P_1	-1			1		1		
	P_2	-3	-2						1

表 3.6　例 3.6 的单纯形计算表 (二)

C_B	基变量	b	x_1	x_2	d_1^-	d_1^+	d_2^-	d_2^+	d_3^-	d_3^+	θ
	C_j		0	0	P_1	0	0	P_1	P_2	0	
P_1	d_1^-	10	[1]	0	1	−1					(10/1)
0	d_2^-	40	2	1			1	−1			40/2
P_2	d_3^-	100	3	2					1	−1	100/3
$C_j - Z_j$	P_1		(−1)			1		1			
	P_2		−3	−2						1	

在负检验数中, 选择最小的一个 σ_j 所对应的变量 x_j 作为换入基的变量 (第二个差别)。

第三步: 确定换出基的变量 (这与线性规划相同)。

第四步: 用换入变量替换换出变量, 进行单纯形法迭代运算, 直至优先级 P_1 所对应的检验数全为非负, 如表 3.7 所示。

表 3.7　例 3.6 的单纯形计算表 (三)

C_B	基变量	b	x_1	x_2	d_1^-	d_1^+	d_2^-	d_2^+	d_3^-	d_3^+
	C_j		0	0	P_1	0	0	P_1	P_2	0
0	x_1	10	1	0	1	−1				
0	d_2^-	20		1	−2	2	1	−1		
P_2	d_3^-	70		2	−3	3			1	−1
$C_j - Z_j$	P_1				1			1		
	P_2			−2	3	−3				1

由于优先级 P_2 的检验数仍然有负值, 因此可以继续优化, 重复上述第二步至第四步。

确定换入、换出变量, 如表 3.8 所示。

表 3.8　例 3.6 的单纯形计算表 (四)

C_B	基变量	b	x_1	x_2	d_1^-	d_1^+	d_2^-	d_2^+	d_3^-	d_3^+	θ
	C_j		0	0	P_1	0	0	P_1	P_2	0	
0	x_1	10	1	0	1	−1					—
0	d_2^-	20		1	−2	[2]	1	−1			(20/2)
P_2	d_3^-	70		2	−3	3			1	−1	70/3
$C_j - Z_j$	P_1				1			1			
	P_2			−2	3	(−3)				1	

第一点说明: 目标函数按优先级顺序进行优化, 当 P_1 行所有检验数非负时, 说明第一级已经优化, 可以转入下一级, 考察 P_2 行检验数, 以此类推。

第二点说明: 从考察 P_2 行检验数开始, 注意应把更高级别的优先因子考虑在内。如上述问题的进一步单纯形表如表 3.9 所示。

因此上述三种情况都不能选为换入基的变量, 这其实与线性规划相同。

判别迭代计算停止的准则:

(1) 检验数 $P_1, P_2, \cdots, P_k$ 行的所有值均为非负;

(2) 若 $P_1, P_2, \cdots, P_i$ 行的所有检验数为非负, 但 P_{i+1} 行存在负检验数, 且在负检验数所在列的上面行中有正检验数 (负检验数的上方, 不一定是相邻位置)。

表 3.9　例 3.6 的单纯形计算表 (五)

	C_j		0	0	P_1	0	0	P_1	P_2	0	θ
C_B	基变量	b	x_1	x_2	d_1^-	d_1^+	d_2^-	d_2^+	d_3^-	d_3^+	
0	x_1	20	1	1/2			1/2	$-1/2$			40
0	d_1^+	10		[1/2]	-1	1	1/2	$-1/2$			(20)
P_2	d_3^-	40		1/2			$-3/2$	3/2	1	-1	80
	$C_j - Z_j$　P_1				1			1			
	P_2			$(-1/2)$				$-3/2$		1	
0	x_1	10	1		1	-1					
0	x_2	20		1	-2	2	1	-1			
P_2	d_3^-	30			1	-1	-2	2	1	-1	
	$C_j - Z_j$　P_1				1			1			
	P_2				-1	1	2	-2		1	

3.4.4　灵敏度分析

目标规划的灵敏度分析所讨论内容包括:

(1) 约束条件 (目标约束和绝对约束) 右端常数的变化;

(2) 约束条件中各变量系数的变化;

(3) 加入新的变量 (决策变量和偏差变量);

(4) 加入新的约束条件;

(5) 目标函数中偏差变量的优先等级及权系数的变化。

例 3.7　目标函数

$$\min \quad z = P_1(2d_1^+ + 3d_2^+) + P_2 d_3^- + P_3 d_4^+$$

满足约束条件

$$\begin{cases} x_1 + x_2 + d_1^- - d_1^+ = 10 \\ x_1 + \quad d_2^- - d_2^+ = 4 \\ 5x_1 + 3x_2 + d_3^- - d_3^+ = 56 \\ x_1 + x_2 + d_4^- - d_4^+ = 12 \\ x_1, x_2, d_i^-, d_i^+ \geqslant 0, \quad i = 1, 2, 3, 4 \end{cases}$$

上述模型的单纯形计算表如表 3.10 所示。

表 3.10　例 3.7 的单纯形计算表 (一)

	C_j					$2P_1$		$3P_1$	P_2			P_3
C_B	X_B	b	x_1	x_2	d_1^-	d_1^+	d_2^-	d_2^+	d_3^-	d_3^+	d_4^-	d_4^+
	x_1	6		1	1	-1	-1	1				
	x_2	4	1				1	-1				
P_2	d_3^-	18			-3	3	-2	2	1	-1		
	d_4^-	2	1		-1	1				1	1	-1
	σ_{kj}　P_1					2		3				
	P_2				3	-3	2	-2		1		
	P_3											1

目标函数的优先等级变化为

(1) $\qquad$ min $\quad Z = P_1(2d_1^+ + 3d_2^+) + P_2 d_4^+ + P_3 d_3^-$

(2) $\qquad$ min $\quad Z = P_1 d_3^- + P_2(2d_1^+ + 3d_2^+) + P_3 d_4^+$

试分析原解有什么变化。

首先, 分析情况 (1)。

原目标函数为

$$\text{min} \quad Z = P_1(2d_1^+ + 3d_2^+) + P_2 d_3^- + P_3 d_4^+$$

情况 (1) 的目标函数为

$$\text{min} \quad Z = P_1(2d_1^+ + 3d_2^+) + P_2 d_4^+ + P_3 d_3^-$$

将原目标函数中 d_4^+, d_3^- 的优先因子对换了一下。只需对换表 3.10 的检验数中的 P_2, P_3 行和 C_j 行的 P_2, P_3 即可 (表 3.11)。

表 3.11 例 3.7 的单纯形计算表 (二)

C_j						$2P_1$		$3P_1$	P_3			P_2
C_B	X_B	b	x_1	x_2	d_1^-	d_1^+	d_2^-	d_2^+	d_3^-	d_3^+	d_4^-	d_4^+
	x_2	6		1	1	-1	-1	1				
	x_1	4	1				1	-1				
P_3	d_3^-	18			-3	3	-2	2	1	-1		
	d_4^-	2	1		-1	1					1	1	-1
	P_1					2		3				
σ_{kj}	P_2											1
	P_3				3	-3	2	-2		1		

接下来, 分析情况 (2)。

情况 (2) 的目标函数为

$$\text{min} \quad Z = P_1 d_3^- + P_2(2d_1^+ + 3d_2^+) + P_3 d_4^+$$

情况 (2) 的单纯形计算表如表 3.12 所示。

表 3.12 例 3.7 的单纯形计算表 (三)

C_j						$2P_1$		$3P_1$	P_2			P_3
C_B	X_B	b	x_1	x_2	d_1^-	d_1^+	d_2^-	d_2^+	d_3^-	d_3^+	d_4^-	d_4^+
	x_2	6		1	1	-1	-1	1				
	x_1	4	1				1	-1				
P_3	d_3^-	18			-3	3	-2	2	1	-1		
	d_4^-	2			-1	1					1	1	-1
	P_1				3	-3	2	-2		1		
σ_{kj}	P_2					2		3				
	P_3											1

然后继续进行迭代, 从表 3.13 中得到新的满意解 $x_1^* = 4, x_2^* = 12$。

表 3.13 例 3.7 的单纯形计算表 (四)

C_j						$2P_1$		$3P_1$	P_2			P_3
C_B	X_B	b	x_1	x_2	d_1^-	d_1^+	d_2^-	d_2^+	d_3^-	d_3^+	d_4^-	d_4^+
	x_2	12		1			-5/3	5/3	1/3	-1/3		
	x_1	4	1				1	-1				
P_3	d_4^+	4					-2/3	2/3	1/3	-1/3	-1	1
	d_1^-	6			-1	1	-2/3	2/3	1/3	-1/3		
	P_1								1			
σ_{kj}	P_2						2	3				
	P_3							2/3	-2/3	-1/3	1/3	

3.5 基于 Python 与 SciPy 软件包的高等运筹学问题求解

Python 是一种功能强大而完善的通用型计算机程序设计语言，具有丰富的类库，以支持绝大多数功能应用。SciPy 开源软件包是基于 Python 构建的数学算法和功能函数集合。SciPy 所提供的功能涵盖诸多领域，其中包含了最优化问题求解功能。SciPy 提供的优化方法包括无约束非线性优化、约束非线性优化以及线性规划等，其函数功能设计简洁清晰，便于学生和研究者使用。为了方便代码的运行和调试，本节基于 PyCharm 免费社区版 IDE 软件进行高等运筹学问题求解程序的设计，其中一些求解部分也需要调用 CVXOPT 软件包的功能。

3.5.1 基于 Python 的动态规划问题求解

运用 Python 软件求解例 3.1 中的总长度最小的决策问题。

求解程序设计如下。

```
import numpy as np
import numpy.matlib
C1=np.array([[3, 2, 1]]);C2=np.array([[4, 3], [1, 3], [3, 5]]);C3=np.
    array([[2, 5, 3], [1, 4, 2]]);C4=np.array([[3], [1], [5]]);C=[C1,C2,C3
    ,C4]   #定义网络
F=[0]*(len(C)+1)                #初始化最优路径长度
OptChoice=[0]*(len(C)+1)  #初始化最优选择
for k in range(len(C)-1,-1,-1): #逆序动态规划
    a=C[k]+np.matlib.repmat(F[k+1],len(C[k]),1)#求每一步的可选决策
    F[k]=a.min(1)#记录每一步的最优函数值
    OptChoice[k]=a.argmin(1)#记录每一步的最优决策
path=[];state=0
for k in range(0,len(C)):
    path.append(OptChoice[k][state])
    state=path[k]
print(f'最优路径长度：{F[0][0]}')
print(f'最优路径：A',end='')
s='BCD'
for i in range(0,len(path)-1):
```

```
        print(f'->{s[i]}{path[i]+1}',end='')
print('->E')
```

对上述程序按照如下步骤进行编程计算。

(1) 打开 PyCharm，选择 File→New Project... 子菜单，得到如图 3.14 的界面。

(2) 将上述程序代码写入 main.py 文件中。

(3) 选择图 3.14 中的 Run 菜单，并在界面下方查看结果。

注：本节后面部分的程序运行也按照 (1)~(3) 所述步骤执行，下文对此不再赘述。

运行上述程序后，得到的求解结果如下。

```
最优长度：8
最优路径：A->B2->C1->D1->E
```

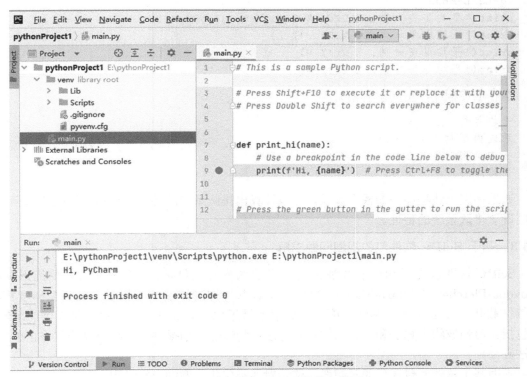

图 3.14　PyCharm IDE 软件主界面

可知，基于动态规划思想，可为复杂的优化问题设计出简洁的求解程序。

3.5.2　基于 Python 的排队论模型求解

运用 Python 软件求解 $M/M/S/\infty/\infty$ 排队系统中的重要性能指标。

求解程序设计如下。

```
import math
S=3 #服务台数量
```

```
Mu=0.9 #平均服务速度
Lambda=2.3 #平均到达率
Ro=Lambda/Mu
RoS=Ro/S #服务强度
sum1=0
for i in range(0,(S)):
    sum1=sum1+Ro**i/math.factorial(i)
sum2=Ro**S/math.factorial(S)/(1-RoS)
p0=1/(sum1+sum2)
p=Ro**S*p0/math.factorial(S)/(1-RoS)
Lq=p*RoS/(1-RoS)
L=Lq+Ro
W=L/Lambda
Wq=Lq/Lambda
print('平均等待人数: %.2f人'% Lq)
print('系统内平均人数: %.2f人'% L)
print('平均逗留时间: %.2f'% W)
print('平均等待时间: %.2f'% Wq)
```

运行上述程序,得到求解结果为:

```
平均等待人数: 4.22人
系统内平均人数: 6.77人
平均逗留时间: 2.94
平均等待时间: 1.83
```

通过调整上述程序中的模型参数,可以计算出排队系统的各个重要的定量统计指标,从而明确该排队系统的特性。

3.5.3 基于 SciPy 软件包的规划问题求解

SciPy 软件包为无约束非线性优化提供的求解算法包括:Nelder-Mead 单纯形算法、Broyden-Fletcher-Goldfarb-Shanno 算法、牛顿共轭梯度算法、信赖域牛顿共轭梯度算法、信赖域截断广义 Lanczos 共轭梯度算法和信赖域近似精确算法;为约束优化提供的求解算法包括:信赖域约束算法和序列二次规划算法;为线性规划提供了单纯形算法和修正单纯形算法。

下面基于该软件包提供的求解器,演示对各类优化问题的求解过程。

1. 无约束非线性优化问题的求解与分析

运用 Python 软件求解如下无约束优化问题

$$\min \quad f(x) = 90(x_1 - x_2^3)^2 + (3 - x_1)^2$$

求解程序如下。

```
import numpy as np  #导入模块
from scipy.optimize import minimize
```

```
import matplotlib.pyplot as plt
def fun(x):    #定义目标函数
    return 90*(x[0]-x[1]**3)**2+(3-x[0])**2
xi=[np.array([1,1])]
res=minimize(fun, x0=xi[0], callback=xi.append, method='nelder-mead',
    options={'xatol': 1e-8, 'disp': True})  #调用求解器进行求解
print(f'最优解为: {res.x}\n最优函数值为: {fun(res.x)}')
f_iter=[]    #对优化结果进行画图展示
for i in range(len(xi)):
    f_iter.append(fun(xi[i]))
plt.plot(range(len(xi)),f_iter,'o-');
plt.xlabel('Iterations');
plt.ylabel('Objective');plt.xlim([0,res.nit]);plt.show()
```

运行程序得到的结果如下。

```
Optimization terminated successfully.
        Current function value: 0.000000
        Iterations: 79
        Function evaluations: 150
最优解为: [3.          1.44224957]
最优函数值为: 1.0734557354833073e-17
```

迭代优化过程如图 3.15 所示。

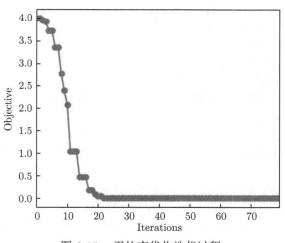

图 3.15　无约束优化迭代过程

可知, 最优解约为 $x_1 = 3, x_2 = 1.4422$, 最优目标函数值约为 0; 经过 79 次迭代计算即可找到较高精度的数值解。

2. 约束非线性优化问题的求解与分析

运用 Python 软件求解如下的约束优化问题

$$\min \quad f(x_1, x_2) = 80(x_1 - x_2^2)^2 + (1 - x_2)^2$$

$$\text{s.t.} \quad \begin{cases} x_1 + 1.5x_2 \leqslant 1 \\ -1 < x_1 < 1 \\ -1 < x_2 < 1 \end{cases}$$

求解程序如下。

```python
import numpy as np    #导入模块
from scipy.optimize import minimize, Bounds, LinearConstraint
import matplotlib.pyplot as plt
def fun(x):    #定义目标函数
    return 80*(x[0]-x[1]**2)**2+(1-x[1])**2
linear_constraint=LinearConstraint([[1, 1.5]], [-np.inf], [1])
    #定义不等式约束
bounds=Bounds([-1.0, -1.0], [1.0, 1.0])
    #定义边界约束
xi=[np.array([0, 0.5])]
def callback(x,y):
    xi.append(y.x)
res=minimize(fun, x0=xi[0], method='trust-constr', callback=callback,
    constraints=[linear_constraint], options={'verbose': 1,'disp':True},
    bounds=bounds)#调用优化函数进行求解
print(f'最优解为: {res.x}\n最优函数值为: {fun(res.x)}')
f_iter=[]    #对优化结果进行画图展示
for i in range(len(xi)):
    f_iter.append(fun(xi[i]))
plt.plot(range(len(xi)),f_iter,'o-')
plt.xlabel('Iterations');plt.ylabel('Objective');plt.xlim([0,res.nit]);
    plt.show()
```

运行得到的数值结果如下。

```
`gtol` termination condition is satisfied.
Number of iterations: 34, function evaluations: 81, CG iterations: 46,
    optimality: 8.03e-09, constraint violation: 0.00e+00, execution time:
    0.045 s.
最优解为: [0.24850349 0.50099553]
最优函数值为: 0.24950267505861703
```

迭代优化过程如图 3.16 所示。

可知，最优解约为 $x_1 = 0.2485, x_2 = 0.5010$，最优目标函数为 0.2495，即近似为 0；经过 34 次迭代计算即可找到较高精度的数值解。

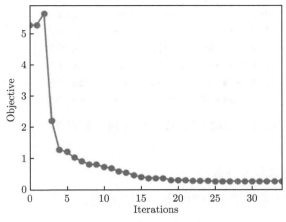

图 3.16　约束优化迭代过程

3. 二次规划问题求解与分析

运用 Python 软件求解如下二次规划问题

$$\min \quad f(X) = \frac{1}{2}X^{\mathrm{T}}HX + fX$$

$$\text{s.t.} \quad \begin{cases} AX \leqslant b \\ A_{eq}X = b_{eq} \end{cases}$$

求解程序如下。

```
from cvxopt import matrix, solvers   #导入模块
H = 2*matrix([ [2, .5], [.5, 1] ])    #定义二次规划问题
f = matrix([1.0, 1.0])
A = matrix([[-1.0,0.0],[0.0,-1.0]])
b = matrix([0.0,0.0])
Aeq = matrix([1.0, 1.0], (1,2))
beq = matrix(1.0)
sol=solvers.qp(H, f, A, b, Aeq, beq) #求解二次规划问题
print(f'最优解x:\n{sol["x"]}')
print(f'最优目标函数值:\n{sol["primal objective"]}')
```

数值计算结果如下。

```
Optimal solution found.
最优解x:
[2.50e-01]
[7.50e-01]
最优目标函数值:
1.875000000000018
```

迭代过程结果如下。

```
      pcost           dcost          gap      pres     dres
 0:  1.8889e+00     7.7778e-01      1e+00    2e-16    2e+00
 1:  1.8769e+00     1.8320e+00      4e-02    2e-16    6e-02
 2:  1.8750e+00     1.8739e+00      1e-03    2e-16    5e-04
 3:  1.8750e+00     1.8750e+00      1e-05    1e-16    5e-06
 4:  1.8750e+00     1.8750e+00      1e-07    1e-16    5e-08
```

可知, 最优解为 $X = [0.25, 0.75]^{\mathrm{T}}$, 最优目标函数值约为 1.875, 整个求解过程经历了 4 次迭代。

4. 多目标优化问题求解与分析

运用 Python 软件求解例 3.5 中的多目标规划问题。
求解程序设计如下。

```
import numpy as np
from scipy.optimize import linprog
w1=1;w2=1;w3=1;#设置各优化目标的权系数
f=np.array([0,0,0,w1,w2,w2,w3,0]);#设置目标函数
A_eq=np.array([[1,-1,1,-1,0,0,0,0],#设置等式约束
     [1,2,0,0,1,-1,0,0],
     [8,10,0,0,0,0,1,-1]])
b_eq=np.array([0,10,56])
A_ub=np.array([[2,1,0,0,0,0,0,0]])
b_ub=np.array([11])
bounds=[(0,None)]*8
result=linprog(f,A_ub=A_ub,b_ub=b_ub,A_eq=A_eq, b_eq=b_eq,
    bounds=bounds, options= {'disp': True}) #调用线性规划求解器
print(f'最优解: x1={result.x[0]}, x2={result.x[1]}')
```

数值计算结果如下。

最优解: x1=3.3333333333333335, x2=3.333333333333333

因此, 计算结果与例 3.5 中的手动计算结果一致。

第4章

现代管理中常见决策方法

🎯 章首语

　　决策是人类社会的一项重要活动，涉及人类活动的方方面面，从日常生活和工作到改造自然和社会的巨大变革都离不开人们的决策。随着现代社会的发展，人们在各种管理实践中不可避免地会遇到大量的决策问题，作为管理者必须掌握各种决策方法以及现代化的决策支持手段。

　　风险型决策方法是根据主观概率和决策者的偏好对备选方案做出选择的决策方法，其目的在于提供一种适合解决包括主观因素在内的复杂决策问题的系统方法，改进决策的过程，以提高决策的准确性。多属性决策方法是一个发展中的交叉学科，在经济管理等各个领域有着广泛的实际应用背景。多属性决策方法与其他经典决策方法的本质区别在于它需要决策者的偏好信息作为决策依据，重点研究的是关于离散的、有限个备选方案的决策问题，其实质是利用已有的决策信息通过一定的方法对备选方案进行排序并择优。

　　本章内容采用定性与定量相结合的方式展开，重点分析决策理论中的各种决策方法。章节内容对不同类型的决策问题进行划分，充分涵盖决策的本体论、目的论、方法论等不同的议题。

　　通过学习不同性质和类型的决策问题及其对应的解决策略和工具，读者能够掌握问题与方法之间的对应关系，并灵活运用和操作相关的决策软件和仿真软件，从而对经济管理决策问题进行分析、建模以及软件求解，以确保决策的效率与效果，成为熟悉现代决策技术的管理人才。

　　信息科技的飞速发展与深度融合开启了数字化、网络化、智能化生活的新篇章，未来决策分析的发展趋势正在向着基于数据驱动的智能决策方向转变，这与传统的基于经验与知识的决策逐渐有所不同。随着大数据处理软、硬件技术的进步，智能决策理论与方法在服务国家重大需求方面逐渐凸显其优势，但在应对复杂动态的决策场景下的信息不完备、不确定、非结构化等问题时，缺乏系统的分析与处理，难以应对新发展格局下复杂内外环境带来的管理决策方面的挑战。因此，针对传统决策面临的信息缺失与模糊问题，未来可以运用管理科学、计算机、人工智能和心理学等多学科交叉融合方法，深入研究数据驱动下的协同决策模型，构建人机协同的群体智慧决策方法，聚焦人工智能与管理决策交叉前沿，真正实现人与机器在感知、思考、运算与决策层面的互补。

　　决策分析是存在于人们日常生活中的一项活动，依赖于决策者知识和才能的积累，是指人们为实现预定的目标，在一定的条件下依靠科学的方法和手段，从所有备选的可行方案中找出最佳的方案以实现目标的一种过程。本章主要介绍风险型决策方法和多属性决策方法，以及相关软件使用方法。

4.1　风险型决策方法

所谓风险型决策，是指决策者在进行决策时，虽然无法确定未来将会出现何种自然状态，但却可以了解未来可能状态的种类以及每种状态出现的概率。一旦各自然状态的概率经过预测或估算被确定下来，在此基础上的决策分析所得到的最满意方案就具有一定的稳定性，决策者可以掌握最终结果出现的概率分布。由于各自然状态的概率值不为 1，即该最终结果的出现不是必然事件，因此决策者无论采取哪一种方案，都要承担一定风险，故这种已知自然状态概率的决策问题被称为风险型决策。风险型决策方法主要包括渴望水平决策准则、最大收益期望值决策准则、最小机会损失期望值决策准则、决策树分析方法和贝叶斯决策方法。

4.1.1　渴望水平决策准则

渴望水平决策准则是根据决策者预先给出的收益或损失的一个渴望水平值 A，求出每一个方案的收益或损失达到渴望水平的概率，选择满足渴望收益的可能性最大的决策方案。

例 4.1　水产品批发老板以每斤 70 元的价格购进海鲜，再以每斤 100 元的价格售出，如果当天未全部售出，剩余的海鲜就不新鲜甚至死掉，情况见表 4.1，该老板渴望每天盈利 5000 元，那么最优决策方案是什么？

解　从表 4.1 中可以看出，购进 200 斤以上海鲜的方案才可能获得盈利 5000 元。各方案中，购进 200 斤、300 斤、400 斤、500 斤海鲜的获利在 5000 元以上的可能性分别为 0.10，0.25，0.32，0.58。可以看出，各方案中，购进 500 斤海鲜获利最多的可能性最大。

表 4.1　各方案收益情况

售出/斤	可能性	购进/斤					
		0	100	200	300	400	500
0	0.01	0	−7000 元	−14000 元	−21000 元	−28000 元	−35000 元
100	0.06	0	3000 元	−4000 元	−11000 元	−9000 元	−25000 元
200	0.10	0	—	6000 元	−1000 元	−8000 元	−15000 元
300	0.25	0		—	9000 元	2000 元	−5000 元
400	0.32	0			—	12000 元	5000 元
500	0.26	0				—	15000 元

4.1.2　最大收益期望值决策准则

最大收益期望值决策准则，是指把每个方案在各种状态下的收益值看作离散型随机变量，求得每个方案的收益期望值，选择收益期望值最大的方案作为最优决策方案 (简称最优方案)。

每个方案的收益期望值为所有状态下的收益值与对应状态概率的乘积之和，即

$$E(A_i) = \sum_{j=1}^{n} P_j S_{ij}, \quad i = 1, 2, \cdots, m; \quad j = 1, 2, \cdots, n$$

其中，S_{ij} 为方案 A_i 在第 j 个状态下的收益值，P_j 为第 j 个状态出现的概率，选择使得 $E(A_i)$ 取得最大值时所对应的方案为最优方案。

例 4.2　企业为扩大产品生产量需要选择合适的位置建立新工厂，现有两种基建方案：一是市中心，需投资 3500 万元；二是郊区，需要投资 1400 万元。据估计，两种方案在未来几年内的获利情况见表 4.2。试问应该选取哪种方案。

表 4.2　两种方案的获利情况

建厂方案	市场状态及概率	
	销售好 0.75	销售差 0.25
市中心	10000 万元	−3000 万元
郊区	4000 万元	−1000 万元

解　第一步：分别计算两个方案的收益期望值。

市中心：$(10000 - 3500) \times 0.75 + (-3000 - 3500) \times 0.25 = 3250$（万元）；

郊区：$(4000 - 1400) \times 0.75 + (-1000 - 1400) \times 0.25 = 1350$（万元）。

第二步：选择两个期望值中较大者对应的方案为决策方案。

决策方案期望值：$\max(3250, 1350) = 3250$，即选择市中心建厂的决策方案。

4.1.3　最小机会损失期望值决策准则

最小机会损失期望值决策准则，是指决策目标的指标为损失值时，选择损失期望值最小的方案作为决策方案。损失值为每个方案在各状态下的收益值与该状态下最好收益值的差，计算步骤如下。

第一步：按照无概率决策中的后悔值准则计算不同状态下各方案的机会损失，得到机会损失值矩阵 $H = (h_{ij})_{m \times n}$。

第二步：根据损失值矩阵和不同状态下的概率，求出每个方案的损失期望值 L_i：

$$L_i = \sum_{j=1}^{n} P_j h_{ij}, \quad i = 1, 2, \cdots, m$$

第三步：从这些损失期望值中选取最小者，它对应的方案是决策者所选方案。即令

$$L_{i_0} = \min_{1 \leqslant i \leqslant m} \{L_i\}$$

则方案 A_{i_0} 为最优方案。

例 4.3　试用最小机会损失期望值决策准则对例 4.2 进行决策分析。

解　第一步：计算各状态下每个方案的损失期望值，见表 4.3。

表 4.3　两种方案的损失期望值

建厂方案	市场状态及概率	
	销售好 0.75	销售差 0.25
市中心	0	4100 万元
郊区	3900 万元	0

第二步：计算每个方案的损失期望值。

市中心：$0 \times 0.75 + 4100 \times 0.25 = 1025$ (万元)；

郊区：$3900 \times 0.75 + 0 \times 0.25 = 2925$ (万元)。

第三步：选择损失期望值较小者对应的方案为决策方案：$\min(1025, 2925) = 1025$，即应采用市中心建厂的方案。

需注意，任何一个决策，其收益期望值和机会损失之和为常数，故收益期望值最大的方案，其机会损失期望值必然最小。

4.1.4 决策树分析方法

决策树分析方法是风险分析最常用的一种方法，它将决策问题按从属关系分为几个等级，用决策树直观形象地表示出来。通过决策树能统观整个决策分析的过程，从而能对决策方案进行全面的计算、分析和比较。决策树一般由五个部分组成。

(1) 决策点，在图中以方框 (□) 表示，决策者必须在决策点处进行最优方案的选择。从决策点引出方案分支，在各方案分支上标明方案内容及其期望损益值。

(2) 状态点，在图中以圆圈 (○) 表示，位于方案分支的末端。由状态点引出状态分支，在状态分支上标明状态内容及其出现的概率。

(3) 结果点，在图中以三角 (△) 表示，是状态分支的末梢，表示某方案在该状态下的损益值。

(4) 方案分支，由决策点引出的分支，即为方案分支，在方案分支上标明方案的具体名称，有几个方案就引出几个方案分支。

(5) 状态分支，由状态点引出的分支，即为状态分支，在状态分支上标明状态及可能发生的概率，有几个状态就引出几个状态分支。

应用决策树来做决策分析时，一般有以下三个步骤。

第一步：绘制决策树。

决策树一般从左至右逐步画出，将给定的具体问题由决策点逐渐展开为方案分支、状态点、概率分支、结果点等。

第二步：计算期望值。

对于建立好的决策树，从右至左计算出各节点的期望值，即根据右端的损益值和概率分支的概率计算出期望值的大小，从而确定方案的期望结果。

第三步：修枝方案。

基于不同方案的期望结果，从右到左依次将期望值较小的方案舍弃，并用符号 ╫ 来进行标示，此过程可形象地称为修枝，最后所留下的一条树枝即为最优方案。

因而，决策树分析方法是通过对各个方案决策点上的期望值进行比较，依据期望值决策准则做出最终决策。用决策树分析方法进行决策分析，可分为单阶段决策和多阶段决策两类。

1. 单阶段决策

当所要决策的问题，只需要进行一次决策就可解决，就叫作单阶段决策问题。这类问题通常只有一个决策节点，也只需要进行一轮修枝即可获得最佳方案。

例 4.4 一家上市公司欲扩大经营范围，决定采用收购策略，目前有两种可供选择的方案：一是部分收购已有一定基础的中型企业；二是全面收购口碑较好的小型企业。两种方案在不同经济形势下的获利情况见表 4.4。两种方案相应的投资额分别为 2800 万元、1700 万元，那么该采取哪种投资方案？

表 4.4　两种方案在不同经济形势下的获利情况

投资方案	市场状态		
	好 0.48	一般 0.32	差 0.20
部分收购中型企业 (A)	5500 万元	2600 万元	1500 万元
全面收购小型企业 (B)	8700 万元	0 万元	−3200 万元

解　第一步：绘出决策树。

决策点在最左侧，树枝向右伸开，因为有两个备选方案 (方案 A 和方案 B)，所以有两条方案分支；可能的自然状态有三种 (好、一般、差)，所以每个状态点后有三个状态分支，决策图如图 4.1 所示。

第二步：计算期望值。

首先，计算各状态点的收益值为

$$状态点\ 2: 5500 \times 0.48 + 2600 \times 0.32 + 1500 \times 0.20 = 3772 \ (万元)$$

$$状态点\ 3: 8700 \times 0.48 + 0 \times 0.32 + (-3200) \times 0.20 = 3536 \ (万元)$$

然后，计算各方案的收益期望值为

$$方案\ A: 3772 - 2800 = 972 \ (万元)$$

$$方案\ B: 3536 - 1700 = 1836 \ (万元)$$

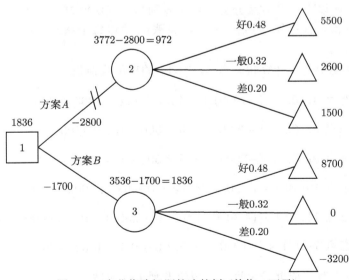

图 4.1　企业收购问题的决策树 (单位：万元)

第三步：修枝方案。

依据最大收益期望值准则选择最优方案。因为方案 B 收益期望值较大，故选择全面收购小型企业作为最优决策方案。同时在决策树中把方案分支 A 剪去，如图 4.1 所示。

2. 多阶段决策

很多实际决策问题，需要决策者进行多次决策，这些决策按先后次序分为几个阶段，后阶段的决策内容依赖于前阶段的决策结果及前一阶段决策后所出现的状态。在做前一次决策时，也必须考虑到后一阶段的决策情况，这类问题称为多阶段决策问题。

例 4.5 某一化工原料厂，由于某项工艺不甚好，产品成本高。在价格中等水平时无利可图，在价格低落时要亏本，只有在价格高时才赢利，且赢利也不多。现企业考虑进行技术革新，取得新工艺的途径有两种：一种是自行研究，成功的可能性是 0.6；另一种是购买专利，估计购买谈判成功的可能性是 0.8。不论是研究成功还是谈判成功，生产规模有两种考虑方案：一是产量不变，二是产量增加。若研究失败或者谈判失败，则仍然采用原工艺进行生产，生产保持不变。根据市场预测，今后五年内这两种产品跌价的可能性是 0.1，保持中等水平的可能性是 0.5，涨价的可能性是 0.4。现在企业需要考虑：是否购买专利，是否自行研究。其决策表见表 4.5。

表 4.5　某一化工原料厂决策表

价格 (概率)	方案				
	按原工艺生产	购买专利成功 (0.8)		自行研究成功 (0.6)	
		产量不变	增加产量	产量不变	增加产量
低落 α_1 (0.1)	-1000 万元	-2000 万元	-3000 万元	-2000 万元	-3000 万元
中等 α_2 (0.5)	0 万元	500 万元	500 万元	0 万元	-2500 万元
高涨 α_3 (0.4)	1000 万元	1500 万元	2500 万元	2000 万元	6000 万元

解 第一步：绘出决策树。决策点在最左侧，树枝向右伸开，因为有两个备选方案 (方案 A 和方案 B)，所以有两条方案分支；购买专利与自行研究方案中还要再各细分两条状态分支。可能的价格状态有三种 (低落、中等、高涨)，所以每个状态点后有三个状态分支，决策树如图 4.2 所示。

第二步：计算期望值。计算状态点 4，7~11 的期望收益值

$$状态点 4: 0.1 \times (-1000) + 0.5 \times 0 + 0.4 \times 1000 = 300$$

$$状态点 8: 0.1 \times (-2000) + 0.5 \times 500 + 0.4 \times 1500 = 650$$

$$状态点 9: 0.1 \times (-3000) + 0.5 \times 500 + 0.4 \times 2500 = 950$$

$$状态点 10: 0.1 \times (-2000) + 0.5 \times 0 + 0.4 \times 2000 = 600$$

$$状态点 11: 0.1 \times (-3000) + 0.5 \times (-2500) + 0.4 \times 6000 = 850$$

$$状态点 7: 0.1 \times (-1000) + 0.5 \times 0 + 0.4 \times 1000 = 300$$

第三步：修枝方案。依据最大收益期望值准则进行剪枝。

在决策点 5，增加产量方案的收益期望为 950 (状态点 9)，产量不变方案的收益期望为 650 (状态点 8)，所以剪去产量不变方案分支，状态点 9 的期望值移到点 5。

在决策点 6，增加产量方案的收益期望为 850 (状态点 11)，产量不变方案的收益期望为 600 (状态点 10)，所以剪去产量不变方案分支，状态点 11 的期望值移到点 6。

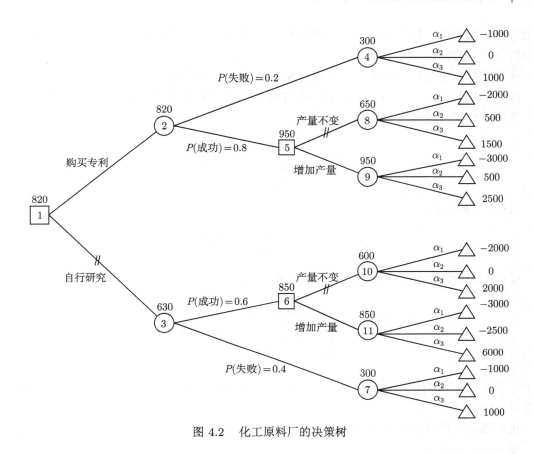

图 4.2　化工原料厂的决策树

第四步：计算期望值。计算状态点 2 和状态点 3 的期望收益值

$$状态点 2:\ 0.2 \times 300 + 0.8 \times 950 = 820$$

$$状态点 3:\ 0.6 \times 850 + 0.4 \times 300 = 630$$

第五步：修枝方案。

在决策点 1，购买专利方案的收益期望为 820 (状态点 2)，自行研究方案的收益期望为 630 (状态点 3)，所以剪去自行研究方案分支，状态点 2 的期望值移到点 1。

因此，通过决策树分析法可得出最终决策为企业购买专利，在成功时增加产量，失败时按原来工艺生产。

4.1.5　贝叶斯决策方法

4.1.4 节中决策树分析方法所提到的状态概率，大多是根据过往资料和经验估计给出的数值，即先验概率分布。然而，一般情况下给定准确的先验概率分布是一件很困难的事情；决策者在这种情形下进行决策，会面临一个准确性及可靠性的问题。对此，可以通过再调查或试验等方式进一步确定各状态的发生概率，从而提高状态发生概率估计的准确性。比如，产品销售若与天气情况有关，单凭决策者经验估计天晴与否具有很大的不可靠性，而如果获得了天气预报信息，则对天气情况的预测准确度会大大提高。通过这种试验方式获得的概率一般称为后验概率。运用概率论中的贝叶斯公式可以便捷地计算出各状态的后验概率，这就是贝叶斯决策方法。

在介绍贝叶斯决策方法前，首先进行相关概率论理论介绍如下。

(1) 若事件 $\theta_1, \theta_2, \cdots, \theta_n$ 可构成一个完备事件组且相互独立，则任意一个事件 A 的概率，可通过全概率公式进行求解，公式为

$$P(A) = \sum_{i=1}^{n} P(A|\theta_i)P(\theta_i)$$

(2) 贝叶斯公式为

$$P(\theta_i|A) = \frac{P(\theta_i A)}{P(A)}, \quad P(A) \neq 0$$

(3) 将全概率公式与贝叶斯公式结合起来，得到

$$P(\theta_i|A) = \frac{P(A|\theta_i)P(\theta_i)}{\sum\limits_{i=1}^{n} P(A|\theta_i)P(\theta_i)}, \quad i = 1, 2, \cdots, n$$

其中，$P(\theta_i)$ 称为事件 θ_i 的先验概率，$P(\theta_i|A)$ 称为事件 θ_i 的后验概率，而 A 则为任一试验事件并满足 $P(A) \neq 0$。

贝叶斯决策的具体步骤如下。

第一步：先验分析。

决策者根据历史数据以及自身的经验和判断，估算出各自然状态的先验分布，并计算各可行方案在不同自然状态下的结果值。基于这些信息，决策者可依据某种决策准则进行方案选择，这被称为先验分析。

第二步：预验分析。

当决策问题十分重要且状态的先验概率准确性存疑时，决策者可选择进行再调研或再试验的方式获取补充信息。这种比较获取补充信息的价值和成本的过程被称为预验分析。在进行调查和信息收集后，将信息转录入下一步。

第三步：验后分析。

通过再试验得到补充信息后，可利用贝叶斯公式来对先验分布进行修正，以得到更贴合实际的后验分布。决策者可在此基础上计算各可行方案的期望值，再进行决策分析筛选出最满意的可行方案。

例 4.6 某海域天气变化无常。该地区有一渔业公司，每天决定是否出海捕鱼。若晴天出海，则可获利 150000 元，若阴天则亏损 50000 元。根据气象资料，当前季节该海域晴天的概率为 0.8，阴天的概率为 0.2。为更好地掌握天气情况，公司成立了一个气象站，对相关海域进行气象预测。该气象预测站的预报精度如下：若某天是晴天，则预报准确率为 0.95；若某天是阴天，则预报的准确率为 0.9。若某天气象站预报为晴天，是否应该出海？若预报是阴天，是否应该出海？

解　设 H_1, H_2 分别表示气象站预报为晴天、阴天两种情况；θ_1, θ_2 分别表示某天是晴天、阴天。

第一步：先验分析。根据气象资料，可以确定当前季节该海域晴天和阴天的先验分布。

$$晴天：P(\theta_1) = 0.8$$

$$阴天：P(\theta_2) = 0.2$$

第二步：预验分析。根据全概率公式计算气象站天气预报结果的概率分布情况。由题可知，气象站的预报精度可以表示为

$$\begin{cases} P(H_1|\theta_1) = 0.95, \ P(H_2|\theta_1) = 0.05 \\ P(H_1|\theta_2) = 0.1, \ P(H_2|\theta_2) = 0.9 \end{cases}$$

因而，气象台预报结果为晴天和阴天的概率分别为

$$P(H_1) = P(H_1|\theta_1)P(\theta_1) + P(H_1|\theta_2)P(\theta_2) = 0.95 \times 0.8 + 0.1 \times 0.2 = 0.78$$

$$P(H_2) = P(H_2|\theta_1)P(\theta_1) + P(H_2|\theta_2)P(\theta_2) = 0.05 \times 0.8 + 0.9 \times 0.2 = 0.22$$

第三步：验后分析。基于气象台的预测信息，运用贝叶斯公式来改进先验分布；随后计算期望收益值，从而给出决策方案。

根据贝叶斯公式，容易得到

$$P(\theta_1|H_1) = \frac{P(H_1|\theta_1)P(\theta_1)}{P(H_1)} = \frac{0.95 \times 0.8}{0.78} = 0.9744$$

$$P(\theta_1|H_2) = \frac{P(H_2|\theta_1)P(\theta_1)}{P(H_2)} = \frac{0.05 \times 0.8}{0.22} = 0.1818$$

$$P(\theta_2|H_1) = \frac{P(H_1|\theta_2)P(\theta_2)}{P(H_1)} = \frac{0.1 \times 0.2}{0.78} = 0.0256$$

$$P(\theta_2|H_2) = \frac{P(H_2|\theta_2)P(\theta_2)}{P(H_2)} = \frac{0.9 \times 0.2}{0.22} = 0.8182$$

接着，计算天气预报条件下的期望收益值，并给出决策意见。

(1) 当预报为晴天时，出海捕鱼的获利期望 $150000 \times 0.9744 - 50000 \times 0.0256 = 144880$ (元)；不出海的获利为 0。此时最优方案为出海。

(2) 当预报为阴天时，出海捕鱼的获利期望 $150000 \times 0.1818 - 50000 \times 0.8182 = -13640$ (元)，不出海的获利为 0。此时最优方案为不出海。

第四步：绘制决策树进行辅助分析，如图 4.3 所示。

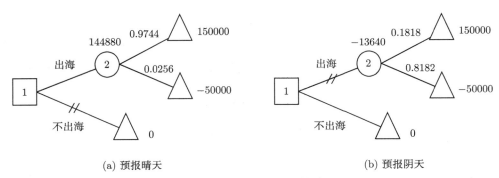

(a) 预报晴天 (b) 预报阴天

图 4.3 渔业公司的决策树

4.2 多属性决策方法

社会经济系统的很多决策问题往往涉及多个属性或指标，在属性权重信息完全未知且属性恒为实数的情况下如何进行决策？多属性决策方法是指在考虑多个属性的情况下，利用已有的决策信息，通过一定的方式对一组 (有限个) 备选方案进行排序，并选择出最优方案的一套决策分析方法，是现代决策科学的一个重要组成部分。一般来说，多属性决策 (综合评价) 有两个显著特点：第一，指标间的不可公度性，即属性之间没有统一量纲，难以用同一标准进行度量；第二，某些指标之间存在一定的矛盾性，某一方案提高了某个指标值，却可能降低另一指标值。因此，如何解决多个指标间的不可公度性和矛盾性，是多属性决策中要解决的主要问题。

设由 m 个备选方案 a_i $(1 \leqslant i \leqslant m)$，$n$ 个决策指标 f_j $(1 \leqslant j \leqslant n)$，$m$ 个方案和 n 个指标构成的矩阵 $X = (x_{ij})_{m \times n}$ 称为决策矩阵。

基于 n 个决策指标，如何选择最优方案？多属性决策问题主要涉及两个步骤：① 决策指标的规范化处理；② 选择合适的多属性决策方法。

4.2.1 决策指标的规范化处理

由于指标体系中指标量纲的多样性，不同指标的量纲是有差异的，例如产值的单位为万元，产量的单位为万吨，投资回收期的单位为年等，指标量纲的差异性无形中给决策评价带来了很多困难。一般来说，常见的指标类型主要包括效益型和成本型，其中效益型指标是指属性值越大越好的属性，成本型指标是指属性值越小越好的属性。效益型指标和成本型指标分别又称为正向指标和逆向指标。为消除指标量纲差异化的影响，在进行决策分析前，首先要进行决策指标的规范化处理。下面主要介绍几种常用的决策指标的规范化处理方法。

1. 向量归一化法

在决策矩阵 $X = (x_{ij})_{m \times n}$ 中，令

$$y_{ij} = \frac{x_{ij}}{\sqrt{\sum_{i=1}^{m} x_{ij}^2}}, \quad 1 \leqslant i \leqslant m; \quad 1 \leqslant j \leqslant n$$

矩阵 $Y = (y_{ij})_{m \times n}$ 称为向量归一标准化矩阵。

矩阵 Y 的列向量的模等于 1，即 $\sum_{i=1}^{m} y_{ij}^2 = 1$。

经过归一化处理后，其指标值均满足 $0 \leqslant y_{ij} \leqslant 1$，并且正、逆向指标的方向没有发生变化，即正向指标归一化变化后，仍是正向指标，逆向指标归一化变换后，仍是逆向指标。

2. 线性比例变化法

在 $X = (x_{ij})_{m \times n}$ 中，对正向指标 f_j，取 $x_j^* = \max\limits_{1 \leqslant i \leqslant m} x_{ij}$，且 $x_j^* \neq 0$，则

$$y_{ij} = \frac{x_{ij}}{x_j^*}, \quad 1 \leqslant i \leqslant m; \quad 1 \leqslant j \leqslant n$$

对于逆向指标 f_j，取 $x_j^* = \min\limits_{1 \leqslant i \leqslant m} x_{ij}$，且 $x_{ij} \neq 0$，则

$$y_{ij} = \frac{x_j^*}{x_{ij}}, \quad 1 \leqslant i \leqslant m; \quad 1 \leqslant j \leqslant n$$

$Y = (y_{ij})_{m \times n}$ 称为线性比例标准化矩阵，经过线性比例变换后，标准化指标满足 $0 \leqslant y_{ij} \leqslant 1$，并且正、逆向指标均化为正向指标，最优值为 1。

3. 极差变化法

在 $X = (x_{ij})_{m \times n}$ 中，对正向指标 f_j，取 $x_j^* = \max\limits_{1 \leqslant i \leqslant m} x_{ij}, x_j^o = \min\limits_{1 \leqslant i \leqslant m} x_{ij}$，则

$$y_{ij} = \frac{x_j^o - x_{ij}}{x_j^o - x_j^*}, \quad 1 \leqslant i \leqslant m; \quad 1 \leqslant j \leqslant n$$

对于逆向指标 f_j，取 $x_j^* = \min\limits_{1 \leqslant i \leqslant m} x_{ij}, x_j^o = \max\limits_{1 \leqslant i \leqslant m} x_{ij}$，则

$$y_{ij} = \frac{x_j^o - x_{ij}}{x_j^o - x_j^*}, \quad 1 \leqslant i \leqslant m; \quad 1 \leqslant j \leqslant n$$

矩阵 $Y = (y_{ij})_{m \times n}$ 称为极差变换标准化矩阵。经过极差变换之后，均有 $0 \leqslant y_{ij} \leqslant 1$，并且正、逆向指标均化为正向指标。

4. 定性指标量化处理方法

在多属性决策指标体系中，有些指标是定性指标，只能作为定性描述，例如可靠性、灵敏度、员工素质等。对定性指标作量化处理，常用的方法是根据问题性质将这些指标划分为若干级别，分别赋以不同的量值。一般可划分为 5 个级别，最优值 10 分，最劣值 0 分，其余级别赋以适当分值。具体分值见表 4.6。

表 4.6　定性指标量化分值表

定性标度	很低	低	一般	高	很高
正向指标	1	3	5	7	9
逆向指标	9	7	5	3	1

例 4.7 某航空公司在国际市场上购买飞机，按 6 个决策指标对不同型号的飞机进行综合评价，这 6 个指标是：最大速度 (f_1)、最大范围 (f_2)、最大负载 (f_3)、费用 (f_4)、可靠性 (f_5)、灵敏度 (f_6)。现有 4 种型号的飞机可供选择，具体指标值见表 4.7。试写出决策矩阵，并进行标准化处理。

表 4.7 四种型号飞机的具体指标

机型	指标					灵敏度
	最大速度/Ma	最大范围/km	最大负载/kg	费用/百万元	可靠性	
a_1	2.0	1500	20000	5.5	一般	很高
a_2	2.5	2700	18000	6.5	低	一般
a_3	1.8	2000	21000	4.5	高	高
a_4	2.2	1800	20000	5.0	一般	一般

解 在决策指标中，f_1，f_2，f_3 是正向指标，f_4 是逆向指标，f_5，f_6 是定性指标。按照表 4.6 的分级量化值，将 f_5，f_6 进行量化处理，得到决策矩阵为

$$X = (x_{ij})_{4\times6} = \begin{bmatrix} 2.0 & 1500 & 20000 & 5.5 & 5 & 9 \\ 2.5 & 2700 & 18000 & 6.5 & 3 & 5 \\ 1.8 & 2000 & 21000 & 4.5 & 7 & 7 \\ 2.2 & 1800 & 20000 & 5.0 & 5 & 5 \end{bmatrix}$$

根据不同的方法作标准化处理。

(1) 向量归一化法。标准化矩阵为

$$Y = (y_{ij})_{4\times6} = \begin{bmatrix} 0.4671 & 0.3662 & 0.5056 & 0.5063 & 0.4811 & 0.6708 \\ 0.5839 & 0.6591 & 0.4550 & 0.5983 & 0.2887 & 0.3127 \\ 0.4204 & 0.4882 & 0.5308 & 0.4143 & 0.6736 & 0.5217 \\ 0.5139 & 0.4392 & 0.5056 & 0.4603 & 0.4811 & 0.3727 \end{bmatrix}$$

(2) 线性比例变换法。标准化矩阵为

$$Y = (y_{ij})_{4\times6} = \begin{bmatrix} 0.80 & 0.56 & 0.95 & 0.82 & 0.71 & 1.00 \\ 1.00 & 1.00 & 0.86 & 0.69 & 0.43 & 0.56 \\ 0.72 & 0.74 & 1.00 & 1.00 & 1.00 & 0.78 \\ 0.88 & 0.67 & 0.95 & 0.90 & 0.71 & 0.56 \end{bmatrix}$$

(3) 极差变换法。标准化矩阵为

$$Y = (y_{ij})_{4\times6} = \begin{bmatrix} 0.28 & 0 & 0.67 & 0.50 & 0.51 & 1.00 \\ 1.00 & 1.00 & 0 & 0 & 0 & 0 \\ 0 & 0.42 & 1.00 & 1.00 & 1.00 & 0.50 \\ 0.57 & 0.52 & 0.67 & 0.25 & 0.50 & 0 \end{bmatrix}$$

下面介绍几种现代管理中常见的评价模型，包括信息熵方法、TOPSIS 法、DEMATEL 方法、模糊综合评价方法、层次分析方法和数据包络分析方法。

4.2.2　信息熵方法

熵的概念最初产生于热力学，它被用来描述运动过程中的一种不可逆现象，后来在信息论中用熵来表示事物出现的不确定性。下面介绍一种基于信息熵的多属性决策方法，具体步骤如下。

第一步：构造决策矩阵 $X = (x_{ij})_{n \times m}$，并利用适当的方法将其规范化为 $R = (r_{ij})_{n \times m}$。

第二步：根据矩阵 $R = (r_{ij})_{n \times m}$，计算归一化矩阵 $\dot{R} = (\dot{r}_{ij})_{n \times m}$，其中

$$\dot{r}_{ij} = \frac{r_{ij}}{\sum\limits_{i=1}^{n} r_{ij}}$$

第三步：利用下面公式，计算属性 u_j 输出的信息熵。

$$E_j = -\frac{1}{\ln n} \sum_{i=1}^{n} \dot{r}_{ij} \ln \dot{r}_{ij}, \quad j = 1, 2, \cdots, m$$

第四步：计算属性权重向量 $\omega = (\omega_1, \omega_2, \cdots, \omega_m)$，其中

$$\omega_j = \frac{1 - E_j}{\sum\limits_{k=1}^{m} (1 - E_k)}$$

第五步：计算方案 a_i 的综合属性值 $z_i(\omega)\,(i = 1, 2, \cdots, n)$，公式如下

$$z_i(\omega) = \sum_{j=1}^{m} r_{ij} \omega_j$$

第六步：根据 $z_i(\omega)$ 的大小对方案进行排序，选择最优方案。

例 4.8　考虑一个购买战斗机问题。现有 4 种飞机可供选样，决策者根据战斗机的性能和费用，考虑了 6 项评价指标 (属性)：μ_1——最大速度 (Ma)，μ_2——飞行范围 (10^3km)，μ_3——最大负载 $(10^4 \text{lb}, 1\text{lb} = 0.45359\text{kg})$，$\mu_4$——购买费用 $(10^6$ 美元$)$，μ_5——可靠性 (十分制)，μ_6——灵敏度 (十分制)。每种飞机的各项属性值如表 4.8 所示，其中 $a_i\,(i = 1, 2, 3, 4)$ 表示四种飞机类型，$\mu_j\,(j = 1, 2, 3, 4, 5, 6)$ 表示 6 项评价指标。

表 4.8　决策矩阵 A

飞机类型	评价指标					
	μ_1	μ_2	μ_3	μ_4	μ_5	μ_6
a_1	2	1.5	2.0	5.5	5	9
a_2	2.5	2.7	1.8	6.5	3	5
a_3	1.8	2	2.1	4.5	7	7
a_4	2.2	1.8	2	5	5	5

解 第一步：首先需要将指标数据进行规范化处理。上述指标中，除购买费用 (μ_4) 为成本型指标外，其他均为效益型指标。效益型指标 $(\mu_1, \mu_2, \mu_3, \mu_5, \mu_6)$ 按照下面公式进行规范化：

$$r_{ij} = \frac{x_{ij}}{\max\limits_{i} x_{ij}}$$

成本型指标 (μ_4) 按照下面公式进行规范化：

$$r_{ij} = \frac{\min\limits_{i} x_{ij}}{x_{ij}}$$

规范化处理后得到规范化矩阵 R，如表 4.9 所示。

表 4.9 规范化矩阵 R

飞机类型	评价指标					
	μ_1	μ_2	μ_3	μ_4	μ_5	μ_6
a_1	0.800	0.556	0.952	0.818	0.714	1.000
a_2	1.000	1.000	0.857	0.692	0.429	0.556
a_3	0.720	0.741	1.000	1.000	1.000	0.778
a_4	0.880	0.667	0.952	0.900	0.714	0.556

第二步：利用归一化计算公式 $\dot{r}_{ij}$ 计算归一化矩阵

$$\dot{R} = \begin{pmatrix} 0.235 & 0.188 & 0.253 & 0.240 & 0.250 & 0.346 \\ 0.294 & 0.337 & 0.228 & 0.203 & 0.150 & 0.192 \\ 0.212 & 0.250 & 0.266 & 0.293 & 0.350 & 0.269 \\ 0.259 & 0.225 & 0.253 & 0.264 & 0.250 & 0.192 \end{pmatrix}$$

第三步：计算属性 μ_j 输出的信息熵，求得

$$E_1 = 0.9947, \quad E_2 = 0.9832, \quad E_3 = 0.9989$$

$$E_4 = 0.9936, \quad E_5 = 0.9703, \quad E_6 = 0.9768$$

第四步：利用属性权重公式，计算属性权重向量，求得

$$\omega = (0.0642, 0.2036, 0.0133, 0.0766, 0.3600, 0.2812)$$

第五步：利用综合属性值计算公式，求出各方案的综合属性值，结果如下

$$z_1(\omega) = 0.7789, \quad z_2(\omega) = 0.6437, \quad z_3(\omega) = 0.8668, \quad z_4(\omega) = 0.6882$$

第六步：根据 $z_i(\omega)$ 的大小对方案进行排序，选择最优方案：

$$a_3 \succ a_1 \succ a_4 \succ a_2$$

因此，最优方案为 a_3，即选择第三种飞机。

4.2.3　TOPSIS 法

TOPSIS 法又称为理想点法，是根据有限个评价对象与理想化目标的接近程度进行排序的方法，它有两个核心的概念："正理想解"和"负理想解"。TOPSIS 法是指在将决策数据进行一系列的归一化处理之后，找出各个条件下的最优方案或目标 (正理想解) 以及最劣方案或目标 (负理想解)，再分别计算出每个方案或目标与最优方案和最劣方案之间的距离，最后求得各方案的相对贴近度，并据此进行排序。根据计算原理可知，TOPSIS 法中方案相对贴近度的取值范围为 0~1，且值越大，方案排序越靠前，反之越靠后。

TOPSIS 法的计算主要包括以下几个步骤。

假设一多属性决策问题有 m 个备选方案 $A_1, A_2, \cdots, A_m$，同时有 n 个评价属性 (指标) $R_1, R_2, \cdots, R_n$，其评价值构成决策矩阵，见表 4.10。

表 4.10　决策矩阵

方案	评价指标			
	R_1	R_2	$\cdots$	R_n
A_1	x_{11}	x_{12}	$\cdots$	x_{1n}
A_2	x_{21}	x_{22}	$\cdots$	x_{2n}
$\vdots$	$\vdots$	$\vdots$		$\vdots$
A_m	x_{m1}	x_{m2}	$\cdots$	x_{mn}

第一步：计算规范决策矩阵。规范值为

$$y_{ij} = \frac{x_{ij}}{\sqrt{\sum_{i=1}^{m} x_{ij}^2}}, \quad i = 1, 2, \cdots, m; \quad j = 1, 2, \cdots, n$$

第二步：计算加权规范决策矩阵。令 ω_j 为第 j 个指标的权重，则加权值为

$$v_{ij} = \omega_j \cdot y_{ij}$$

其中，$\sum_{j=1}^{n} \omega_j = 1$。

第三步：确定正理想解和负理想解。

正理想解：$A^+ = \{v_1^+, v_2^+, \cdots, v_n^+\} = \{(\max v_{ij} \,|\, j \in I), (\min v_{ij} \,|\, j \in J)\}$

负理想解：$A^- = \{v_1^-, v_2^-, \cdots, v_n^-\} = \{(\min v_{ij} \,|\, j \in I), (\max v_{ij} \,|\, j \in J)\}$

其中，I 为效益型属性，J 为成本型属性。

第四步：计算某个方案与正理想解和负理想解的距离。

$$\text{方案 } i \text{ 与正理想解的距离：} d_i^+ = \sqrt{\sum_{j=1}^{n} (v_{ij} - v_j^+)^2}$$

$$\text{方案 } i \text{ 与负理想解的距离：} d_i^- = \sqrt{\sum_{j=1}^{n} (v_{ij} - v_j^-)^2}$$

第五步：计算每个备选方案的相对贴近度，

$$r_i^* = \frac{d_i^-}{d_i^+ + d_i^-}, \quad i = 1, 2, \cdots, m$$

第六步：根据 r_i^*，由大到小对备选方案排序。

例 4.9 有一家庭欲购置一台私家车，经初步调查，确定了 4 个备选车型：A_1，A_2，A_3，A_4。选择时，决策者需要考虑 6 个指标：油耗 (R_1)、功率 (R_2)、价格 (R_3)、安全性 (R_4)、维护性 (R_5)、操纵性 (R_6)。其决策矩阵如表 4.11 所示。

表 4.11　决策矩阵

方案	准则					
	R_1	R_2	R_3	R_4	R_5	R_6
A_1	5	1.4	6	差 (0.3)	中 (0.5)	好 (0.7)
A_2	9	2	30	好 (0.7)	中 (0.5)	很好 (0.9)
A_3	8	1.8	11	中 (0.5)	高 (0.7)	中 (0.5)
A_4	12	2.5	18	好 (0.7)	中 (0.5)	中 (0.5)
权重	0.1	0.1	0.3	0.2	0.2	0.1

解　根据已知条件可以构造出决策矩阵

$$M = \begin{bmatrix} 5 & 1.4 & 6 & 0.3 & 0.5 & 0.7 \\ 9 & 2 & 30 & 0.7 & 0.5 & 0.9 \\ 8 & 1.8 & 11 & 0.5 & 0.7 & 0.5 \\ 12 & 2.5 & 18 & 0.7 & 0.5 & 0.5 \end{bmatrix}$$

接下来使用 TOPSIS 法进行决策分析。

第一步：规范化决策矩阵

$$N = \begin{pmatrix} 0.2822 & 0.3562 & 0.1615 & 0.2611 & 0.4490 & 0.5217 \\ 0.5079 & 0.5088 & 0.8037 & 0.6039 & 0.4490 & 0.6708 \\ 0.4515 & 0.4579 & 0.2960 & 0.4352 & 0.6286 & 0.3727 \\ 0.6772 & 0.6360 & 0.4844 & 0.6093 & 0.4490 & 0.3727 \end{pmatrix}$$

第二步：计算加权规范决策矩阵

$$V = \begin{pmatrix} 0.0282 & 0.0356 & 0.0484 & 0.0522 & 0.0898 & 0.0522 \\ 0.0508 & 0.0509 & 0.2422 & 0.1219 & 0.0898 & 0.0671 \\ 0.0452 & 0.0458 & 0.0888 & 0.0870 & 0.1257 & 0.0373 \\ 0.0677 & 0.0636 & 0.1453 & 0.1219 & 0.0898 & 0.0373 \end{pmatrix}$$

第三步：确定正理想解和负理想解。由题目可知 R_1，R_3 为成本型属性，R_2，R_4，R_5，R_6 为效益型属性。

正理想解：$A^+ = (0.0282, 0.0636, 0.0484, 0.1219, 0.1257, 0.0671)$

负理想解：$A^- = (0.0677, 0.0356, 0.2422, 0.0522, 0.0898, 0.0373)$

第四步：确定每个方案与正理想解和负理想解的距离。

方案 A_1 与正理想解和负理想解的距离：$d_1^+ = 0.0848$，$d_1^- = 0.1983$
方案 A_2 与正理想解和负理想解的距离：$d_2^+ = 0.1987$，$d_2^- = 0.0791$
方案 A_3 与正理想解和负理想解的距离：$d_3^+ = 0.0658$，$d_3^- = 0.1632$
方案 A_4 与正理想解和负理想解的距离：$d_4^+ = 0.1146$，$d_4^- = 0.1225$

第五步：计算各方案的相对贴近度。例如

$$r_1^* = \frac{d_1^-}{d_1^+ + d_1^-} = 0.7005$$

同理可得

$$r_2^* = 0.2847, \quad r_3^* = 0.7127, \quad r_4^* = 0.5167$$

第六步：根据相对贴近度大小对方案进行排序，得出 $A_3 \succ A_1 \succ A_4 \succ A_2$，所以应选择方案 A_3。

4.2.4 DEMATEL 方法

决策实验与评价实验室 (decision making trial and evaluation laboratory) 法简称为 DEMATEL 方法，是一种复杂系统因素分析方法。该方法基于图论和矩阵工具，通过对复杂系统中因素之间的相互影响关系构造直接影响矩阵，进而计算各因素的影响度、被影响度、原因度和中心度四个值来揭示复杂系统中因素之间的因果关系并辨析关键要素。DEMATEL 方法能够有效识别因素之间的因果关系，因而对管理者识别关键因素的决策行为具有高效辅助作用。

DEMATEL 方法的运算过程可分为以下几个步骤。

第一步：建立初始直接影响矩阵 A。

采用专家意见法收集相关数据：要求相关领域专家独立地通过 5 级量表 (0 为无影响、1 为低影响、2 为中影响、3 为高影响、4 为极高影响) 对指标间的影响程度进行双向打分，从而得知其相互影响程度。随后，将所有受访者的评分值进行算术平均，即可以得到以矩阵形式表示的直接影响矩阵

$$A = \begin{bmatrix} a_{11} & \cdots & a_{1j} & \cdots & a_{1n} \\ \vdots & & \vdots & & \vdots \\ a_{i1} & \cdots & a_{ij} & \cdots & a_{in} \\ \vdots & & \vdots & & \vdots \\ a_{n1} & \cdots & a_{nj} & \cdots & a_{nn} \end{bmatrix}$$

其中，a_{ij} 表示指标 i 对于指标 j 的影响程度。

第二步：建立标准化影响矩阵 N。

对初始直接影响矩阵 A 进行标准化处理，将矩阵中的所有元素都标准化至 $[0,1]$，从而得到标准化影响矩阵 N。矩阵标准化公式如下所示。

$$N = A/s$$

$$s = \max\left(\max_{1 \leqslant j \leqslant n} \sum_{i=1}^{n} a_{ij}, \max_{1 \leqslant i \leqslant n} \sum_{j=1}^{n} a_{ij}\right)$$

第三步：计算综合影响矩阵 T。

系统中指标之间的相互影响由直接影响与间接影响两部分共同构成，间接影响矩阵是一组由标准化影响矩阵反复自乘得到的递减矩阵数列，即 $\{N^2, N^3, \cdots, N^h\}$，同时满足 $\lim\limits_{h \to \infty} \left(1 + \dfrac{1}{n}\right) N^h = [0]_{n \times n}$。综合影响矩阵 T 为初始直接影响矩阵和间接影响矩阵的加和，即

$$T = N + N^2 + N^3 + \cdots + N^h = N(I - N)^{-1}$$

其中，I 为主对角线上元素均为 1 且其余元素均为 0 的单位矩阵。

第四步：计算中心度与原因度，并绘制影响网络关系图 (influential network relation map, INRM)。

对综合影响矩阵 T 中的各行和各列分别加总求和，记为 r 和 c，计算公式分别如下所示

$$r = \left[\sum_{j=1}^{n} t_{ij}\right] = (r_i)_{n \times 1} = (r_1, r_2, \cdots, r_n)^{\mathrm{T}}$$

$$c = \left[\sum_{i=1}^{n} t_{ij}\right] = (c_j)_{1 \times n} = (c_1, c_2, \cdots, c_n)$$

r_i 表示指标 i 对其他指标直接和间接影响程度的综合；c_i 表示指标 i 被其他指标影响的总和。而指标之间的影响及被影响的总程度称为中心度，可用 $(r_i + c_i)$ 表示，该值越大则表明指标 i 影响其他指标并被其他指标影响的程度越大。指标间的因果关系程度称为原因度，可用 $(r_i - c_i)$ 表示，若该值大于 0，表示指标 i 对其他指标的影响度大，将指标 i 归为原因要素；若该值小于 0，表示指标 i 受其他指标的影响度大，将指标 i 归为结果要素。由此可以绘制指标间的因果关系表。

例 4.10　大学生创业瓶颈问题分析。越来越多的大学生选择在毕业后走上自主创业的道路，稳健增长的青年创业逐步成为缓解就业压力、助力乡村振兴、推动中国经济社会高质量发展的重要力量。为了科学合理地找出大学生创业瓶颈关键因素，采用 DEMATEL 方法进行多属性综合评价。经过准确、客观筛选，最终选取了 6 个评价指标，如表 4.12 所示；邀请相关学者对指标间相互影响程度进行打分。

表 4.12　创业瓶颈因素指标集

指标	含义
F_1	市场开放性
F_2	政策对创业的扶持程度
F_3	个人技能
F_4	资金情况
F_5	基建普及度
F_6	数字技术发展水平

解　第一步：建立初始直接影响矩阵 A。通过访谈、电子邮件等方式邀请水平相近的四位专家独立进行评分，在获取所选指标间相互影响的数据后，采用算术平均法获得大学生创业瓶颈评价指标间的初始直接影响矩阵 A，如表 4.13 所示。

表 4.13　初始直接影响矩阵 A

指标	F_1	F_2	F_3	F_4	F_5	F_6
F_1	0.00	1.50	1.00	1.75	1.75	3.50
F_2	2.25	0.00	0.25	3.00	1.75	3.75
F_3	1.00	0.75	0.00	3.25	0.25	3.25
F_4	0.75	1.25	0.75	0.00	1.50	3.50
F_5	2.50	1.75	0.00	0.50	0.00	2.00
F_6	0.00	0.00	0.00	0.50	0.00	0.00

第二步：建立标准化影响矩阵 N。对初始直接影响矩阵 A 中的元素进行标准化处理，即对矩阵 A 中的每一个元素除以其最大行列之和，得到的标准化影响矩阵 N 如表 4.14 所示。

表 4.14　标准化影响矩阵 N

指标	F_1	F_2	F_3	F_4	F_5	F_6
F_1	0.00	0.09	0.06	0.11	0.11	0.22
F_2	0.14	0.00	0.02	0.19	0.11	0.23
F_3	0.06	0.05	0.00	0.20	0.02	0.20
F_4	0.05	0.08	0.05	0.00	0.09	0.22
F_5	0.16	0.11	0.00	0.03	0.00	0.13
F_6	0.00	0.00	0.00	0.03	0.00	0.00

第三步：计算综合影响矩阵 T。计算标准化影响矩阵 N 与 $(I-N)$ 逆的乘积，以得到综合影响矩阵 T。其中，I 为主对角线值均为 1 且其余元素均为 0 的单位矩阵。所得到的综合影响矩阵 T 如表 4.15 所示。

表 4.15　综合影响矩阵 T

指标	F_1	F_2	F_3	F_4	F_5	F_6
F_1	0.05	0.13	0.08	0.17	0.15	0.33
F_2	0.19	0.06	0.04	0.24	0.16	0.37
F_3	0.10	0.08	0.02	0.24	0.06	0.31
F_4	0.09	0.11	0.06	0.05	0.12	0.30
F_5	0.19	0.14	0.02	0.09	0.04	0.23
F_6	0.00	0.00	0.00	0.03	0.00	0.01

第四步：计算中心度与原因度。计算综合影响矩阵 T 中各行各列的和，分别记为 r 和 c，从而得到各指标的中心度 $(r_i + c_i)$ 和原因度 $(r_i - c_i)$，指标因果关系如表 4.16 所示。

表 4.16　因果关系表

指标	结果			
	r	c	$r_i + c_i$	$r_i - c_i$
F_1	0.91	0.62	1.53	0.29
F_2	1.06	0.52	1.58	0.54
F_3	0.81	0.22	1.03	0.59
F_4	0.73	0.82	1.55	-0.09
F_5	0.71	0.53	1.24	0.18
F_6	0.04	1.55	1.59	-1.51

基于因果关系表，将微观层面各指标按中心度 $(r_i + c_i)$ 与原因度 $(r_i - c_i)$ 的值置于原点为 $O(0,0)$ 的坐标中，绘制因果关系图，如图 4.4 所示。

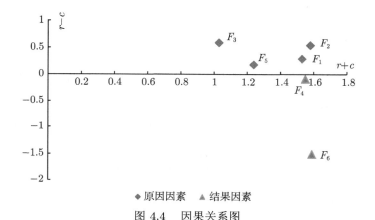

图 4.4　因果关系图

首先，根据均值计算得到青年创业瓶颈因素的平均中心度为 1.42，中心度 $(r + c)$ 值高于 1.42 的指标均可纳入到关键要素识别的范围之内，即市场开放性 (F_1)、政策对创业的扶持程度 (F_2)、资金情况 (F_4) 和数字技术发展水平 (F_6)。其中，$F_6 > F_2 > F_4 > F_1$。在原因度表现上，数字技术发展水平 (F_6) 依旧是最关键的指标。原因度大于 0 的因素为原因因素，对原因因素进行排序：$F_3 > F_2 > F_1 > F_5$；原因度小于 0 的因素为结果因素，结果因素的排序结果为 $F_6 > F_4$。

通过对因果关系的识别，最终得到关键影响因素，即市场开放性 (F_1) 和政策对创业的扶持程度 (F_2)。

4.2.5　模糊综合评价方法

模糊综合评价法是一种基于模糊数学隶属度理论的综合评价方法。该方法能够运用模糊数学对受到多种因素制约的事物进行清晰系统的评价，因此能够较好地解决模糊的难以量化的问题，适合各种非确定性问题的解决。模糊综合评价法主要包括六个步骤。

第一步：确定评价对象的因素指标集合。找到目标评价对象的评价指标有 m 个，用 U 进行集合表示，即

$$U = (u_1, u_2, \cdots, u_m)$$

第二步：确定评语等级集合。将收集到的 n 条评语进行等级划分，每一个等级可对应一个模糊子集，用 V 进行集合表示，即

$$V = (v_1, v_2, \cdots, v_n)$$

第三步：构建模糊关系矩阵。将被评对象逐个在每个因素 u_i $(i = 1, 2, \cdots, m)$ 上进行量化，即确定从单因素来看被评价对象对等级模糊子集的隶属度 $(R|u_i)$，进而得到模糊关系矩阵 R，即

$$R = \begin{bmatrix} R|u_1 \\ R|u_2 \\ \vdots \\ R|u_m \end{bmatrix} = \begin{bmatrix} r_{11} & r_{12} & \cdots & r_{1n} \\ r_{21} & r_{22} & \cdots & r_{2n} \\ \vdots & \vdots & & \vdots \\ r_{m1} & r_{m2} & \cdots & r_{mn} \end{bmatrix}$$

其中，r_{ij} 表示因素 u_i 在评语等级 v_j 上的隶属度 $(i = 1, 2, \cdots, m; j = 1, 2, \cdots, n)$，$\sum r_{ij} = 1$。

第四步：确定评价因素权重。在模糊综合评价法中，评价因素的权重向量用 A 进行表示

$$A = (a_1, a_2, \cdots, a_m)$$

权重集合 A 中的元素 a_i 表示因素 u_i 对模糊子集的隶属度。

第五步：合成模糊综合评价结果向量。将评价因素的权重矩阵 A 与模糊关系矩阵 R 进行合成，从而得到模糊综合评价结果向量 B，即

$$B = (b_1, b_2, \cdots, b_m) = A \times R = (a_1, a_2, \cdots, a_m) \begin{bmatrix} r_{11} & r_{12} & \cdots & r_{1n} \\ r_{21} & r_{22} & \cdots & r_{2n} \\ \vdots & \vdots & & \vdots \\ r_{m1} & r_{m2} & \cdots & r_{mn} \end{bmatrix}$$

第六步：对模糊综合评价结果向量进行分析。基于最大隶属度原则，对多个被评价对象依据其等级位置进行排序。

例 4.11 景区游客满意度评价问题。游客满意度是指游客对于游玩目的期望与实际游览后的体验结果进行比较后，产生的一种心理状态。运用模糊综合评价法进行游客满意度评价，发现影响景区游客满意度的显著因子，探讨基于游客满意度的景区发展策略。

解 第一步：确定游客满意度评价指标集。

评价指标集包含基础设施、游客体验和景观环境 3 个准则层。因此，$U = (u_1, u_2, u_3)$，其中每一个 u_i 又分别由下一级评价因子 u_{ij} 组成。具体游客满意度评价指标如表 4.17 所示。

第二步：确定评语等级集合。

将游客对于评价指标的满意度划分为很满意、满意、一般、不满意和很不满意五类，即

$$V = (v_1, v_2, v_3, v_4, v_5)$$

表 4.17 游客满意度评价指标表

目标层	准则层	评价因子层
		休憩设施
	基础设施	公厕、垃圾桶
		引导标识
		交通状况
景区游客满意度		游乐活动
	游客体验	游乐价格
		餐饮价格
	景观环境	艺术景观
		卫生环境

第三步：构建模糊关系矩阵。

基于评语等级获取游客满意度问卷调查评分数据，如表 4.18 所示。通过计算每个评价指标在不同评语等级上的隶属度，得到模糊关系矩阵 R。以游乐价格为例，在所获得的 320 份问卷中有 40 份问卷给出了"很满意"的评价，因此，游乐价格指标在 v_1 上的隶属度为 0.125。

表 4.18 游客满意度问卷调查评分数据汇总表

评价指标	很满意	满意	一般	不满意	很不满意
休憩设施	110	124	56	26	4
公厕、垃圾桶	90	118	84	24	4
引导标识	78	120	92	20	10
交通状况	110	130	60	16	4
游乐活动	92	102	108	14	4
游乐价格	40	54	132	66	28
餐饮价格	30	42	128	88	32
艺术景观	112	118	62	24	4
卫生环境	108	130	70	10	2

因而，计算得出的基础设施、游客体验和景观环境准则层的模糊关系矩阵分别如下所示

$$R_1 = \begin{bmatrix} 0.344 & 0.388 & 0.175 & 0.081 & 0.013 \\ 0.281 & 0.369 & 0.263 & 0.075 & 0.013 \\ 0.244 & 0.375 & 0.288 & 0.063 & 0.031 \\ 0.344 & 0.406 & 0.188 & 0.050 & 0.013 \end{bmatrix}$$

$$R_2 = \begin{bmatrix} 0.288 & 0.319 & 0.338 & 0.044 & 0.013 \\ 0.125 & 0.169 & 0.413 & 0.206 & 0.088 \\ 0.094 & 0.131 & 0.400 & 0.275 & 0.100 \end{bmatrix}$$

$$R_3 = \begin{bmatrix} 0.350 & 0.369 & 0.194 & 0.075 & 0.013 \\ 0.338 & 0.406 & 0.219 & 0.031 & 0.006 \end{bmatrix}$$

第四步：指标权重的确认。

采用对比排序法获取游客对指标的真实反馈，通过问卷调查的形式让受访游客在 3 个准则及各准则下的评价指标中勾选出自己认为最重要的一项指标，每项指标被选一次记一分，最后每一项所占总分的比重即为该项权重。以基础设施为例，在被调查的 320 位游客中，有 122 位游客认为基础设施是三项准则中最重要的，根据百分比可得基础设施的权重为 0.387。各项指标汇总结果如表 4.19 所示。

表 4.19　各项评价指标权重表

目标层	准则层	权重	评价因子层	权重
景区游客满意度	基础设施	0.387	休憩设施	0.323
			公厕、垃圾桶	0.161
			引导标识	0.355
			交通状况	0.161
	游客体验	0.161	游乐活动	0.516
			游乐价格	0.323
			餐饮价格	0.161
	景观环境	0.452	艺术景观	0.677
			卫生环境	0.323

第五步：计算模糊综合评价结果向量。由表 4.19 可得

$$A_1 = (0.323, 0.161, 0.355, 0.161)$$
$$A_2 = (0.516, 0.323, 0.161)$$
$$A_3 = (0.677, 0.323)$$
$$A = (0.387, 0.161, 0.452)$$

根据 $B = (B_1, B_2, B_3)$，依次将各准则层的指标权重向量与模糊关系矩阵相乘，得到模糊综合评价结果向量。

$$B_1 = A_1 \times R_1 = (0.298, 0.383, 0.231, 0.069, 0.019)$$
$$B_2 = A_2 \times R_2 = (0.204, 0.240, 0.372, 0.134, 0.051)$$
$$B_3 = A_3 \times R_3 = (0.346, 0.381, 0.202, 0.061, 0.011)$$

同理，得到游客满意度模糊综合评价的最终评价集。

$$D = A \times B = (0.305, 0.359, 0.241, 0.076, 0.021)$$

第六步：模糊综合评价结果分析。根据最大隶属度原则，顾客总体满意度为"满意"。而在三项准则中游客对于景观环境的满意度最高，基础设施次之，游客体验最低，因而景区应该在调整景点餐饮价格、扩充游乐设施方面加大改进力度。

4.2.6　层次分析方法

层次分析法 (analytic hierarchy process，AHP) 是美国运筹学专家 Saaty 于 20 世纪 70 年代提出的一种定性与定量分析相结合的评价方法。该方法力求避开复杂的数学建模方法进

行复杂问题的决策，其原理是将复杂的问题逐层分解为若干元素，组成一个相互关联和具有隶属关系的层次结构模型，对各元素进行判断，以获得各元素的重要性。层次分析法也常与 4.2.5 节的模糊综合评价方法进行组合使用，以确定模糊评价问题中的因素权重。层次分析法主要包括四个步骤。

第一步：分析系统中各因素间的关系，确定决策问题的目标层、准则层和方案层，建立系统的递阶层次分析结构，如图 4.5 所示。

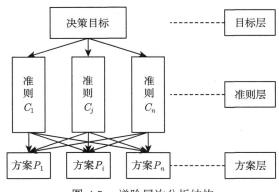

图 4.5　递阶层次分析结构

第二步：对同一层次各元素关于上一层次中某一准则的重要性进行两两比较，构造两两比较的判断矩阵。

判断矩阵表示本层与上层有关联的各要素之间的相对优越程度，构造一系列的两两比较判断矩阵。例如，方案层 $P_1, P_2, \cdots, P_n$ 与上一层准则 C_k 有关联。建立各个方案关于准则 C_k 的判断矩阵如下

$$A = \begin{bmatrix} a_{11} & a_{12} & \cdots & a_{1n} \\ a_{21} & a_{22} & \cdots & a_{2n} \\ \vdots & \vdots & & \vdots \\ a_{n1} & a_{n2} & \cdots & a_{nn} \end{bmatrix}$$

其中，a_{ij} 表示对于准则 C_k 而言，方案 P_i 与 P_j 比较而得到的相对重要程度或优越性。a_{ij} 的取值是根据资料、统计数据、征求专家意见以及系统分析员的经验而确定的。判断矩阵 A 具有如下性质：① $a_{ij} > 0$；② $a_{ji} = 1/a_{ij}$；③ $a_{ii} = 1$。所以矩阵 A 为正互反判断矩阵。根据判断矩阵的互反性，在 n 阶判断矩阵中，仅需给出判断矩阵的上 (或下) 三角的 $n(n-1)/2$ 个判断数据即可。

对于某些定性指标，如评价一个产品好坏，可能给出三个评价结果：好、很好、非常好。这种定性指标可以采用层次分析法的标度法进行定量表述，标度法赋值方法如表 4.20 所示。

第三步：由判断矩阵计算被比较元素对该准则的相对权重，并进行判断矩阵的一致性检验。

对给出的判断矩阵还要做一致性检验，检验步骤如下。

(1) 计算一致性指标：$\mathrm{CI} = \dfrac{\lambda_{\max} - n}{n - 1}$，$\lambda_{\max}$ 为矩阵 A 的最大特征值。

(2) 计算一致性比率：$\text{CR} = \dfrac{\text{CI}}{\text{RI}}$，当 CR < 0.1 时认为判断矩阵 A 符合一致性要求，否则要调整。

表 4.20　(1～9) 标度法及含义

标度 a_{ij}	含义
1	元素 i 与 j 具有相同重要性
3	元素 i 比 j 稍微重要
5	元素 i 比 j 明显重要
7	元素 i 比 j 强烈重要
9	元素 i 比 j 极端重要
2, 4, 6, 8	上述相邻判断的中间值

其中，随机一致性指标 RI 和判断矩阵的阶数有关，一般情况下，矩阵阶数越大，出现一致性随机偏离的可能性也越大，其对应关系如表 4.21 所示。

表 4.21　平均随机一致性指标 RI 标准值

矩阵阶数	1	2	3	4	5	6	7	8	9	10
RI	0	0	0.58	0.90	1.12	1.24	1.32	1.41	1.45	1.49

第四步：计算各层次对于系统的总排序权重，并进行排序。最后，得到各方案对于总目标的总排序。

计算同一层次所有因素对最高层 (总目标) 相对重要性的排序权重，称为层次总排序，这一过程是由高层次到低层次逐层进行的。最底层 (方案层) 得到的层次总排序，就是 n 个被评价方案的总排序。若上一层次 A 包含 m 个因素 $A_1, A_2, \cdots, A_m$，其层次总排序权值分别为 $a_1, a_2, \cdots, a_m$，下一层次 B 包含 n 个因素 $B_1, B_2, \cdots, B_n$，它们对于因素 A_j 的层次单排序的权值分别为 $b_{1j}, b_{2j}, \cdots, b_{nj}$ (当 B_k 与 A_j 无关时，取 b_{kj} 为 0)，此时层次 B 的总排序权值由表 4.22 给出。

表 4.22　层次 B 的总排序权值表

层次 B ＼ 层次 A	A_1	A_2	$\cdots$	A_m	层次 B 总排序
	a_1	a_2	$\cdots$	a_m	
B_1	b_{11}	b_{12}	$\cdots$	b_{1m}	$\sum\limits_{j=1}^{m} a_j b_{1j}$
$\vdots$	$\vdots$	$\vdots$		$\vdots$	$\vdots$
B_n	b_{n1}	b_{n2}	$\cdots$	b_{nm}	$\sum\limits_{j=1}^{m} a_j b_{nj}$

如果层次 B 中某些因素对于 A_j 的一致性指标为 CI_j，相应地，平均随机一致性指标为 RI_j，则层次 B 的总排序一致性比例为

$$\text{CR} = \dfrac{\sum\limits_{j=1}^{m} a_j \text{CI}_j}{\sum\limits_{j=1}^{m} a_j \text{RI}_j}$$

AHP 最终得到方案层各决策方案相对于总目标的权重，并给出这一组权重所依据整个递阶层次结构所有判断的总一致性指标，据此，决策者可以做出决策。

4.2.7 数据包络分析方法

数据包络分析 (data envelopment analysis，DEA) 法，就是以相对效率概念为基本原理，以数学规划和凸分析为主要工具，以优化为主要思想产生的一种多指标综合效率评价方法。1978 年，著名运筹学家 Charnes 等首次提出 C^2R (Charnes, Cooper, Rhodes; CCR) 模型，丰富了微观经济中的生产函数理论及其应用技术，同时在避免主观因素、简化算法、减少误差等方面有着不可低估的优越性。DEA 方法现已成为管理科学、系统工程、决策分析和评价技术等领域中一种常用的分析工具和研究手段。

DEA 方法的基本原理具体是设有 n 个决策单元 $\mathrm{DMU}_j(j=1,2,\cdots,n)$，它们的投入、产出向量分别为

$$X_j = (x_{1j}, x_{2j}, \cdots, x_{mj})^{\mathrm{T}} > 0, \quad Y_j = (y_{1j}, y_{2j}, \cdots, y_{sj})^{\mathrm{T}} > 0, \quad j = 1, 2, \cdots, n$$

由于在生产过程中各种投入和产出的地位与作用各不相同，要对 DMU 进行评价，必须对它的投入和产出进行"综合"，即把它们看作只有一个投入总体和一个产出总体的生产过程，这样就需要赋予每个投入和产出恰当的权重。假设投入、产出的权向量分别为

$$v = (v_1, v_2, \cdots, v_m)^{\mathrm{T}}$$

和

$$u = (u_1, u_2, \cdots, u_s)^{\mathrm{T}}$$

从而可以获得如图 4.6 的表示。

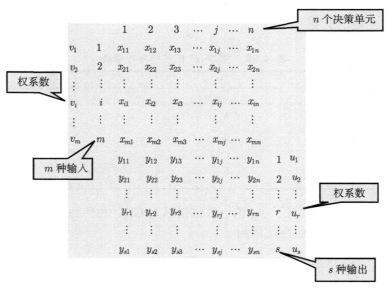

图 4.6 DEA 表示图

具体符号含义如表 4.23 所示。其中，$i = 1, 2, \cdots, m; r = 1, 2, \cdots, s; j = 1, 2, \cdots, n$。

表 4.23　符号含义

符号名称	含义
x_{ij}	第 j 个决策单元对第 i 种类型输入的投入总量，$x_{ij}>0$
y_{rj}	第 j 个决策单元对第 r 种类型输出的产出总量，$y_{rj}>0$
v_i	对第 i 种类型输入的一种度量，权系数
u_r	对第 r 种类型输出的一种度量，权系数

1. 基于不变规模收益的模型——C²R 模型

定义 4.1　称 h_j 为第 j 个决策单元 DMU_j 的效率评价指数，其中

$$h_j = \frac{u^{\mathrm{T}}y_i}{v^{\mathrm{T}}x_j} = \frac{\sum\limits_{r=1}^{s} u_r y_{rj}}{\sum\limits_{i=1}^{m} v_i x_{ij}}, \quad j = 1, 2, \cdots, n$$

根据定义 4.1 可知，我们总能够选取适当的权向量使得 $h_j \leqslant 1$。如果想了解某个决策单元 $\mathrm{DMU}_{j_o}(j_o \in \{1, 2, \cdots, n\})$ 在这 n 个决策单元中是不是相对 "最优" 的，可以考察当 u 和 v 尽可能地变化时，h_{j_o} 的最大值究竟为多少。为了测得 h_{j_o} 的值，Charnes 等于 1978 年提出了如下的 C²R 模型。

$$\max \quad h_{j_o} = \frac{\sum\limits_{r=1}^{s} u_r y_{rj_o}}{\sum\limits_{i=1}^{m} v_i x_{ij_o}}$$

$$\text{s.t.} \quad \frac{\sum\limits_{r=1}^{s} u_r y_{rj}}{\sum\limits_{i=1}^{m} v_i x_{ij}} \leqslant 1, \quad j = 1, 2, \cdots, n, \ u \geqslant 0, v \geqslant 0$$

利用 Charnes 和 Cooper 提出的分式规划的 Charnes-Cooper 变换：$t = \dfrac{1}{v^{\mathrm{T}}x_o}, w = tv, \mu = tu$，由 $t = \dfrac{1}{v^{\mathrm{T}}x_o} \Rightarrow w^{\mathrm{T}}x_o = 1$，可以得到如下线性规划模型 P：

$$\max \quad h_{j_o} = \mu^{\mathrm{T}}y_o$$

$$\text{s.t.} \quad \begin{cases} w^{\mathrm{T}}x_j - \mu^{\mathrm{T}}y_j \geqslant 0, & j = 1, 2, \cdots, n \\ w^{\mathrm{T}}x_o = 1 \\ w \geqslant 0, \quad \mu \geqslant 0 \end{cases}$$

根据线性规划的相关基本理论，可知模型 P 的对偶问题表达形式 D'：

$$\min \quad \theta$$

$$\text{s.t.} \begin{cases} \sum_{j=1}^{n} \lambda_j x_j \leqslant \theta x_o \\ \sum_{j=1}^{n} \lambda_j y_j \geqslant y_o \\ \lambda_j \geqslant 0, \quad j = 1, 2, \cdots, n; \ \theta \ \text{无约束} \end{cases}$$

为了讨论和计算应用方便，进一步引入松弛变量 s^+ 和剩余变量 s^-，将上面的不等式约束变为等式约束，可得到规划模型 D：

$$\min \quad \theta$$

$$\text{s.t.} \begin{cases} \sum_{j=1}^{n} \lambda_j x_j + s^+ = \theta x_o \\ \sum_{j=1}^{n} \lambda_j y_j - s^- = \theta y_o \\ \lambda_j \geqslant 0, \quad j = 1, 2, \cdots, n, \ s^+ \geqslant 0, \ s^- \leqslant 0; \ \theta \ \text{无约束} \end{cases}$$

将上述规划 (D) 直接定义为规划 (P) 的对偶规划。

根据上述模型给出被评价决策单元 DMU_{j_o} 有效性的定义及相关定理。

定理 4.1 线性规划 (P) 和对偶规划 (D) 均存在可行解，所以都存在最优值。假设它们的最优值分别为 $h_{j_o}^*$ 与 θ^*，则有 $h_{j_o}^* = \theta^*$。

定义 4.2 若线性规划 (P) 的最优值 $h_{j_o}^* = 1$，则称决策单元 DMU_{j_o} 为弱 DEA 有效。

定义 4.3 若线性规划 (P) 的解中存在 $w^* > 0$，$\mu^* > 0$，且最优值 $h_{j_o}^* = 1$，则称决策单元 DMU_{j_o} 为 DEA 有效。

定理 4.2 DMU_{j_o} 为弱 DEA 有效的充要条件是线性规划 (D) 的最优值 $\theta^* = 1$；DMU_{j_o} 为 DEA 有效的充要条件是线性规划 (D) 的最优值 $\theta^* = 1$，且对于每个最优解 λ^*，都有 $s^{*+} = 0$，$s^{*-} = 0$。

我们能够用 C^2R 模型判定是否同时技术有效和规模有效。

(1) $\theta^* = 1$，且 $s^{*+} = 0$，$s^{*-} = 0$，则决策单元 j_o 为 DEA 有效，决策单元的经济活动同时为技术有效和规模有效。

(2) $\theta^* = 1$，但至少某个输入或者输出大于 0，则决策单元 j_o 为弱 DEA 有效，决策单元的经济活动不是同时为技术效率最佳和规模最佳。

(3) $\theta^* < 1$，决策单元 j_o 不是 DEA 有效，经济活动的技术效率和规模都不是最佳。

还可以用 C^2R 模型中的 $\lambda_j (j = \{1, 2, \cdots, n\})$ 判断 DMU 的规模收益情况。

(1) 如果存在 λ_j^* 使得 $\sum \lambda_j^* = 1$，则 DMU 为规模收益不变。

(2) 如果不存在 λ_j^* 使得 $\sum \lambda_j^* = 1$，若 $\sum \lambda_j^* < 1$，则 DMU 为规模收益递增。

(3) 如果不存在 λ_j^* 使得 $\sum \lambda_j^* = 1$，若 $\sum \lambda_j^* > 1$，则 DMU 为规模收益递减。

对于非 DEA 有效的决策单元，有三种方式可以将决策单元改进为有效决策单元：保持产出不变减少投入；保持投入不变增大产出；减少投入的同时也增大产出。

例 4.12　企业生产效率问题。已知甲、乙、丙三家同行企业，为评价其相对生产率，取投入要素为固定资产 K 和员工 L，产出项目为净产值 Y，有关数据如表 4.24 所示。试比较它们的有效性。

表 4.24　数据信息

企业	输入 K/亿元	输入 L/($\times 10^3$ 人)	输出 Y/亿元
甲	1.5	4	5
乙	1	3	4
丙	3	7	8

解　第一步：企业生产效率的指标体系构建。

题中以甲、乙、丙三家同行企业的生产效率为研究对象，故研究目标群体中共有 3 个决策单元，选取的投入指标为固定资产和员工，产出指标为项目净产值。

第二步：$\mathrm{C^2R}$ 模型构建，依次构建以甲、乙和丙所对应的 $\mathrm{C^2R}$ 模型。

(1) 甲企业对应的 $\mathrm{C^2R}$ 模型为

$$\min \quad \theta$$
$$\text{s.t.} \begin{cases} 1.5\lambda_1 + \lambda_2 + 3\lambda_3 + s_1^- = 1.5\theta \\ 4\lambda_1 + 3\lambda_2 + 7\lambda_3 + s_2^- = 4\theta \\ 5\lambda_1 + 4\lambda_2 + 8\lambda_3 - s_3^+ = 5 \\ \lambda_j \geqslant 0, \quad j=1,2,3; \ s_1^- \geqslant 0, \ s_2^- \leqslant 0, \ s_3^+ \geqslant 0 \end{cases}$$

(2) 乙企业对应的 $\mathrm{C^2R}$ 模型为

$$\min \quad \theta$$
$$\text{s.t.} \begin{cases} 1.5\lambda_1 + \lambda_2 + 3\lambda_3 + s_1^- = 1\theta \\ 4\lambda_1 + 3\lambda_2 + 7\lambda_3 + s_2^- = 3\theta \\ 5\lambda_1 + 4\lambda_2 + 8\lambda_3 - s_3^+ = 4 \\ \lambda_j \geqslant 0, \quad j=1,2,3; \ s_1^- \geqslant 0, \ s_2^- \leqslant 0, \ s_3^+ \geqslant 0 \end{cases}$$

(3) 丙企业对应的 $\mathrm{C^2R}$ 模型为

$$\min \quad \theta$$
$$\text{s.t.} \begin{cases} 1.5\lambda_1 + \lambda_2 + 3\lambda_3 + s_1^- = 3\theta \\ 4\lambda_1 + 3\lambda_2 + 7\lambda_3 + s_2^- = 7\theta \\ 5\lambda_1 + 4\lambda_2 + 8\lambda_3 - s_3^+ = 8 \\ \lambda_j \geqslant 0, \quad j=1,2,3; \ s_1^- \geqslant 0, \ s_2^- \leqslant 0, \ s_3^+ \geqslant 0 \end{cases}$$

第三步：模型求解。基于运筹学线性模型求解方法，对于第二步中所建立的三个模型依次进行求解可得：

(1) 对于甲企业而言，其模型最优解为

$$\lambda_o = (0, 1.25, 0)^{\mathrm{T}}, \quad \theta^o = 0.93, \quad s_1^- = 0.15, \quad s_2^- = s_3^+ = 0$$

(2) 对于乙企业而言，其模型最优解为

$$\lambda_o = (0, 1, 0)^\mathrm{T}, \quad \theta^o = 1, \quad s_1^- = s_2^- = s_3^+ = 0$$

(3) 对于丙企业而言，其模型最优解为

$$\lambda_o = (0, 0.85, 0)^\mathrm{T}, \quad \theta^o = 0.85, \quad s_1^- = 0.57, \quad s_2^- = s_3^+ = 0$$

第四步：结果分析。

根据模型求解结果可以看出，乙企业的相对生产率最高，丙企业的相对生产率最低。

2. 基于可变规模收益的模型——BC^2 模型

$\mathrm{C^2R}$ 模型是假设生产过程属于固定规模收益，即当投入量以等比例增加时，产出量应以等比增加。然而，实际的生产过程亦可能属于规模报酬递增或者规模报酬递减的状态。为了分析决策单元的规模报酬变化情况，Banker 等以生产可能集的四个公理以及 Shepard 距离函数为基础，在 1984 年提出了一个可变规模收益的模型，后被称为 BC^2 (Banker, Charnes, Cooper; BCC) 的模型。线性形式的 BC^2 模型可表示为

$$\max \quad \sum_{r=1}^{s} \mu_r y_{ro} - u_o$$

$$\text{s.t.} \begin{cases} \displaystyle\sum_{i=1}^{m} \omega_i x_{io} = 1 \\ \displaystyle\sum_{r=1}^{s} \mu_r y_{rj} - \sum_{i=1}^{m} \omega_i x_{ij} - u_o \leqslant 0, \quad j = 1, \cdots, n \\ \mu_r, \omega_i \geqslant 0, \quad r = 1, \cdots, s; \ i = 1, \cdots, m \end{cases}$$

含松弛变量形式的 BC^2 对偶模型为

$$\max \quad \theta_o - \varepsilon \left(\sum_{i=1}^{m} s_i^- + \sum_{r=1}^{s} s_r^+ \right)$$

$$\text{s.t.} \begin{cases} \displaystyle\sum_{j=1}^{n} x_{ij}\lambda_j + s_i^- = \theta_o x_{io}, \quad i = 1, \cdots, m \\ \displaystyle\sum_{j=1}^{n} y_{rj}\lambda_j - s_r^+ = y_{ro}, \quad r = 1, \cdots, s \\ \displaystyle\sum_{j=1}^{n} \lambda_j = 1 \\ \lambda_j, s_i^-, s_r^+ \geqslant 0, \quad \forall i, j, r \end{cases}$$

其中，ε 为非阿基米德无穷小量。根据 BC^2 模型中 u_o 的取值大小，Banker 和 Thrall 于 1992 年提出如下判别方法来判断 BC^2 模型的规模收益。

定理 4.3 假设含有投入产出组合 (x_o, y_o) 的 DMU_o 是有效的，那么下面的条件可以判别 $\mathrm{C^2R}$ 模型之下 DMU_o 的规模收益。

(1) 对于投入产出组合 (x_o, y_o) 规模收益不变，当且仅当在某个最优解情况下有 $u_o^* = 0$。

(2) 对于投入产出组合 (x_o, y_o) 规模收益递增，当且仅当在所有最优解情况下都有 $u_o^* < 0$。

(3) 对于投入产出组合 (x_o, y_o) 规模收益递减，当且仅当在所有最优解情况下都有 $u_o^* > 0$。其中 u_o^* 代表 BC^2 模型中的最优解。

C^2R 模型或者 BC^2 模型计算出来的效率可能存在多个效率值为 1 的情形，为了进一步区分这些有效决策单元，常用的方法有超效率模型、交叉效率模型以及双前沿数据包络分析模型。

4.3 AHP 方法和 DEA 方法的常用软件

4.3.1 Yaahp 软件求解

Yaahp 是一款层次分析法辅助软件，为层次分析法决策过程提供模型构造、计算和分析等方面的帮助。下面结合具体案例进行 Yaahp 软件使用方法介绍。

例 4.13 环境污染指标体系与风险评价问题。从地区生产总值与环境污染的相关性角度出发，选取三个以地区生产总值影响为基准的具有代表性并且相互独立的环境污染指标——大气、水、固体废弃物污染；接着，基于 AHP 利用 Yaahp 软件建立目标层、准则层、要素层，确定指标权重，计算出 A，B，C，D，E 和 F 六个城市的环境污染指数；最后，评估出六个城市的环境污染程度。

解 在进行建模求解前，需要先确立环境污染指标及上述六个城市的相关原始数据。本案例依据指标体系的构建原则筛选出了三类一级指标和八类二级指标，环境污染指标具体如表 4.25 所示。

表 4.25 环境污染指标

一级指标	二级指标
大气污染	工业二氧化硫排放量 X_1
	工业废气排放量 X_2
	工业烟粉尘 X_3
水污染	工业废水排放量 X_4
	工业氨氮排放量 X_5
	城市生活污水排放量 X_6
固体废弃物污染	一般工业固体废弃物 X_7
	城市生活垃圾 X_8

由表 4.25 可知，从风险评估的角度来看，以上指标均为正向指标。在大气污染、水污染、固体废弃物污染中，排放量越大，污染越严重。环境污染越严重，风险程度越高。

根据收集到的 2020 年我国环境污染相关指标数据作为本案例的原始数据，具体如表 4.26 所示。

随后进行 AHP 建模求解与数据分析。

第一步：建立城市环境污染风险评价的递阶层次结构。

根据各个评价指标对环境污染的反映，最终确定城市环境污染风险评价指标体系可以分为目标层、准则层和要素层。其中，目标层是城市环境污染风险评价；准则层包括大气污染、水污染和固体废弃物污染，大气污染子准则为工业二氧化硫排放量、工业废气排放量、工业烟粉尘；

水污染子准则为工业废水排放量、工业氨氮排放量、城市生活污水排放量；固体废弃物污染子准则为一般工业固体废弃物、城市生活垃圾；要素层包含 A，B，C，D，E，F 等城市。

表 4.26　污染指标体系的相关原始数据

城市	X_1/吨	X_2/吨	X_3/吨	X_4/万吨	X_5/吨	X_6/万吨	X_7/万吨	X_8/万吨
A	988	4296	3349	7346	34	191278	415.36	797.5
B	9671	2461	4178	4629	46	89584	1064.4	262.21
C	2079	1641	2076	3914	58	77560	4489.9	294.4
D	5200	15715	1050	31217	206	221504	1808.75	868.09
E	4700	13038	5910	21491	501	117625	2356	628.5
F	8701	6057	8795	3051	147	28242	1440.56	117.65

打开 Yaahp 软件进行指标体系构建。

(1) 新建空白文档。

(2) 在"层次结构模型"的窗口界面下，拖拽工具栏中的"决策目标"至下方点图中以绘制目标层；同理，可继续利用工具栏中的"中间层要素"绘制指标体系中的准则层；利用工具栏中的"备选方案"绘制要素层。

(3) 随后，再将鼠标指针移至框图处，进行层次连接。切记，此处需要由下至上进行箭头指向。最终构建的指标评价递阶层次结构，其如图 4.7 所示。

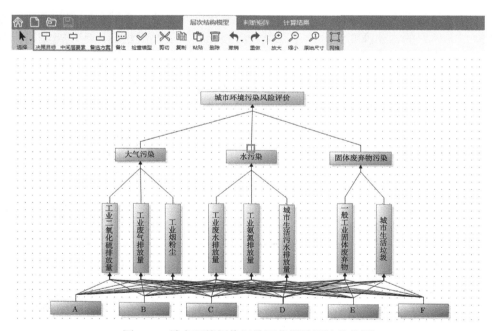

图 4.7　城市环境污染风险评价递阶层次结构图

第二步：确定各环境污染指标的判断矩阵。

针对大气污染、水污染和固体废弃物污染，通过两两比较其重要程度，形成判断矩阵。其重要程度比例可从地区生产总值数据的角度得到，针对 A，B，C，D，E，F 六个城市，分别比较在每个准则层指标下两两比较的重要程度。

将计算得到的判断矩阵输入 Yaahp 软件：

(1) 单击进入"层次结构模型"右侧的"判断矩阵"窗口；

(2) 单击窗口左下角的"层次结构"中的目录栏；

(3) 将对应权重依次填入页面中间的矩阵中，其中污染指标的判断矩阵输入界面具体如图 4.8 所示。

图 4.8　污染指标的判断矩阵输入界面

其中，准则层判断矩阵与子准则层指标的判断矩阵的数据具体如图 4.9 所示。

城市环境污染风险评价 一致性比例: 0.0000; 对"城市环境污染风险评价"的权重: 1.0000; λmax: 3.0000

城市环境污染…	大气污染	水污染	固体废弃物污染	Wi
大气污染	1.0000	3.9853	7.9706	0.7265
水污染	0.2509	1.0000	2.0000	0.1823
固体废弃物污染	0.1255	0.5000	1.0000	0.0912

(a)

大气污染 一致性比例: 0.0000; 对"城市环境污染风险评价"的权重: 0.7265; λmax: 3.0000

大气污染	工业二氧化…	工业废气排…	工业烟…	Wi
工业二氧化硫排放量	1.0000	1.0568	1.0333	0.3432
工业废气排放量	0.9462	1.0000	0.9778	0.3247
工业烟粉尘	0.9677	1.0227	1.0000	0.3321

(b)

水污染 一致性比例: 0.0000; 对"城市环境污染风险评价"的权重: 0.1823; λmax: 3.0000				
水污染	工业废水排…	工业氨氮…	城市生活污水排…	Wi
工业废水排放量	1.0000	0.5854	8.0000	0.3529
工业氨氮排放量	1.7083	1.0000	13.6667	0.6029
城市生活污水排放量	0.1250	0.0732	1.0000	0.0441

(c)

固体废弃物污染 一致性比例: 0.0000; 对"城市环境污染风险评价"的权重: 0.0912; λmax: 2.0000			
固体废弃物污染	一般工业固体废…	城市生活…	Wi
一般工业固体废弃物	1.0000	0.1333	0.1176
城市生活垃圾	7.5000	1.0000	0.8824

(d)

图 4.9　准则层判断矩阵与子准则层指标的判断矩阵

同理，目标层中 A，B，C，D，E，F 六个城市两两比较所得到的判断矩阵，具体如图 4.10 所示。

第三步：权重的确立。

由判断矩阵计算被比较元素对该准则的相对权重，并进行判断矩阵的一致性检验。

5. 工业二氧化硫排放量 一致性比例: 0.0000; 对"城市环境污染风险评价"的权重: 0.2493; λmax: 6.0000							
工业二氧化硫排…	A	B	C	D	E	F	Wi
A	1.0000	0.3072	0.2597	0.4776	0.6445	0.0850	0.0425
B	3.2552	1.0000	0.8454	1.5547	2.0980	0.2766	0.1384
C	3.8506	1.1829	1.0000	1.8390	2.4816	0.3272	0.1637
D	2.0938	0.6432	0.5438	1.0000	1.3495	0.1779	0.0890
E	1.5516	0.4766	0.4030	0.7410	1.0000	0.1319	0.0660
F	11.7647	3.6153	3.0562	5.6211	7.5815	1.0000	0.5003

(a)

6. 工业废气排放量 一致性比例: 0.0000; 对"城市环境污染风险评价"的权重: 0.2359; λmax: 6.0000							
工业废气排放量	A	B	C	D	E	F	Wi
A	1.0000	0.8004	0.2817	0.7648	2.0237	0.2756	0.0891
B	1.2494	1.0000	0.3519	0.9555	2.5283	0.3443	0.1113
C	3.5499	2.8417	1.0000	2.7151	7.1841	0.9783	0.3161
D	1.3075	1.0466	0.3683	1.0000	2.6459	0.3603	0.1164
E	0.4941	0.3955	0.1392	0.3779	1.0000	0.1362	0.0440
F	3.6284	2.9044	1.0222	2.7755	7.3421	1.0000	0.3231

(b)

7. 工业烟粉尘 一致性比例: 0.0000; 对"城市环境污染风险评价"的权重: 0.2413; λmax: 6.0000

工业烟粉尘	A	B	C	D	E	F	Wi
A	1.0000	0.2729	0.1728	0.1901	1.0330	0.1057	0.0383
B	3.6643	1.0000	0.6332	0.6968	3.7856	0.3875	0.1402
C	5.7870	1.5793	1.0000	1.1006	5.9788	0.6120	0.2214
D	5.2604	1.4351	0.9086	1.0000	5.4325	0.5561	0.2012
E	0.9681	0.2642	0.1673	0.1841	1.0000	0.1024	0.0370
F	9.4607	2.5806	1.6340	1.7982	9.7656	1.0000	0.3618

(c)

8. 工业废水排放量 一致性比例: 0.0000; 对"城市环境污染风险评价"的权重: 0.0643; λmax: 6.0000

工业废水排放量	A	B	C	D	E	F	Wi
A	1.0000	1.0044	0.2088	0.5366	1.4470	0.2624	0.0760
B	0.9956	1.0000	0.2079	0.5342	1.4407	0.2612	0.0757
C	4.7893	4.8100	1.0000	2.5700	6.9304	1.2565	0.3642
D	1.8636	1.8720	0.3891	1.0000	2.6967	0.4889	0.1417
E	0.6911	0.6941	0.1443	0.3708	1.0000	0.1813	0.0525
F	3.8110	3.8285	0.7959	2.0454	5.5157	1.0000	0.2898

(d)

9. 工业氨氮排放量 一致性比例: 0.0000; "城市环境污染风险评价"的权重: 0.1099; λmax: 6.0000

工业氨氮排放量	A	B	C	D	E	F	Wi
A	1.0000	0.3895	0.1824	0.2363	0.2072	0.0950	0.0349
B	2.5674	1.0000	0.4683	0.6066	0.5319	0.2438	0.0896
C	5.4825	2.1354	1.0000	1.2954	1.1358	0.5207	0.1914
D	4.2319	1.6485	0.7720	1.0000	0.8768	0.4020	0.1478
E	4.8263	1.8801	0.8804	1.1405	1.0000	0.4584	0.1685
F	10.5263	4.1017	1.9205	2.4876	2.1815	1.0000	0.3677

(e)

10. 城市生活污水排放量 一致性比例: 0.0000; 对"城市环境污染风险评价"的权重: 0.0080; λmax: 6.0000

城市生活污水排…	A	B	C	D	E	F	Wi
A	1.0000	3.6561	0.7990	1.9753	3.1578	1.2770	0.2421
B	0.2735	1.0000	0.2185	0.5403	0.8637	0.3493	0.0662
C	1.2516	4.5767	1.0000	2.4722	3.9522	1.5983	0.3030
D	0.5063	1.8508	0.4045	1.0000	1.5987	0.6465	0.1225
E	0.3167	1.1578	0.2530	0.6255	1.0000	0.4044	0.0767
F	0.7831	2.8629	0.6257	1.5468	2.4728	1.0000	0.1896

(f)

11. 一般工业固体废弃物 一致性比例: 0.0000; 对"城市环境污染风险评价"的权重: 0.0107; λmax: 6.0000							
一般工业固体废…	A	B	C	D	E	F	Wi
A	1.0000	1.2553	0.5303	0.7255	4.0934	0.3327	0.1203
B	0.7966	1.0000	0.4225	0.5779	3.2608	0.2651	0.0959
C	1.8857	2.3669	1.0000	1.3680	7.7186	0.6274	0.2269
D	1.3784	1.7304	0.7310	1.0000	5.6425	0.4587	0.1659
E	0.2443	0.3067	0.1296	0.1772	1.0000	0.0813	0.0294
F	3.0057	3.7722	1.5939	2.1801	12.3001	1.0000	0.3616

(g)

12. 城市生活垃圾 一致性比例: 0.0000; 对"城市环境污染风险评价"的权重: 0.0804; λmax: 6.0000							
城市生活垃圾	A	B	C	D	E	F	Wi
A	1.0000	3.0256	0.9880	2.4875	2.6849	1.8373	0.2731
B	0.3305	1.0000	0.3266	0.8221	0.8874	0.6072	0.0903
C	1.0121	3.0618	1.0000	2.5176	2.7174	1.8595	0.2764
D	0.4020	1.2164	0.3972	1.0000	1.0794	0.7386	0.1098
E	0.3725	1.1269	0.3680	0.9264	1.0000	0.6843	0.1017
F	0.5443	1.6469	0.5378	1.3539	1.4613	1.0000	0.1487

(h)

图 4.10　目标层六个城市的判断矩阵

运用 Yaahp 软件进行权重计算并绘图，步骤为：① 重新单击"判断矩阵"窗口左下方"层次结构"中的目标层；② 单击菜单界面的"子目标权重"进入新的页面；③ 单击新界面工具栏中的"详细数据"，可得权重分布。最终的权重分布图，如图 4.11 所示。

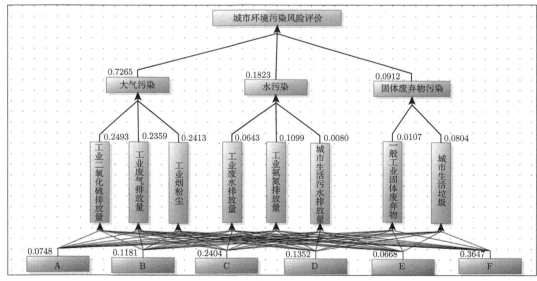

图 4.11　城市环境污染风险指标权重图

第四步：结果分析。

计算各层次对于系统的总排序权重并进行排序。Yaaph 软件中对六个城市的污染风险指标权重如图 4.11 所示。

由此可知，污染风险指标最终结果为：F > C > D > B > A > E。其中，F，C，D 和 B 四个城市环境污染较为严重，A 和 E 环境污染程度相对较轻。

4.3.2 DEAP 软件求解

DEAP 是一款基于 DOS 界面、无须安装的软件，易于使用且功能强大，可以满足 DEA 模型的计算需求。下面结合具体案例对 DEAP 软件的使用方法进行介绍。

以例 4.12 为例子，运用 DEAP 软件进行问题求解。

解 第一步：企业生产效率的指标体系构建。

题中以甲、乙、丙三家同行企业的生产效率为研究对象，故研究目标群体中共有 3 个决策单元，选取的投入指标为固定资产和员工，产出指标为项目净产值。

软件具体操作步骤如下。建一个文件夹，里面必须有四个文件 (123.ins，DEAP.exe，DEAP.000，123.dta)：前三个文件在一般下载的 DEAP Version 2.1 中都有，第四个文件是一个数据文件，通常为记事本格式，用于记录研究对象的各项指标值。最终，建立数据文件夹目录截图，具体如图 4.12 所示。

名称	修改日期	类型	大小
123	2022/4/22 18:54	DTA 文件	1 KB
123	2022/4/22 18:52	INS 文件	1 KB
DEAP.000	1997/1/9 10:45	000 文件	1 KB
DEAP	2003/8/25 17:23	应用程序	549 KB

图 4.12　数据文件夹目录截图

在第四个数据文件 (123.dta) 中，将表 4.24 中的数据按照先产出，后投入依次输入；注意在记事本中的数据只有数据，不包括决策单元的名称和投入、产出的名称。记事本数据截图如图 4.13 所示。

```
5 1.5 4
4 1   3
8 3   7
```

图 4.13　记事本数据截图

第二步：软件模型计算。

接下来启动 DEAP 软件命令程序，可自动对原始输入、输出数据进行计算求解，其操作步骤如下：① 打开 DEAP 软件，运行 DEAP.exe 命令文件输入 123.ins 指令；② 按 "回车" 键后，文件夹中就会自动生成 123.out 文件，如图 4.14 所示。

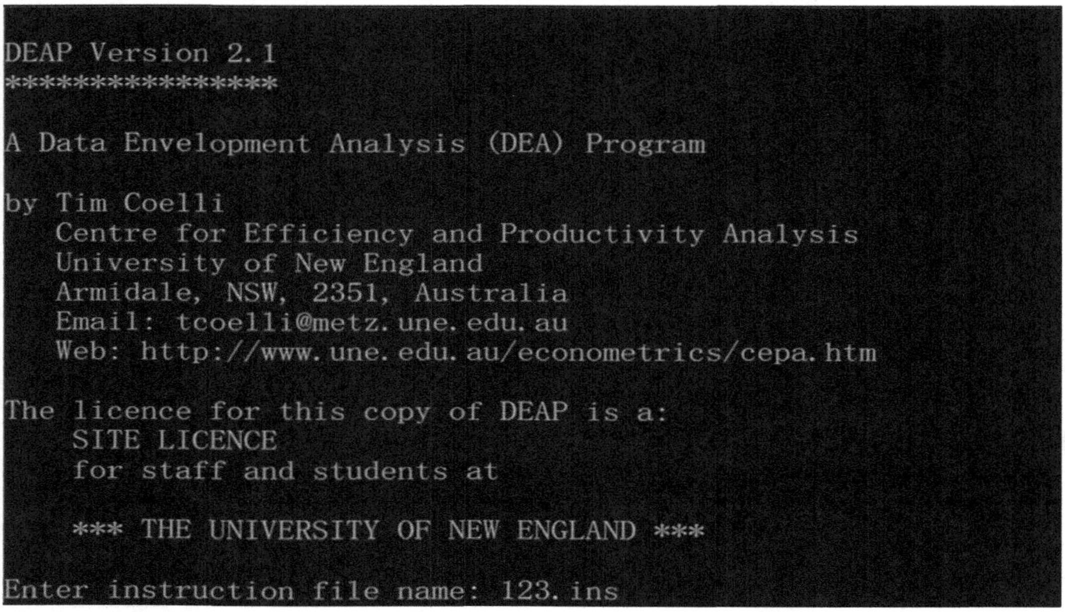

图 4.14　运行 123.ins

软件运行注意事项：

(1) 123.dta，123.ins 都用记事本打开；

(2) 数据文件名和命令文件名需要一样，如本例中都用 123 的名称；

(3) 文件夹中一定要包括 DEAP.000 文件；

按 "回车" 键后文件中会自动生成 123.out 文件。软件运行后文件夹截图应如图 4.15 所示。

名称	修改日期	类型	大小
123.out	2022/4/22 18:57	文本文档	3 KB
123.dta	2022/4/22 18:54	DTA 文件	1 KB
123.ins	2022/4/22 18:53	INS 文件	1 KB
DEAP.000	1997/1/9 10:45	000 文件	1 KB
DEAP	2003/8/25 17:23	应用程序	549 KB

图 4.15　生成 123.out 文件

第三步：结果分析。

运用 DEAP Version 2.1 软件对三家企业投入和产出的相关统计数据进行测算得到的结果已记录于 123.out 文件，结果如图 4.16 所示。

```
123 out - 记事本
文件(F) 编辑(E) 格式(O) 查看(V) 帮助(H)
Results from DEAP Version 2.1

Instruction file = 123.ins
Data file        = 123.dta

Input orientated DEA

Scale assumption: CRS

Slacks calculated using multi-stage method


EFFICIENCY SUMMARY:

firm    te
  1  0.938
  2  1.000
  3  0.857

mean  0.932
```

图 4.16　123.out 文件结果数据截图

　　最终得到的结果为乙企业的相对生产率最高，甲企业次之，丙企业的相对生产率最低。其软件计算结果与 4.2.7 节中算例分析结果一致。

第5章

博弈论与冲突分析

 章首语

在冲突博弈中,局中人的价值观和利益观具有差异性,各冲突主体的决策行为复杂多样。如何系统刻画和动态模拟参与者之间复杂的利益博弈和动态交互过程,并准确预测冲突博弈的均衡状态和趋势发展,对冲突防控和消解具有重要的理论价值和实践意义。通过学习博弈论,读者能够较好地理解合作与非合作博弈模型,从而为决策问题中的策略性互动提供指导建议。而冲突分析图模型理论可以帮助读者了解其在冲突中受到各种社会约束的前提下能够取得最好结果,有利于读者更好地理解和解决自身所在领域的难题。

《中华人民共和国国民经济和社会发展第十四个五年规划和 2035 年远景目标纲要》"加快数字化发展 建设数字中国"战略的提出,对数字化、网络化、智能化的发展提出更高要求,因此,基于数据驱动的冲突分析与治理理论研究对解决政治、经济、军事等方面的问题具有广泛的指导意义和应用价值。目前,关于数据驱动的冲突分析与治理及其应用虽然取得了一些进展,但对新时期常见的大规模冲突分析与治理研究不足,难以应对新发展格局下复杂内外部环境带来的挑战。

近些年,深度学习、强化学习等机器学习方法的快速发展使得大规模群体冲突事件的解决成为可能。因此,未来可以利用大数据、人工智能等新兴技术准确收集和处理冲突事件相关的多维数据信息,提高冲突要素的识别效率与精度,突破传统冲突分析方法在数据收集方面的主观局限性。比如可以运用文本挖掘分析冲突当局者偏好,设计面向大规模冲突稳定性的智能算法,探索大规模群体冲突应对策略,推动冲突分析从静态分析模式扩展到动态学习循环模式,为冲突消解提供数据支撑和决策依据。

博弈论 (game theory) 是研究决策主体的行为发生直接相互作用时候的决策过程及这种决策的均衡问题,也就是说,当一个主体的选择受到其他主体选择的影响、反过来又影响到其他主体选择时的决策问题和均衡问题。因此,博弈论又被称为"对策论"。目前,博弈论已经成为经济学的标准分析工具之一,在金融学、经济学、国际关系、计算机科学和政治学等多个学科领域都有广泛的应用,为解决不同类型的冲突和合作问题提供了重要的战略分析工具。而冲突分析图模型 (graph model for conflict resolution, GMCR) 是在经典对策论和偏对策理论的基础上发展起来的对冲突行为进行正规有效分析的决策分析方法;借助集合论和图论,可以将现实冲突行为数学模型化,从而可以进行冲突事态的过程分析和结果预测。冲突分析图模型理论的发展演变过程如图 5.1 所示。与博弈论相比,冲突分析图模型需要的数据信息更少，只需要确定各决策者对状态的相对偏好信息，就可以求出冲突均衡解决方案。其显著优势在于能最大化利用已知的少量信息，为决策者提供科学有效的决策依据。

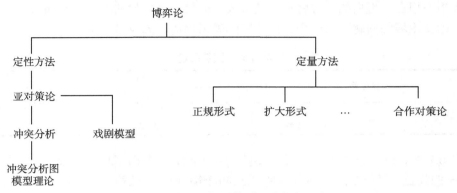

图 5.1　冲突分析图模型理论的发展史

5.1　博弈论方法

按照信息的完全程度来分，博弈论可以分为完全信息博弈和不完全信息博弈。完全信息博弈是指每一位参与人对其他参与人的特征、战略空间及收益函数等决策信息有准确的认知；不完全信息博弈是指参与人对其他参与人的特征、战略空间及收益函数信息了解得不够准确，或者不是对所有参与人的特征、战略空间及收益函数都有准确的认识。

按照参与者的行动次序来分，博弈论可以分为静态博弈和动态 (序贯) 博弈。静态博弈是指所有参与者同时采取行动，或者尽管有先后顺序，但后行动者不知道先行动者的策略；动态博弈是指参与者的行动有先后顺序，并且后行动者可以知道先行动者的策略。

按照合作与不合作来分，博弈论可以分为合作博弈和不合作博弈。合作博弈强调的是集体理性，追求组织整体利益最大化；而非合作博弈强调的是个人理性，追求个人利益的最大化，研究人们在利益相互影响的局势中如何决策使自己的收益最大。目前，经济学家们所谈的博弈论一般是指非合作博弈，而且非合作博弈在实际中更常见。所以本节主要介绍博弈论的基本理论和概念，包括完全信息静态博弈、完全信息动态博弈、博弈论软件及案例分析等内容。

5.1.1　完全信息静态博弈

完全信息静态博弈是指参与人同时选择行动，且每个局中人对其他所有参与人的收益有准确的认识。本节将从博弈的标准式、严格劣战略、纯战略纳什均衡和混合战略纳什均衡进行阐述。

1. 博弈的标准式和严格劣战略

1) 博弈的标准式

博弈的标准式也称策略式，是指每一个参与者同时选择一个战略，所有参与者选择战略的组合决定了每个参与者的收益。下面以经典的囚徒困境为例，说明博弈的标准式概念及基本要素组成。

例 5.1　两个犯罪嫌疑人因为一桩罪行而被捕。但是警方缺少充分的证据，所以警方需要对两个嫌疑人进行审问。为防止他们串供，警方将他们关在两个不同的房间，并对他们说明选择不同行动带来的后果。警方告诉每个嫌疑人：如果他们俩都不坦白，将均被判为轻度犯罪，入狱 1 个月；如果双方都坦白，承认犯罪事实，则都被判入狱 8 个月；如果一人坦白而另一人拒不坦白，坦白的一方将马上被释放，而另一个抵赖的人将被判罚入狱 10 个月。

解 囚徒困境的问题可用一个二维的矩阵表来描述，如表 5.1 所示。

表 5.1 囚徒困境

参与者		囚徒 B	
		坦白	抵赖
囚徒 A	坦白	$-8, -8$	$0, -10$
	抵赖	$-10, 0$	$-1, -1$

在表 5.1 中，每一个单元格有两个数字，第一个数字表示囚徒 A 的收益，第二个数字表示囚徒 B 的收益。每一个囚徒都有两种可选的战略：坦白、抵赖。如果囚徒 A 选择坦白，囚徒 B 选择抵赖，则囚徒 A 的收益是 0 (马上释放)，囚徒 B 的收益是 -10 (被判 10 个月)。

通过上述例子可以知道，博弈的标准式包括：

(1) 博弈的参与者，在囚徒困境中是指两个囚徒。

(2) 每个参与者可供选择的战略集，在囚徒困境中两个囚徒的战略集为 (坦白，抵赖)。

(3) 针对所有参与者的战略组合，每个参与者获得的收益，在囚徒困境中是指矩阵表中的数值。

博弈的参与人集合如下。

假设有 n 个参与者进行博弈，参与者的集合为 Γ，i 表示第 i 个参与者，$i \in \Gamma, \Gamma = \{1, 2, \cdots, n\}$。$S_i$ 表示参与者 i 可以选择的战略集合 (称为 i 的战略空间)，其中任意一个特定的战略用 s_i 表示，$s_i \in S_i$。当每个参与者选择了自己的战略时，他们的战略组合可以表示为 $(s_1, s_2, \cdots, s_n)$。每个参与人的收益函数可以表示为 $u_i(s_1, \cdots, s_i, \cdots, s_n)$，$i \in \Gamma$。根据上述符号定义，可以得到博弈的标准式表述。

定义 5.1 在一个 n 人博弈的标准式表述中，参与者的战略空间为 $S_1, \cdots, S_n$，收益函数为 $u_1, \cdots, u_n$，则可以用 $G = \{S_1, \cdots, S_n; u_1, \cdots, u_n\}$ 来表示此博弈。

上面介绍了博弈的表述方式和基本元素，下面讲解如何分析一个博弈问题。

2) 严格劣战略

仍以上面的囚徒困境为例，在囚徒困境中，如果囚徒 A 选择了坦白，那么囚徒 B 也会选择坦白 (被判刑 8 个月)，而不会选择抵赖 (被判罚 10 个月)。如果囚徒 A 选择了抵赖，那么囚徒 B 还会选择坦白 (被马上释放)，而不会选择抵赖 (被判罚 1 个月)。因此，无论囚徒 A 选择什么战略，囚徒 B 都会选择坦白。同理，无论囚徒 B 选择什么战略，囚徒 A 也会都选择坦白。因此，对于囚徒 A 和囚徒 B 来说，抵赖相比坦白来说是劣战略。

定义 5.2 在标准的博弈 $G = \{S_1, \cdots, S_n; u_1, \cdots, u_n\}$ 中，令 s_i' 和 s_i'' 为参与者 i 的两个可行战略，其中 $s_i' \in S_i$，$s_i'' \in S_i$。如果对其他参与者每一个可能的战略组合，参与者 i 选择 s_i' 的收益都小于其选择 s_i'' 的收益，则称战略 s_i' 相对于战略 s_i'' 是严格劣战略，即

$$u_i\{s_1, \cdots, s_{i-1}, s_i', s_{i+1}, \cdots, s_n\} < u_i\{s_1, \cdots, s_{i-1}, s_i'', s_{i+1}, \cdots, s_n\}$$

理性的参与者不会选择严格劣战略。因此，在囚徒困境中，一个理性的参与者会选择坦

白，于是 (坦白，坦白) 成为两个理性参与者的博弈结果，尽管 (抵赖，抵赖) 给双方带来的收益更大。

根据理性者不会选择严格劣战略这一假设，可以使用重复剔除劣战略的思想求得博弈均衡解，其基本思想是：首先找出某个参与者的劣战略，把这个劣战略剔除掉，重新构造一个不包含已剔除战略的新的博弈；然后再剔除这个新的博弈中的某个参与者的劣战略；继续这个过程，一直到只剩下一个唯一的战略组合为止。这个唯一剩下的战略组合就是这个博弈的均衡解。下面给出了使用重复剔除严格劣战略的方法求解囚徒困境问题的步骤。

第一步：对于囚徒 A 来说，"抵赖" 相比 "坦白" 来说是一个严格劣战略，所以囚徒 A 会选择 "坦白"，从而删除第二行数据，如表 5.2 所示。

表 5.2　一次剔除劣战略

参与者		囚徒 B	
		坦白	抵赖
囚徒 A	坦白	$-8, -8$	$0, -10$

第二步：对于囚徒 B 来说，在囚徒 A 坦白的情况下，"抵赖" 相比 "坦白" 来说也是一个严格劣战略，所以囚徒 B 也会选择 "坦白"，从而删除第二列数据，仅剩 (坦白，坦白)，如表 5.3 所示。

表 5.3　二次剔除劣战略

参与者		囚徒 B
		坦白
囚徒 A	坦白	$-8, -8$

2. 纯战略纳什均衡

1) 纳什均衡

实际上，重复剔除劣战略后所留的战略不一定满足纳什均衡战略的条件，因为纳什均衡要比重复剔除严格劣战略要严格得多。下面介绍纳什均衡的相关概念。

纳什均衡 (Nash equilibrium) 是一种策略组合，每个参与者的战略都是对方战略的最优反应战略，也就是说没有参与者愿意独立背离他所选定的战略。其逻辑定义如下。

定义 5.3　在 n 个参与者的标准式博弈 $G = \{S_1, \cdots, S_n; u_1, \cdots, u_n\}$ 中，如果战略组合对于每一个参与者 i，s_i^* 是给定其他 $n-1$ 个参与人选择 $(s_1^*, \cdots, s_{i-1}^*, s_{i+1}^*, \cdots, s_n^*)$ 的情况下的最优 (至少不劣于) 反应战略，则称战略组合 $(s_1^*, \cdots, s_i^*, \cdots, s_n^*)$ 是该博弈的一个纳什均衡，即

$$u_i\left\{s_1^*, \cdots, s_{i-1}^*, s_i^*, s_{i+1}^*, \cdots, s_n^*\right\} \geqslant u_i\left\{s_1^*, \cdots, s_{i-1}^*, s_i, s_{i+1}^*, \cdots, s_n^*\right\}$$

对所有 S_i 中的 s_i 都成立。

为更清楚地理解纳什均衡的概念，下面通过几个例子介绍求解纳什均衡的方法——画线法。

首先，采用画线法求解囚徒困境的纳什均衡。

第一步：首先分析囚徒 A 的最优反应战略，并在相应单元格数字下面画横线。当囚徒 B 选择坦白时，囚徒 A 的最优反应战略是选择 "坦白"，因此在第一列第一个单元格 "-8"

下面画一条横线；当囚徒 B 选择抵赖时，囚徒 A 的最优反应战略是选择 "坦白"，因此在第二列第一行单元格 "0" 下面画一条横线。如表 5.4 所示。

表 5.4　画线法-囚徒 A

参与者		囚徒 B	
		坦白	抵赖
囚徒 A	坦白	<u>−8</u>, −8	<u>0</u>, −10
	抵赖	−10, 0	−1, −1

第二步：分析囚徒 B 的最优反应战略，并在相应单元格数字下面画横线。当囚徒 A 选择坦白时，囚徒 B 的最优反应战略是选择 "坦白"，因此在第一列第一个单元格 "−8" 下面画一条横线；当囚徒 A 选择抵赖时，囚徒 B 的最优反应战略是选择 "坦白"，因此在第一列第二行单元格 "0" 下面画一条横线。如表 5.5 所示。

表 5.5　画线法-囚徒 B

参与者		囚徒 B	
		坦白	抵赖
囚徒 A	坦白	<u>−8</u>, <u>−8</u>	<u>0</u>, −10
	抵赖	−10, <u>0</u>	−1, −1

第三步：找出矩阵表中两个数字都被画了横线的单元格，即为博弈的纳什均衡解。由表 5.5 可以看出，(坦白，坦白) 对应的单元格中两个数字都被画了横线，因此它为囚徒困境的纳什均衡解。

例 5.2　采用画线法求下面博弈的纳什均衡解。博弈中，参与者 A 有三种可选择的战略：R_1, R_2, R_3；参与者 B 也有三种可选择战略：C_1, C_2, C_3。A 与 B 的收益矩阵如表 5.6 所示。

表 5.6　A 与 B 的收益矩阵

参与者		参与者 B		
		C_1	C_2	C_3
参与者 A	R_1	0, 4	4, 0	5, 3
	R_2	4, 0	0, 4	5, 3
	R_3	3, 5	3, 5	6, 6

解　第一步：首先分析参与者 A 的最优反应战略，并在相应单元格数字下面画横线。当参与者 B 选择 C_1 时，参与者 A 的最优反应战略是选择 R_2，因此在第一列第二个单元格中 "4" 下面画一条横线；当参与者 B 选择 C_2 时，参与者 A 的最优反应战略是选择 R_1，因此在第二列第一个单元格中 "4" 下面画一条横线；当参与者 B 选择 C_3 时，参与者 A 的最优反应战略是选择 R_3，因此在第三列第三个单元格中 "6" 下面画一条横线。如表 5.7 所示。

表 5.7　画线法-参与者 A

参与者		参与者 B		
		C_1	C_2	C_3
参与者 A	R_1	0, 4	<u>4</u>, 0	5, 3
	R_2	<u>4</u>, 0	0, 4	5, 3
	R_3	3, 5	3, 5	<u>6</u>, 6

第二步：分析参与者 B 的最优反应战略，并在相应单元格数字下面画横线。当参与者 A 选择 R_1 时，参与者 B 的最优反应战略是选择 C_1，因此在第一列第一个单元格中 "4" 下面画一条横线；当参与者 A 选择 R_2 时，参与者 B 的最优反应战略是选择 C_2，因此在第二列第二个单元格中 "4" 下面画一条横线；当参与者 A 选择 R_3 时，参与者 B 的最优反应战略是选择 C_3，因此在第三列第三个单元格中 "6" 下面画一条横线。如表 5.8 所示。

表 5.8　画线法-参与者 B

参与者		参与者 B		
		C_1	C_2	C_3
参与者 A	R_1	0, **4**	**4**, 0	5, 3
	R_2	**4**, 0	0, **4**	5, 3
	R_3	3, 5	3, 5	**6**, **6**

第三步：找出矩阵表中两个数字都被画了横线的单元格，即为博弈的纳什均衡解。由表 5.8 可以看出，(R_3, C_3) 对应的单元格中两数字都被画了横线，因此它为该博弈的纳什均衡解。

2) 纯战略应用举例

例 5.3　古诺 (Cournot) 寡头竞争模型。假如一个产品市场中只有两家寡头企业：企业 1 和企业 2。令 q_1 和 q_2 分别表示企业 1 和企业 2 生产的同质产品的产量，市场中该产品的总供给 $Q = q_1 + q_2$。令 $P(Q) = a - Q$ 表示市场出清时的价格，其中 $a > 0$。设企业 i 生产 q_i 的总成本为 $C_i(q_i) = cq_i$，即企业不存在固定成本，且生产每单位产品的边际成本为常数 c，这里假设 $c < a$。根据古诺模型的假定，两家企业同时进行产量决策。求古诺博弈的纳什均衡解。

解　在古诺博弈中，只有两个参与者，即企业 1 和企业 2。每家企业可以选择的战略是其产品产量 q，每家企业的战略空间可以表示为 $S_i = [0, \infty)$，即包含所有非负实数，其中企业采取的某一个战略 s_i 就是企业选择的产量 $q_i(q_i \geqslant 0)$。假定企业的收益就是其利润额，则企业 1 和企业 2 的收益函数可以分别表示为

$$\pi_1(q_1, q_2) = [a - (q_1 + q_2) - c]q_1$$

$$\pi_2(q_1, q_2) = [a - (q_1 + q_2) - c]q_2$$

在古诺博弈中，若一对产出组合 (q_1^*, q_2^*) 为纳什均衡，对每家企业 i，q_i^* 应为下面最大化问题的解：

$$\max_{0 \leqslant q_i < \infty} \pi_i(q_i, q_j^*) = \max_{0 \leqslant q_i < \infty} q_i[a - (q_i + q_j^*) - c]$$

令 $\dfrac{\partial \pi_1}{\partial q_1} = 0$，$\dfrac{\partial \pi_2}{\partial q_2} = 0$，整理可得

$$\begin{cases} q_1^* = \dfrac{1}{2}(a - c - q_2^*) \\ q_2^* = \dfrac{1}{2}(a - c - q_1^*) \end{cases}$$

如果产出组合 (q_1^*, q_2^*) 为纳什均衡，则企业的产量选择必须满足上面一对方程组，求解方程组可得

$$q_1^* = q_2^* = \frac{1}{3}(a - c)$$

代入收益函数，可得两家企业的收益为

$$\pi_1^* = \pi_2^* = \frac{1}{9}(a - c)^2$$

若市场上只有一家垄断企业，则企业收益可以表示为

$$\pi(q) = [a - q - c]q$$

求导，令 $\dfrac{\partial \pi}{\partial q} = 0$，解得

$$q^* = \frac{1}{2}(a - c) \leqslant q_1^* + q_2^*$$

$$\pi^* = \frac{1}{4}(a - c)^2 > \pi_1^* + \pi_2^*$$

因此，寡头竞争使得总产量大于垄断产量，竞争使得市场供给增加，而寡头竞争下的总收益却小于只有一家垄断企业下的总收益。原因在于每家企业在选择自己的最优产量时，只考虑对本企业利润的影响，而忽视对另一家企业的外部负效应。

例 5.4 霍特林 (Hotelling) 价格竞争模型。在霍特林模型中，产品在物质性能上是相同的，但在空间位置上有差异。

假定有一个长度为 1 的线性城市位于横坐标上，消费者均匀地分布在 $[0,1]$ 区间里。假定有两个商店，分别位于城市的两端，它们销售同样的商品。商店 1 在 $x = 0$ 处，商店 2 在 $x = 1$ 处。每个商店提供单位产品的成本为 c，消费者购买商品的旅行成本与离商店的距离成比例，单位距离的成本为 t，消费者成本满足以下条件：

$$p_1 + tx = p_2 + t(1 - x) \Rightarrow x = \frac{p_2 - p_1 + t}{2t}$$

令 p_i 为企业 i 的价格，则对商店 1 的需求可以表示为

$$D_1(p_1, p_2) = x = \frac{p_2 - p_1 + t}{2t}$$

商店 2 的需求可以表示为

$$D_2(p_1, p_2) = 1 - D_1(p_1, p_2) = \frac{p_1 - p_2 + t}{2t}$$

两个商店的利润函数为

$$\pi_1 = (p_1 - c)D_1 = (p_1 - c)\frac{p_2 - p_1 + t}{2t}$$

$$\pi_2 = (p_2 - c)D_2 = (p_2 - c)\frac{p_1 - p_2 + t}{2t}$$

令 $\dfrac{\partial \pi_1}{\partial p_1} = 0$，$\dfrac{\partial \pi_2}{\partial p_2} = 0$，解得最优定价为

$$p_1^* = p_2^* = c + t$$

两个商店的最大收益为

$$\pi_1 = \pi_2 = \frac{t}{2}$$

3. 混合战略纳什均衡

1) 混合战略

本节以经典的"猜硬币"博弈案例来分析混合战略。

例 5.5 猜硬币游戏。猜硬币游戏中，两个儿童甲、乙手里各拿一枚硬币，要决定硬币显示的是正面向上还是反面向上。如果两枚硬币同时正面向上或同时反面向上，甲得 −1 分，乙得 1 分；如果两枚硬币中只有一枚正面向上，则甲得 1 分，乙得 −1 分。收益矩阵如表 5.9 所示。

表 5.9 猜硬币游戏收益矩阵

参与者		儿童乙	
		正面	反面
儿童甲	正面	−1, 1	1, −1
	反面	1, −1	−1, 1

解 由表 5.9 可以看出，所有情况下全体参与者的得分之和始终为 0，一方所得即为另一方所失，这种博弈称为零和博弈。根据纳什均衡的定义分析可知，该博弈不存在纳什均衡解，没有一组战略组合满足纳什均衡的条件，因为如果甲、乙的战略是一致的——(正面, 正面) 或 (反面, 反面)，那么参与者甲就希望能改变战略；反之，如果参与者的战略是不一致的——(正面, 反面) 或 (反面, 正面)，则参与者乙希望能改变战略。

在猜硬币博弈中，每个参与者都试图能先猜中对方的战略，这一类博弈在扑克、棒球、战争等情况下也会经常发生。在博弈中，一旦每个参与者都竭尽全力猜测其他参与者的战略选择时，该博弈就不存在纳什均衡，这时参与者的最优行为是不确定的，而博弈的结果必然要包含这种不确定性。为此，我们引入混合战略的概念，将其解释为一个参与者对其他参与者行为的不确定性。本节前部分内容主要讲的是纯战略，纯战略是指一个战略规定参与者在每一个给定的信息情况下只选择一种特定的行动。而混合战略是指一个战略规定参与者在给定信息情况下以某种概率分布随机地选择不同的行动，参与者 i 的一个混合战略是其在战略空间 S_i 中战略的概率分布。

例如，在上述猜硬币博弈中，每个参与者 i 都有两个纯战略 (正面, 反面)，而参与者 i 的一个混合战略可以表示为 $(q, 1-q)$，其中 q 为正面向上的概率，$1-q$ 为反面向上的概率，且 $0 \leqslant q \leqslant 1$。特殊地，混合战略 $(0, 1)$ 表示参与者的一个纯战略，即只出现反面向上。类似地，混合战略 $(1, 0)$ 表示只出现正面向上的纯战略。因此，纯战略是混合战略的一种特殊形式。

定义 5.4 一般地,在标准式博弈 $G = \{S_1, \cdots, S_n; u_1, \cdots, u_n\}$ 中,假设参与者 i 有 K 个纯战略: $S_i = \{s_{i1}, \cdots, s_{iK}\}$,则参与者 i 的一个混合战略是一个概率分布 $P_i = \{p_{i1}, \cdots, p_{iK}\}$,其中 $0 \leqslant p_{iK} \leqslant 1, \sum_{j=1}^{K} p_{ij} = 1$。

为求得混合战略的均衡解,需要将纯纳什均衡的定义扩展到混合纳什均衡。

假设博弈中有两个参与者,令 J 表示 S_1 中包含的纯战略的个数,K 表示 S_2 中包含的纯战略的个数,其中,$S_1 = \{s_{11}, \cdots, s_{1J}\}$, $S_2 = \{s_{21}, \cdots, s_{2K}\}$。如果参与者 1 推断参与者 2 将以 $(p_{21}, \cdots, p_{2k})$ 的概率选择战略 $(s_{21}, \cdots, s_{2k})$,则参与者 1 选择纯战略 s_{1j} 的期望收益为

$$\sum_{k=1}^{K} p_{2k} u_1(s_{1j}, s_{2k})$$

且参与者 1 选择混合战略 $P_1 = (p_{11}, \cdots, p_{1J})$ 的期望收益为

$$v_1(P_1, P_2) = \sum_{j=1}^{J} \sum_{k=1}^{K} p_{1j} p_{2k} u_1(s_{1j}, s_{2k})$$

同理,如果参与者 2 推断参与者 1 将分别以 $(p_{11}, \cdots, p_{1J})$ 的概率选择战略 $(s_{11}, \cdots, s_{1J})$,则参与者 2 分别以概率 $P_2 = (p_{21}, \cdots, p_{2k})$ 选择战略 $(s_{21}, \cdots, s_{2k})$ 时的期望收益为

$$v_2(P_1, P_2) = \sum_{j=1}^{J} \sum_{k=1}^{K} p_{1j} p_{2k} u_2(s_{1j}, s_{2k})$$

在给出 $v_1(P_1, P_2)$ 和 $v_2(P_1, P_2)$ 后,我们可以重新表述纳什均衡的必要条件,即每一个参与者的混合战略是另一个参与者混合战略的最优反应,即一对混合战略 (P_1^*, P_2^*) 要成为纳什均衡,则 P_1^* 和 P_2^* 必须满足以下两个条件:

$$v_1(P_1^*, P_2^*) > v_1(P_1, P_2^*)$$

$$v_2(P_1^*, P_2^*) > v_2(P_1^*, P_2)$$

对 S_1 和 S_2 战略所有可能的概率分布 P_1 和 P_2 都成立。

定义 5.5 (混合纳什均衡) 在两个参与者的标准式博弈 $G = \{S_1, S_2; u_1, u_2\}$ 中,混合战略 (P_1^*, P_2^*) 是纳什均衡的充要条件为: 每一个参与者的混合战略是另一个参与者混合战略的最优反应,即上述两个不等式必须同时成立。

下面使用混合纳什均衡的定义求"猜硬币"博弈的均衡解。

令 x 为儿童甲选择出现正面的概率,则他选择出现反面的概率为 $1 - x$; y 为儿童乙选择出现正面的概率,则他选择出现反面的概率为 $1 - y$。所以儿童甲的混合战略可以表示为 $(x, 1-x)$,儿童乙的混合战略可以表示为 $(y, 1-y)$。接下来使用混合纳什均衡的定义对该博弈进行求解。

第一步:列出两个参与者甲和乙的混合战略的期望收益。

儿童甲的期望收益为

$$v_1(X, Y) = -1 \times xy + 1 \times x(1-y) + 1 \times (1-x)y - 1 \times (1-x)(1-y)$$

$$= 2(x + y) - 4xy - 1$$

儿童乙的期望收益为

$$v_2(X, Y) = 1 \times xy - 1 \times x(1 - y) - 1 \times (1 - x)y + 1 \times (1 - x)(1 - y)$$

$$= 4xy - 2(x + y) + 1$$

第二步：分别对 $v_1(X, Y)$ 和 $v_2(X, Y)$ 求偏导，令

$$\frac{\partial v_1}{\partial x} = 2 - 4y = 0, \quad \frac{\partial v_2}{\partial y} = 4x - 2 = 0$$

解得

$$x = y = 1/2$$

即

$$X^* = (1/2, 1/2), \quad Y^* = (1/2, 1/2)$$

因此，猜硬币博弈的混合纳什均衡解为 $(1/2, 1/2)$，表示儿童甲以 $1/2$ 的概率选择出现正面，儿童乙也以 $1/2$ 的概率选择出现正面。

2) 混合战略应用举例

例 5.6　社会福利博弈。社会福利博弈收益矩阵如表 5.10 所示。

表 5.10　社会福利博弈收益矩阵

参与者		流浪汉	
		找工作	游荡
政府	救济	3, 2	−1, 3
	不救济	−1, 1	0, 0

这个博弈同样不存在纯纳什均衡。如果政府选择救济，流浪汉的最优战略是游荡；如果流浪汉选择游荡，政府的最优战略是不救济；如果政府不救济，流浪汉的最优战略是寻找工作；而如果流浪汉寻找工作，政府的最优战略是救济······ 没有一个战略组合构成纯纳什均衡。但该博弈却存在混合纳什均衡。

假定政府以 x 概率选择救济，则以 $1 - x$ 的概率选择不救济。

流浪汉以 y 概率选择寻找工作，则以 $1 - y$ 的概率选择游荡。

第一步：列出两个参与者的混合战略的期望收益。

政府的期望收益为

$$v_1(X, Y) = 3xy + (-1)x(1 - y) + (-1)(1 - x)y + 0(1 - x)(1 - y)$$

$$= (x, 1 - x) \begin{bmatrix} 3 & -1 \\ -1 & 0 \end{bmatrix} \begin{bmatrix} y \\ 1 - y \end{bmatrix}$$

流浪汉的期望收益为

$$v_2(X,Y) = (x, 1-x) \begin{bmatrix} 2 & 3 \\ 1 & 0 \end{bmatrix} \begin{bmatrix} y \\ 1-y \end{bmatrix}$$

第二步：分别对 $v_1(X,Y)$ 和 $v_2(X,Y)$ 求偏导，令

$$\frac{\partial v_1}{\partial x} = 5y - 1 = 0, \quad \frac{\partial v_2}{\partial y} = 1 - 2x = 0$$

解得

$$x = 1/2, \quad y = 1/5$$

即 $x^* = (1/2, 1/2)$，$Y^* = (1/5, 4/5)$。

因此，在社会福利博弈中，$x = 1/2$，$y = 1/5$ 是唯一的混合纳什均衡。

5.1.2 完全信息动态博弈

5.1.1 节介绍的博弈过程为静态博弈，静态博弈只是博弈问题中的一种类型，现实中的许多决策活动是有先后顺序的，往往是依次选择行动而不是同时选择，而且后选择行动的博弈方能够看到先选择行动博弈方的选择内容，所以后面博弈方的决策要受到以前博弈方决策行动的影响，每一个博弈方都会根据在决策时所掌握全部信息做出自己的最优选择，这种有行动先后次序的博弈称为完全信息动态博弈 (或序贯博弈)。本节重点阐述博弈的扩展式和序贯博弈。

1. 博弈的扩展式

静态博弈可以采用博弈的标准式进行表示，而动态博弈可以通过博弈的扩展式来刻画。实际上，任何博弈都既可以用标准式表示，又可以用扩展式表示。

博弈的扩展式表示主要包括以下几个要素。

(1) 参与者的集合：$i = 1, 2, \cdots, n$，用 N 代表虚拟参与者"自然"。

(2) 参与者的行动顺序：谁在什么时候行动。

(3) 参与者的行动空间 (可行集)：在每次轮到某一参与者行动时，可供他选择的行动。

(4) 参与者的信息集：每次行动时，参与者所了解到的信息。

(5) 参与者的收益函数：在行动结束后，每个参与者可获得的收益情况。

(6) 外生事件 (即自然的选择) 的概率分布。

考虑下面一个完全信息动态博弈的情况。

(1) 参与者 1 从可行集 $A_1 = (L, R)$ 中选择行动 a_1。

(2) 参与者 2 观察到 a_1，然后从可行集 $A_2 = (L', R')$ 中选择行动 a_2。

(3) 两个参与者的收益分别为 $u_1(a_1, a_2)$ 和 $u_2(a_1, a_2)$。

上述内容可以用博弈的扩展式 (也称博弈树) 来表示，如图 5.2 所示。

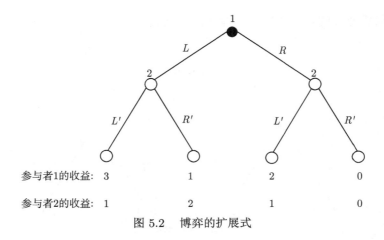

图 5.2　博弈的扩展式

由图 5.2 可知，从上往下来看，博弈的起点始于参与者 1 的一个决策节点 (图中黑圆点)，这时参与者 1 要从两个分支 L 和 R 中做出选择。如果参与者 1 选择 L，然后就到达参与者 2 左侧的一个决策节点，这时参与者 2 要从两个分支 L' 和 R' 中选择一个行动。同样地，如果参与者 1 选择 R，则将到达参与者 2 右侧的一个决策节点，这时参与者 2 将从 L' 和 R' 中选择一个行动。无论参与者 2 选择哪一个行动，都将到达终点节点 (terminal node)，此时博弈结束，两个参与者的收益情况在相应终点节点下面。

从图 5.2 中可以看出，参与者 2 有两个行动，却有四个战略，因为参与者 1 有两种行动 (L 和 R)，参与者 2 观察到参与者 1 的两种情况后进行选择。

战略 1：$S_1 = (L', L')$。如果参与者 1 选择 L，则参与者 2 选择 L'；如果参与者 1 选择 R，则参与者 2 选择 L'。

战略 2：$S_2 = (L', R')$。如果参与者 1 选择 L，则参与者 2 选择 L'；如果参与者 1 选择 R，则参与者 2 选择 R'。

战略 3：$S_3 = (R', L')$。如果参与者 1 选择 L，则参与者 2 选择 R'；如果参与者 1 选择 R，则参与者 2 选择 L'。

战略 4：$S_4 = (R', R')$。如果参与者 1 选择 L，则参与者 2 选择 R'；如果参与者 1 选择 R，则参与者 2 选择 R'。

因此，博弈的扩展式也可以转换成标准式，一个动态博弈可以表示为标准式。用标准式中的行表示参与者 1 的可行战略，列表示参与者 2 的可行战略，并计算参与者在每一种可能的战略组合下各自的收益，如表 5.11 所示。

表 5.11　博弈的扩展式转换成标准式

参与者		参与者 2			
		(L', L')	(L', R')	(R', L')	(R', R')
参与者 1	L	3, 1	3, 1	1, 2	1, 2
	R	2, 1	0, 0	2, 1	0, 0

例 5.7　假定在博弈开始之前自然就选择了 "低需求"，并且已成为参与者的共同信息；再假定开发商 A 先决策，开发商 B 在观测到 A 的选择后决策，博弈的扩展式表述如图 5.3

所示。那么如何将博弈的扩展式转换为博弈的标准式。

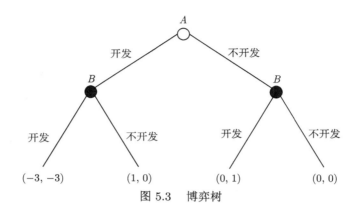

图 5.3　博弈树

为了构造出这个博弈的标准式，首先注意到，A 只有一个信息集 (决策节点)、两个可选择的行动，因而 A 的行动空间也即战略空间：$S_A = ($开发，不开发$)$。但 B 有两个信息集，每个信息集上有两个可选择的行动，因而 B 有四个纯战略，分别如下。

(1) 威胁战略：$S_1 = ($开发，开发$)$。如果 A 选择开发，则 B 选择开发；如果 A 选择不开发，则 B 也选择开发。

(2) 跟随战略：$S_2 = ($开发，不开发$)$。如果 A 选择开发，则 B 选择开发；如果 A 选择不开发，则 B 也选择不开发。

(3) 差异化战略：$S_3 = ($不开发，开发$)$。如果 A 选择开发，则 B 选择不开发；如果 A 选择不开发，则 B 选择开发。

(4) 放弃战略：$S_4 = ($不开发，不开发$)$。如果 A 选择开发，则 B 选择不开发；如果 A 选择不开发，则 B 仍选择不开发。这个博弈的标准式如表 5.12 所示。

表 5.12　博弈的标准式

参与者		开发商 B			
		(开发，开发)	(开发，不开发)	(不开发，开发)	(不开发，不开发)
开发商 A	开发	−3, −3	−3, −3	1, 0	1, 0
	不开发	0, 1	0, 0	0, 1	0, 0

2. 序贯博弈

1) 子博弈精炼纳什均衡

子博弈是序贯博弈中普遍存在的一种，由博弈中某一个阶段开始的后续博弈称为子博弈。实际上，从一个博弈任何一个节点开始到博弈结束都可以看作一个子博弈。

定义 5.6　一个扩展式表述博弈的子博弈 G 由一个决策结 x 和所有该决策结的后续结组成，它满足下列条件：① x 是一个单结信息集；② 子博弈的信息集和收益向量都直接继承自原博弈。

完美信息多阶段序贯博弈基本上都有一级或多级子博弈。不过并不是序贯博弈的任何部分都能构成子博弈，也不是所有序贯博弈都有子博弈。

泽尔滕 (Selten) 于 1965 年首次论证了在一般的序贯博弈中，某些纳什均衡比其他的纳什均衡更加合理，这就是子博弈精炼纳什均衡，首先给出它的定义。

定义 5.7 (子博弈精炼纳什均衡)　扩展式表述博弈的战略组合 $s^* = \{s_1^*, \cdots, s_i^*, \cdots, s_n^*\}$ 是一个子博弈精炼纳什均衡，如果：① 它是原博弈的纳什均衡；② 它在每一个子博弈上给出纳什均衡。

仍以上面房地产开发的博弈为例，从例子中可得三个纳什均衡：

(1) {不开发，(开发，开发)}，不可置信的威胁；

(2) {开发，(不开发，开发)}，唯一的子博弈精炼纳什均衡；

(3) {开发，(不开发，不开发)}，不可置信的承诺。

这个博弈有三个子博弈，除原博弈外，子博弈 (I, II) 实际上是两个单人博弈 (即在每个博弈中，只有开发商 B 在决策)，如图 5.4 所示。

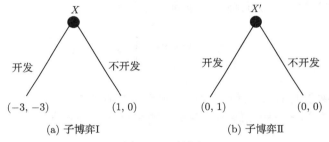

图 5.4　子博弈

这个博弈有三个纳什均衡：{不开发，(开发，开发)}；{开发，(不开发，开发)}；{开发，(不开发，不开发)}。检验这三个纳什均衡是否满足子博弈精炼纳什均衡的要求。

对于子博弈 I，B 的最优选择是不开发；对于子博弈 II，B 的最优选择是开发。

纳什均衡 {不开发，(开发，开发)} 中 B 的均衡战略 (开发，开发) 在子博弈 II 上构成纳什均衡，但在子博弈 I 上不构成纳什均衡，因此，{不开发，(开发，开发)} 不是一个子博弈精炼纳什均衡。

同理，纳什均衡 {开发，(不开发，不开发)} 中 B 的均衡战略 (不开发，不开发) 在子博弈 I 上构成纳什均衡，但在子博弈 II 上不构成纳什均衡，因此，{开发，(不开发，不开发)} 也不是一个子博弈精炼纳什均衡。

与上述两个纳什均衡不同，纳什均衡 {开发，(不开发，开发)} 中 B 的均衡战略 (不开发，开发) 无论在子博弈 I 上还是在子博弈 II 上都构成纳什均衡 (即若 A 开发，B 不开发；若 A 不开发，B 开发)，因此 {开发，(不开发，开发)} 是这个博弈的唯一的子博弈精炼纳什均衡。

2) 逆向归纳法及举例

手雷博弈属于下面简单类型的完全信息动态博弈。

(1) 参与者 1 从可行集 A_1 中选择行动 a_1。

(2) 参与者 2 观察到 a_1，然后从可行集 A_2 中选择行动 a_2。

(3) 两个参与者的收益分别为 $u_1(a_1, a_2)$ 和 $u_2(a_1, a_2)$。

这种完全信息动态博弈的主要特点是：① 行动是顺序发生的；② 下一步行动选择之前，所有以前的行动都可以被观察到；③ 每一个可能的行动组合下参与者的收益都是共同信息。

我们可以用逆向归纳法求解该类问题的子博弈精炼纳什均衡。

假定博弈有两个阶段，第一阶段参与者 1 行动，第二阶段参与者 2 行动，并且参与者 2 在行动前观测到参与者 1 的行动选择。

令 A_1 是参与者 1 的行动空间，A_2 是参与者 2 的行动空间。

参与者 1 和参与者 2 的行动及收益函数分别为

$$a_1 \in A_1 \xrightarrow{\text{收益函数}} u_1(a_1, a_2)$$

$$a_2 \in A_2 \xrightarrow{\text{收益函数}} u_2(a_1, a_2)$$

第一步：先求解参与者 2 的最优反应。第二阶段，参与者 2 行动时，已观察到参与者 1 选择了行动 a_1，所以参与者 2 面临的决策问题可用下式表示

$$\left. \begin{array}{ll} \max & u_2(a_1, a_2) \\ \text{s.t.} & a_2 \in A_2 \end{array} \right\} \Rightarrow a_2^*(a_1)$$

第二步：再求解参与者 1 的最优行动。由于参与者 1 能够获知参与者 2 的最优反应函数，所以参与者 1 在第一阶段要解决的最优问题可用下面公式表示

$$\max u_1(a_1, a_2^*(a_1)) \Rightarrow a_1^*$$

这个博弈的纳什均衡可以表示为 $(a_1^*, a_2^*(a_1^*))$，而且逆向求解法求出的均衡解就是子博弈精炼纳什均衡。

下面以经典的斯塔克尔伯格 (Stackelberg) 博弈为例，来说明逆向归纳法的求解过程。

例 5.8 Stackelberg 寡头竞争模型。假设市场上有两家企业，企业 1 首先选择产量 q_1，企业 2 观测到 q_1 后，然后再选择自己的产量 q_2，其中 $q_1 \geqslant 0$，$q_2 \geqslant 0$，市场总产品数量为 $Q = q_1 + q_2$。令市场价格 $P(Q) = a - Q$ 表示市场出清时的价格，其中 $a > 0$，生产每单位产品的边际成本为常数 c (固定成本为 0)。则两家企业的收益函数可以分别表示如下

$$\text{企业 1：} \pi_1(q_1, q_2) = q_1[a - (q_1 + q_2) - c]$$

$$\text{企业 2：} \pi_2(q_1, q_2) = q_2[a - (q_1 + q_2) - c]$$

下面使用逆向归纳法进行求解。

第一步：先求解企业 2 的最优反应。第二阶段，企业 2 行动时，已观察到企业 1 选择了产量 q_1，所以企业 2 面临的决策问题可用下式表示

$$\max_{q_2 \geqslant 0} \pi_2(q_1, q_2) = \max_{q_2 \geqslant 0} \{q_2[a - (q_1 + q_2) - c]\}$$

由上式求得企业 2 的最优反应函数

$$R_2(q_1) = \frac{a - c - q_1}{2}$$

第二步：再求解企业 1 的最优行动。由于企业 1 能够获知企业 2 的最优反应函数，企业 1 在第一阶段要解决的最优问题可用下面公式表示

$$\max_{q_1 \geqslant 0} \pi_1(q_1, R_2(q)) = \max_{q_1 \geqslant 0} \{q_1[a - (q_1 + R_2(q_1)) - c]\}$$

由上式求得

$$q_1^* = \frac{a - c}{2}$$

$$q_2^* = R_2(q_1^*) = \frac{a - c}{4}$$

这就是 Stackelberg 博弈的逆向归纳解，将其和例 5.3 的古诺寡头竞争模型的纳什均衡解进行对比，Stackelberg 博弈均衡解的总产量为 $3(a-c)/4$，比古诺博弈中纳什均衡的总产量 $2(a-c)/3$ 要高，从而 Stackelberg 博弈相应的市场出清价格就比较低。

5.2　博弈论常用软件

前面介绍了如何运用理论方法来求解纳什均衡，该部分将介绍求解博弈论均衡解的两个软件：Gambit 和 Mathematica。Gambit 软件主要适应于离散收益数值的策略博弈分析，而 Mathematica 软件可以用于连续收益数值的动态博弈分析。

5.2.1　Gambit 软件介绍

Gambit 是一个求解博弈论软件的工具库，其主要用于构建并分析战略式和扩展式博弈。Gambit 软件求解博弈均衡操作步骤介绍：

第一步：打开链接 https://sourceforge.net/projects/gambit/files/，下载并安装 Gambit 软件。

第二步：打开 Gambit 软件，建立一个文件。在菜单栏中选择 File→New→Strategic game 或 Extensive game 子菜单。其中，Strategic game 子菜单用于构建和求解战略博弈 (标准式)，Extensive game 子菜单用于分析扩展式博弈。

第三步：输入决策者和收益矩阵。在左侧窗口可对决策者进行命名，同时根据博弈模型输入每个参与者的收益数值，即建立模型。若增加决策者，可在菜单栏中选择 Edit→Add player 子菜单；若增加策略，可单击按钮 ▲▦。

第四步：计算纳什均衡。在菜单栏中选择 Tools→Equilibrium→Compute all Nash equilibrium→with Gambit's recommended method，单击 OK 按钮。

第五步：获得纳什均衡结果。

为更清楚地理解 Gambit 软件运行步骤，下面以囚徒困境和房地产开发例子来阐述 Gambit 软件在战略式博弈和扩展式博弈中的应用。另外，以英国脱欧事件为例，介绍 Gambit 软件在求解战略博弈问题中的具体应用过程。

1. Gambit 软件求解囚徒困境案例

第一步：选择 File 菜单，选择 New→Strategic game 子菜单，如图 5.5(a) 所示。

第二步：输入两个决策者和收益矩阵。可以重新定义参与者和策略的名称。"①" 处代表囚徒 1，"②" 处代表囚徒 2，如图 5.5(b) 所示。

第三步：求解纳什均衡。在菜单栏中选择 Tools→Equilibrium 子菜单，然后选择 Compute all Nash equilibria 和 with Gambit's recommended method，并单击 OK 按钮，如图 5.5(c) 所示。

第四步：获得纳什均衡结果。根据求解步骤得到纳什均衡结果。其中数字 1 表示每个参与者选择的均衡策略，如图 5.5(d) 所示。

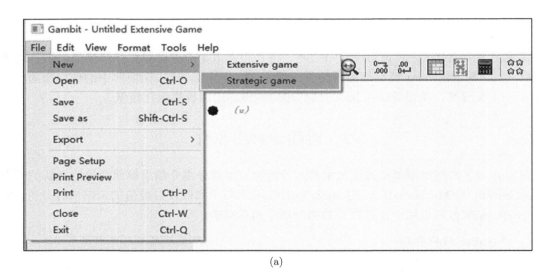

(a)

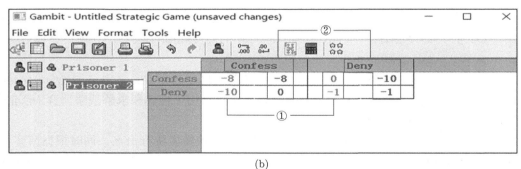

(b)

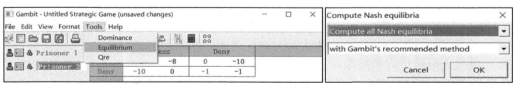

(c)

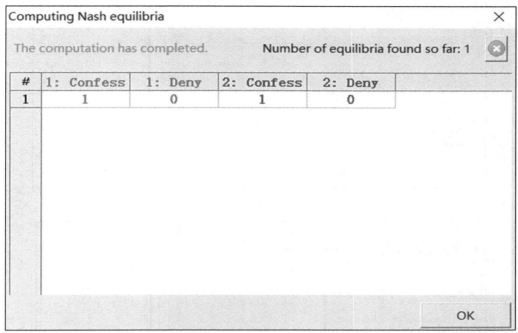

(d)

图 5.5　Gambit 软件求解囚徒困境

扫一扫，看彩图

2. Gambit 软件求解房地产开发案例

第一步：选择 File 菜单，在子菜单栏中选择 New→Extensive game，如图 5.6(a) 所示。

第二步：绘制博弈树。① 在左侧将两个决策者分别命名为：Developer A，Developer B。② 右击黑点按钮，选择 Insert Move，在弹出的对话框中选择 Insert move for Developer A，并单击 OK 按钮。③ 右击黑点按钮，选择 Insert Move，在弹出的对话框中选择 Insert move for Developer B，并单击 OK 按钮。④ 双击红色节点并命名节点标签，同时双击红色标签"1"并命名操作标签。⑤ 类似地，命名蓝色节点标签并命名操作标签。⑥ 输入每个分支的收益信息，并单击"回车"键完成收益数值的输入。如图 5.6(b) 所示。

第三步：计算纳什均衡。① 在菜单栏中选择 Tools→Equilibrium 子菜单。② 选择 Compute all Nash equilibria 和 with Gambit's recommended method，并单击 OK 按钮确认，如图 5.6(c) 所示。

第四步：获取博弈的纳什均衡结果。注意数字 1 表示纯纳什均衡，分数表示混合纳什均衡，如图 5.6(d) 所示。

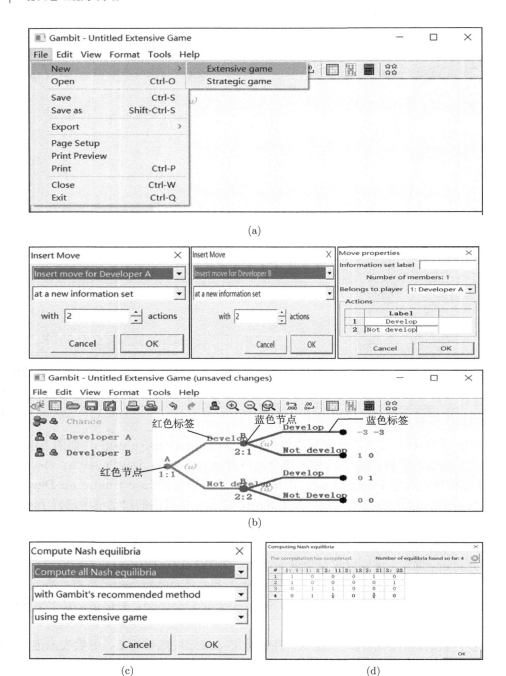

图 5.6 Gambit 软件求解房地产开发

扫一扫，看彩图

3. Gambit 软件求解英国脱欧案例

1) 英国脱欧事件背景描述

在第二次世界大战后，欧洲联盟 (European Union，EU，简称欧盟) 开始促进欧洲国家之间的经济合作，允许货物、服务和金钱的自由流动，建立了共同的法律。然而，在 2010 年危机时欧盟的经济下降，英国的经济强于欧盟，英国没有参与到营救中，欧盟对英国的金融监管也在下降。

此外，以 2013 年数据计算，英国是欧盟财政预算第二大净贡献国。但是一些欧元区国家在金融危机后降低了贡献额，导致英国贡献比例大幅升高。

因此，2015 年，英国曾公开提出留在欧盟的条件和目标。四个目标包括：确保欧洲共同市场对英国等非欧元区国家一视同仁；增强欧盟的竞争力，减少对成员国经济的束缚；允许英国不参与欧盟政治一体化进程，增强欧盟成员国议会的权力；控制欧盟进入英国的移民，减少对欧盟人口自由流动原则的滥用等。然而，欧盟回应说，这些目标很难实现，特别是取消欧洲移民的社会福利。2016 年，英国组织公众投票，成功脱欧。下面，我们来分析英国脱欧对各个国家的影响。

2) 英国脱欧对各方的影响

(1) 对于英国，脱欧的好处包括：可以不必向欧盟缴纳会费，节省财政开支；腾出就业岗位和劳动福利；从法律上摆脱欧盟的束缚。不利影响包括：欧盟是英国最大的贸易伙伴，脱欧会影响二者之间的经济贸易；英国金融业有 250 多家外国银行，脱欧会影响伦敦在全球金融业的地位；500 万英国人的就业机会和欧盟息息相关，英国脱欧影响本国人民的就业。

(2) 对于欧盟，如果英国选择离开，欧盟的全球影响力将被削弱。从经济的角度，英国的 GDP 约代表欧盟经济的六分之一。英国的离开会给欧盟的经济实力和国际地位带来消极的影响。

(3) 对于苏格兰和北爱尔兰，2014 年 9 月，苏格兰举行独立公投，但最终没能成功独立。苏格兰和英格兰有不同的税收政策和石油储备。如果英国选择离开欧盟，苏格兰很可能举行第二次独立公投，并选择继续留在欧盟。北爱尔兰也有类似的选择。

3) "英国脱欧事件" 博弈求解

第一步：运用 Gambit 软件建立 "英国脱欧事件" 的博弈模型。

英国脱欧事件关系到英国、欧盟等主体的利益。在整个博弈的过程中有三个冲突：英国与欧盟之间、英国内部之间、欧盟内部之间。我们分别对其进行详细的分析。图 5.7 为 Gambit 软件建立的 "英国脱欧事件" 的博弈标准形式。

(1) 英国与欧盟之间的冲突博弈，如表 5.13 所示。英国与欧盟之间的冲突基本上是一个最后通牒的博弈 (非零和博弈) 模型。

(2) 英国内部的冲突博弈，如表 5.14 所示。北爱尔兰和苏格兰之间的冲突过程类似于性别战博弈。如果两者都留在欧盟，将减少英国的回报，同时也增加欧盟的回报。

(3) 欧盟内部的冲突博弈。欧盟内部冲突更为复杂。因为如果这是一个单独的博弈，欧盟可以选择向英国妥协，但这是一个多人参与的重复博弈。如果欧盟向英国妥协，其他国家也会模仿英国获得更多的好处。所以即使在这一轮妥协似乎是一个很好的选择，在整个博弈中，欧盟仍将不顾英国的离开。该冲突中的决策者与策略如下。

DM1：欧盟。

　　　　妥协：与欧盟妥协，给英国更多的利润以增加英国留在欧盟的机会。

　　　　忽视：忽视英国离开欧盟。

EU GB NI SC		1				2			
1		60	10	10	40	60	10	10	40
		60	10	10	40	60	10	10	40
		60	10	10	40	60	10	10	40
		60	10	10	40	60	10	10	40
		60	10	10	40	60	10	10	40
		60	10	10	40	60	10	10	40
		60	10	10	40	60	10	10	40
		60	10	10	40	60	10	10	40
2		80	10	10	0	$\frac{28833}{500}$	$\frac{704}{125}$	$\frac{2907}{500}$	$\frac{9467}{500}$
		80	10	10	0	$\frac{22827}{500}$	$\frac{1317}{250}$	$\frac{2907}{500}$	$\frac{5463}{500}$
		80	10	10	0	$\frac{12603}{250}$	$\frac{1291}{250}$	$\frac{24}{5}$	$\frac{2201}{125}$
		80	10	10	0	$\frac{192}{5}$	$\frac{24}{5}$	$\frac{24}{5}$	$\frac{48}{5}$
		80	10	10	0	$\frac{192}{5}$	$\frac{24}{5}$	$\frac{24}{5}$	$\frac{48}{5}$
		80	10	10	0	$\frac{192}{5}$	$\frac{24}{5}$	$\frac{24}{5}$	$\frac{48}{5}$
		80	10	10	0	$\frac{192}{5}$	$\frac{24}{5}$	$\frac{24}{5}$	$\frac{48}{5}$
		80	10	10	0	$\frac{192}{5}$	$\frac{24}{5}$	$\frac{24}{5}$	$\frac{48}{5}$

图 5.7　运用 Gambit 软件建立 "英国脱欧事件" 的博弈模型

EU 表示欧盟，GB 表示英国，NI 表示北爱尔兰，SC 表示苏格兰

扫一扫，看彩图

表 5.13　英国与欧盟之间的冲突博弈

参与者		英国	
		留下	离开
欧盟	妥协	60，40	—，—
	忽视	80，0	−50，−25

表 5.14　英国内部的冲突博弈

参与者		苏格兰	
		离开	留下
北爱尔兰	离开	5，5	0，0
	留下	0，0	10，10

DM2：英国。

留下：留在欧盟。

离开：离开欧盟。

DM3：北爱尔兰。

留下：留在欧盟并离开英国。

离开：离开欧盟并留在英国。

DM4：苏格兰。

留下：留在欧盟并离开英国。

离开：离开欧盟并留在英国。

第二步：运用 Gambit 软件计算博弈的均衡解。

在此，应用 Gambit 软件来计算博弈的均衡解。在本节的模型中，每个决策者都是聪明且贪婪的，每个人都知道别人策略的收益。因为如果欧盟不向英国妥协，他们会面临更多类似的情况，就像英国离开欧盟。此时，欧盟的不妥协使得英国不得不通过投票，来决定到底是留在欧盟还是离开欧盟。因此，当英国投票离开欧盟后，北爱尔兰和苏格兰进行谈判。对于双方来说，留在欧盟是最好的选择，如果其中一方能够成功留在欧盟，则另一方留欧盟的支持率将会增加。图 5.8 是关于留在欧盟的可能性的数据。

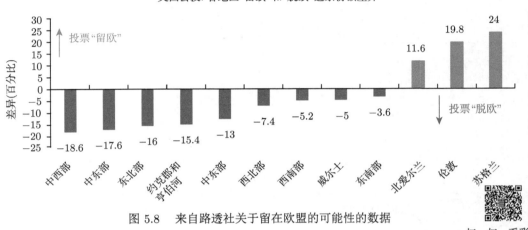

图 5.8 来自路透社关于留在欧盟的可能性的数据

扫一扫，看彩图

北爱尔兰和苏格兰之间的冲突博弈如表 5.15。将表 5.15 中的信息输入到 Gambit 软件，可以计算出博弈的纳什均衡解，如图 5.9 (a) 所示。根据计算结果可知，纳什均衡是状态 (留下，留下)，即北爱尔兰和苏格兰会有同样的态度，他们更想留在欧盟，离开英国。

表 5.15 北爱尔兰和苏格兰之间的冲突博弈

参与者		苏格兰	
		离开	留下
北爱尔兰	离开	5, 5	0, 0
	留下	0, 0	10, 10

使用 Gambit 软件构建欧盟内部的博弈模型，计算可得博弈的纳什均衡解，如图 5.9 (b) 所示。根据计算结果可知，苏格兰会选择留在欧盟，北爱尔兰也会留在欧盟。英国毫无疑问地选择离开欧盟，欧盟应该妥协，以避免最坏的结果。然而，欧盟不会妥协，所以最好的结果将是苏格兰和北爱尔兰留在欧盟且英国离开欧盟。这是一场两败俱伤的博弈。

4) 案例总结与评析

在投票开始前欧盟和英国也都进行了分析，支持离开欧盟可能是一场两败俱伤的博弈。这可以应用博弈理论进行行为描述。最后通牒的博弈是关于经济实验的博弈。第一个决策者 (发起者) 收到一笔钱，提出决策者和其他决策者之间如何分配。第二个决策者 (应答者) 选择接受或拒绝这个提议。如果第二个决策者接受，这些钱将根据这个提议进行分配。如果第二个决策者拒绝，两个决策者都收不到钱。博弈通常只进行一次，这样不存在交换的问题。英国离开欧盟就是一个很好的例子，我们可以使用博弈论来避免坏的选择。在传统经济学模型中，将英国留在欧盟，欧盟甚至可以得到更多的收益，这样，英国是其成员国。如果英国不离开欧盟，他们都将得到更多的回报，但他们不想互相包含。通过分析可以知道，人们关心公平和尊重有时超过了收益。在这个博弈中没有一个是真正的赢家。

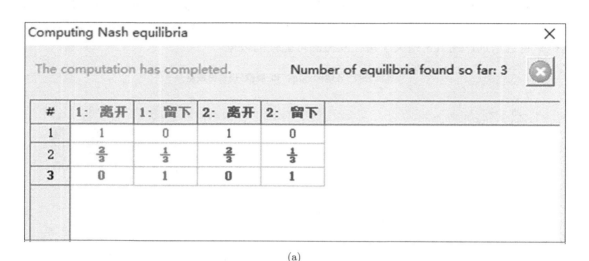

(a)

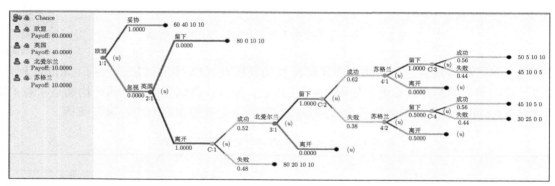

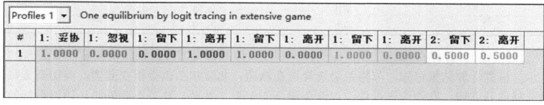

(b)

图 5.9　计算纳什均衡和 Gambit 计算结果

扫一扫，看彩图

5.2.2　Mathematica 软件介绍

Mathematica 是美国 Wolfram 公司研究设计的一款数学分析型软件，具有高精度的数值和符号计算功能，可用于分析和求解收益数值连续的博弈问题。Mathematica 软件求解博弈均衡操作步骤介绍如下。

第一步：进入系统界面，建立一个新的笔记本。在"开始"菜单中选择 Mathematica，单击"新建笔记本"。

第二步：变量赋值及定义。在 Mathematica 中运用符号":="对变量进行赋值，然后单击 Shift+Enter 键对变量进行定义，此时出现输入标识"In[ ]"。

第三步：计算博弈均衡。在 Mathematica 中运用"D[f, x]"计算 f 以 x 为变量的导数；同时，运用"Solve[方程或 {方程组}, {变量列表}]"求解方程或方程组的精确解。在输入结束后，然后单击 Shift+Enter 键使系统计算并输出计算结果，此时出现输出标识"Out[ ]"。

第四步：计算结果的赋值及定义。在 Mathematica 中，如果需要运用计算结果进行其他变量的求解，则需要对计算结果进行定义。赋值及定义步骤同第一步。

第五步：获得博弈均衡结果。在获取博弈均衡结果时，可采用"Factor[ ]"对计算结果进行因式分解。

为更清楚地理解 Mathematica 软件运行步骤，下面以古诺寡头竞争模型和 Stackelberg 寡头竞争模型两个例子来阐述 Mathematica 软件在纳什博弈和 Stackelberg 博弈中的应用。另外，进一步引入供应链运营模型，深化 Mathematica 软件在博弈理论求解过程中的运用。

1. 利用 Mathematica 软件求解古诺寡头竞争案例

第一步：进入 Mathematica 页面，新建一个笔记本，如图 5.10(a) 所示。

第二步：输入变量及利润。可以重新定义变量和参与者的标识，只需保持全部运行程序的一致性即可。f 代表企业 1，g 代表企业 2，如图 5.10(b) "第二步"所示。

第三步：计算博弈均衡并对决策变量进行赋值和定义，如图 5.10(b) "第三步"所示。

第四步：获取博弈均衡结果运用"Factor[ ]"进行化简，如图 5.10(b) "第四步"所示。

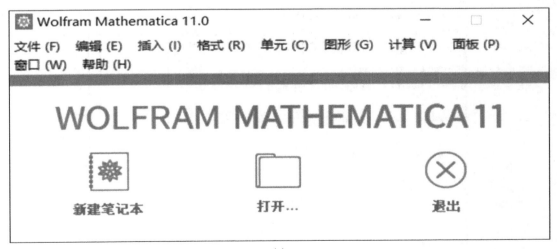

(a)

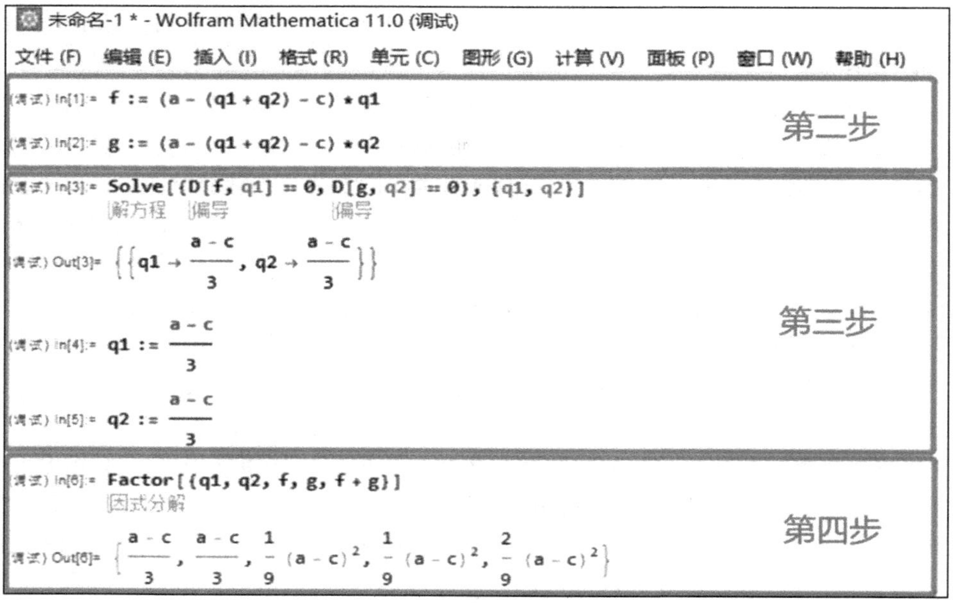

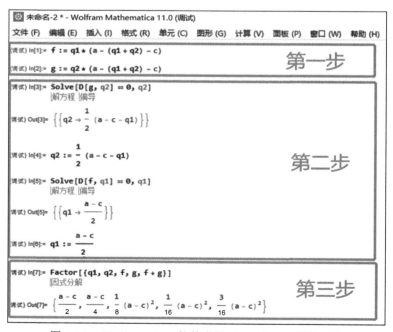

图 5.10　Mathematica 软件求解古诺寡头竞争

2. 利用 Mathematica 软件求解 Stackelberg 寡头竞争案例

第一步：输入变量及利润。为方便表示，运用 f 代表企业 1，g 代表企业 2，如图 5.11 "第一步" 所示。

图 5.11　Mathematica 软件求解 Stackelberg 寡头竞争

第二步：计算博弈均衡并对决策变量进行赋值和定义，如图 5.11 "第二步" 所示。

第三步：获取博弈均衡结果运用 "Factor[ ]" 进行化简，如图 5.11 "第三步" 所示。

3. 利用 Mathematica 软件求解供应链运营模型案例

1) 供应链运营系统背景描述

在一个两级供应链系统中，上游垄断制造商将产品批发给两个下游零售商，并通过下游零售商进行销售，制造商的批发价为 w，两个零售商的零售价为 p。供应链运营框架如图 5.12 所示。

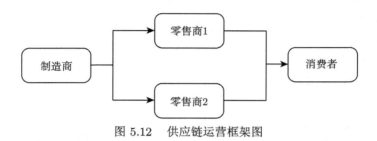

图 5.12　供应链运营框架图

假设上游制造商和下游零售商进行 Stackelberg 博弈，而两个下游零售商之间进行古诺竞争。逆市场需求函数为

$$p = a - \beta Q$$

其中，$Q = q_1 + q_2$ 为下游零售商的总订货量，$q_i(i=1,2)$ 为零售商 i 的订货量，$a, b > 0$ 且为常数。则零售商的利润函数为

$$\pi_{r_i} = (p - w)q_i$$

假设制造商的单位生产成本为 c，则制造商的利润函数为

$$\pi_m = (w - c)Q$$

在供应链中，制造商为领导者，零售商为跟随者。具体博弈顺序如下：

(1) 制造商根据市场需求确定批发价 w；

(2) 零售商 i 分别确定订货量 q_i。

2) 供应链运营均衡策略求解

在供应链中，制造商和零售商均以利润最大化为目标来确定最优批发价和订货量。根据 Stackelberg 博弈理论以及逆向归纳法，运用 Mathematica 软件求解过程如下。

第一步：Mathematica 软件建立博弈模型。在 Mathematica 中新建一个笔记本，在笔记本中输入与模型相关的变量，包括零售价、订货量和利润，如图 5.13 "第一步" 所示。

第二步：Mathematica 软件求均衡解。根据逆向求解过程，先求解零售商 i 的最优订货量 q_i，再求解制造商的最优批发价 w。在求解过程中，需要对每一个均衡解进行定义，如图 5.13 "第二步" 所示。

第三步：Mathematica 软件获得均衡决策及利润，如图 5.13 "第三步" 所示。

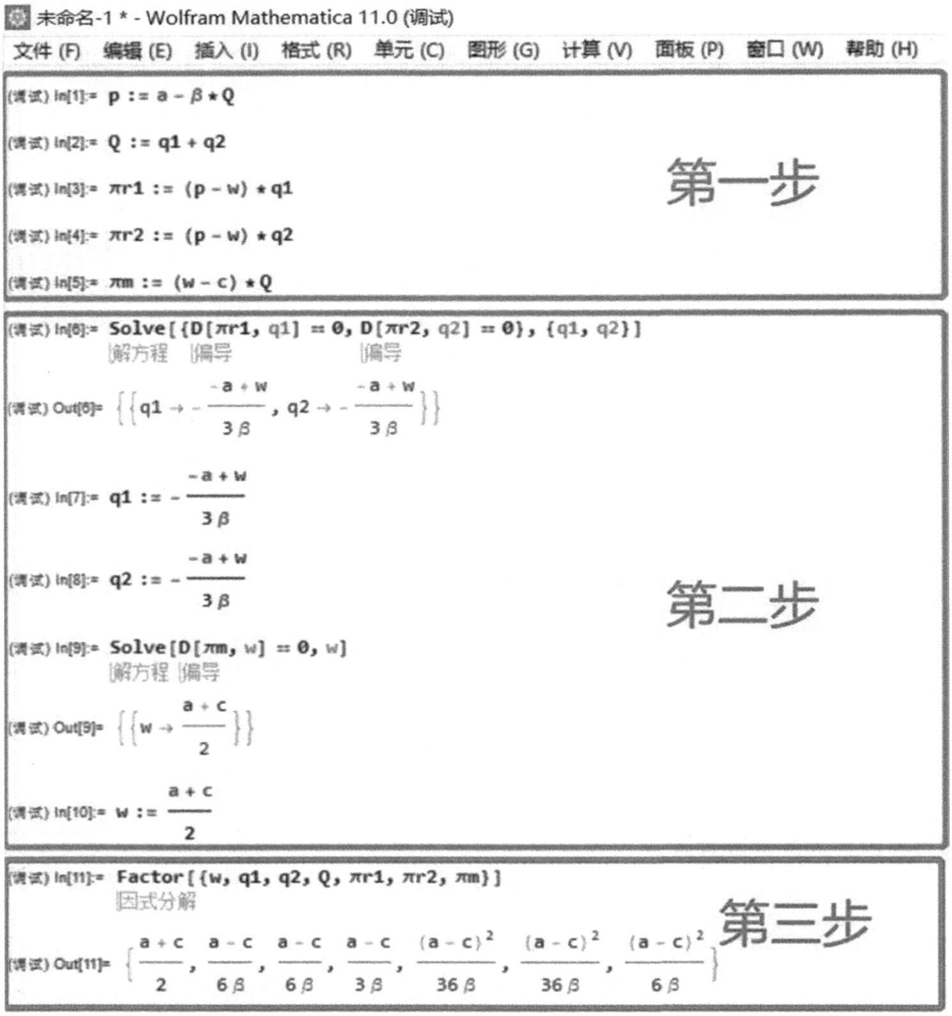

图 5.13　Mathematica 计算结果

因此，制造商的均衡批发价为 $w = (a+c)/2$，零售商的均衡订货量为 $q_1 = q_2 = (a-c)/6\beta$。在均衡策略下，总订货量为 $Q = (a-c)\,3\beta$，零售商的利润为 $\pi_{r_1} = \pi_{r_2} = (a-c)^2/(36\beta)$，制造商的利润为 $\pi_m = (a-c)^2/(6\beta)$。

3) 案例总结与评析

由上述理论结果可知，制造商的生产成本越高，所有供应链成员的利润越低。制造商在高的生产成本下，会提高批发价。零售商面临采购成本的增加，会减少订购数量，低迷的市场需求削弱了制造商和零售商的利润。此外，服务水平越高，产品的市场容量越大，从而 a（产品最高价格）也越高，所有供应链成员的利润越大。两个零售商构成古诺竞争，由于销售相同的产品且采取相同的定价策略，从而在销售过程中获得的利润相同。因此，在供应链中，企业应降低生产成本来确保所有供应链成员能够获得更大的利润。同时，上下游企业应加强相互协调，提高整个供应链的柔性及快速响应能力，增加顾客价值。

5.3　冲突分析图模型理论

冲突分析图模型可以通过 $V = \{N, S, P, G\}$ 表示。其中：$N(N \geqslant 2)$ 表示包含冲突中所有决策者的有限非空集合；S 为所有可行状态所组成的非空集合；P 为决策者的偏好信息；G 表示决策者的状态转移图模型。冲突分析图模型可以划分为两个阶段：冲突建模和稳定性分析。

冲突的建模过程包括以下内容：①冲突事件的背景描述；②根据冲突背景，提炼出冲突的决策者及可供选择的策略；③确定冲突的所有可行状态；④绘制状态转移图；⑤分析各决策者的偏好信息。

稳定性分析阶段包括以下内容：①分析各个决策者在不同稳定性定义下的稳定解；②确定冲突博弈的均衡解。稳定性分析结果可以为冲突局势预测和矛盾调解提供重要的决策支持信息，从而更好地解决冲突问题。图 5.14 给出了运用冲突分析图模型分析和解决冲突问题的全过程。

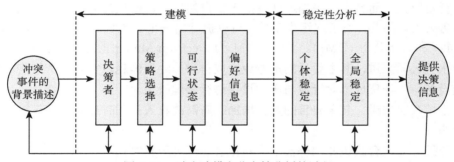

图 5.14　冲突建模和稳定性分析的过程

5.3.1　冲突分析图模型建模过程

1. 冲突问题背景描述

冲突问题的背景描述主要是为了阐述冲突产生的原因和详细过程，从而提炼出冲突的参与者、可能的策略选择、可行状态和偏好信息，为冲突建模提供重要的决策信息。冲突背景资料的收集和整理直接影响冲突建模要素的提取，从而对冲突局势分析结果产生影响。下面以某岛国某市"水污染冲突事件"为例，介绍冲突背景描述的过程。

某年，某岛国某市发生了一起水污染事件。根据事件通报的信息，此次事故由自来水厂周边的地下含油污水引发。含油污水来自某石化公司原料动力厂此前两次爆炸事故遗留的废渣。早在一二十年前，就有专家建议应该将该石化公司在内的污染企业整体搬迁。

石化公司出于利益考虑不愿迁址；自来水厂所属的水务公司考虑到更换管道的费用巨大，不愿去承担；双方均将水污染事件的发生原因归结到对方，陷入了僵持阶段。在此背景下，当地政府如何在水污染事件发生后权衡各方的利益做出合理的决策，化解冲突各方的矛盾，从而有效地解决冲突？

2. 决策者策略及其状态

在冲突分析图模型中，决策者可以是个人、组织、企业、政府或者国家等任何能够独立做出决策的个体或团体，他们具有法定的政策制定权力，并参与政策制定的全过程。同时，在一个冲突问题中，要求决策者至少有两个，并且处于同一个明确的冲突系统之中，有着自己独立的利益追求。在现实冲突中，为了分析和建模的方便，通常会把目标一致、利益统一的参与者合并为一个决策者。

在冲突中，每个决策者拥有着独立制定策略的权利，都有着属于自己的策略集。决策者在行动中会从其策略集中选择一个或多个策略，然后根据冲突中其他决策者的行为变动从而调整自己的策略选择。当决策者选择某策略时，记为"Y"；如果不选择该策略，则用"N"来表示。以水污染事件为例，来说明此次冲突事件中所涉及的决策者和策略。

在水污染事件中，对于水务公司来说，修理改造管道等设备会造成自己的经济消耗，他认为应由石化公司承担本次水污染事件的后果；在当地政府看来，水务公司若能修理改造管道等设备，则会暂时解决此次水污染事件，石化公司如果迫于压力选择迁址，当地环境变好会提升政府效益，但是相应地会影响当地政府的经济收益；对于石化公司来说，若其选择迁址，不仅耗资巨大，而且会失去当地现有的丰富自然资源，他认为造成此次水污染事件的原因在于水务公司。因此，对于水污染事件，可以提炼出三个决策者：水务公司 (DM1)、当地政府 (DM2) 和石化公司 (DM3)。其中，DM 为 Decision Maker 的缩写，表示为决策者。

对于水务公司来讲，其主要目的是避免造成自身的经济消耗，它有一个策略。

改造设备——花费成本对管道与压力设备进行修理改造。

对于当地政府来讲，其主要目的是在增加政府财政收入的同时也要注重环境的保护，它有两个策略：

支持迁址——出台政策并部分拨款令石化公司迁址至新区；

支持改造设备——对水务公司施加压力令其修理改造管道与压力设备。

对于石化公司来讲，其主要目的是继续开发当地资源，增加收入，它有一个策略：

迁址——迁址至新区。

3. 确定可行状态

在冲突分析图模型中，由于冲突事件中的决策者是自主决策的，可以自行选择采取的策略，当所有的决策者均选择相应的策略后，将所有决策者的策略选择情况组合到一起，就形成了一个冲突的局势 (状态)。例如，在水污染事件中，水务公司不选择改造设备，表示为"N"，当地政府不选择支持迁址而选择支持改造设备时，表示为"NY"，石化公司不选择迁址，表示为"N"。此时，将三个决策者的策略选择情况进行综合后为"N, NY, N"，形成一个状态。该状态表示的含义为此次冲突事件发生后，水务公司没有对管道与压力设备进行修理改造，当地政府对其施加压力令其改造设备，石化公司没有迁到其他地方并且当地政府也没对其施加压力令其迁址。

通过上述分析，我们可以看出，由于决策者对待某一策略的状态有两种：选择和不选择，即"Y"和"N"。因此，假设冲突中共含有 k 个策略，则从逻辑推理来看，一共有 2^k 种状态。但冲突中并不是所有的状态都是可以实际发生的，有些状态可能并不符合实际情况，也就是

不可能发生的, 这样的状态称为不可行状态, 相应地, 其他的状态称为可行状态。以下四类在逻辑上被称为不可行状态:

(1) 在逻辑推理上不可能形成;

(2) 在策略的优先选择上不可能产生;

(3) 在合作可能上不可行;

(4) 在递阶要求上不可行。

在水污染事件中, 从逻辑上看, 三个决策者总共有 4 个策略可供选择, 因此应该有 2^4 种状态, 即 16 种状态。但事实上, 如果石化公司选择迁址, 无论其他两个决策者选择什么样的策略, 都会解决当前的水污染问题。所以, 状态 s_9 实际上包含了 8 种状态。因此, 此次冲突事件共包含 9 种状态, 如表 5.16 所示。其中, "Y" 表示决策者选择该策略, "N" 表示决策者放弃该策略, "—" 表示既可以是 "Y", 也可以是 "N"。

表 5.16　水污染冲突事件的可行状态

决策者	策略	s_1	s_2	s_3	s_4	s_5	s_6	s_7	s_8	s_9
DM1	改造设备	N	N	N	N	Y	Y	Y	Y	—
DM2	支持迁址	N	Y	N	Y	N	Y	N	Y	—
	支持改造设备	N	N	Y	Y	N	N	Y	Y	—
DM3	迁址	N	N	N	N	N	N	N	N	Y

4. 绘制状态转移图

状态转移是指在其他决策者选择策略不变的情况下, 出于某些情况考虑, 比如为了自身利益或者冲突的有效解决等, 当局者通过改变自己的策略选择, 使得当前冲突局势发生变化, 即从当前状态转移到另一状态。在冲突分析图模型中, 冲突的可行状态和状态转移情况是用一个完整的有向图来表示的, 称为图模型。在图模型中, 各圆点表示每种可行状态 (s), 标号表示可行状态的编号。在图中, 我们用有向弧 (A_i) 表示决策者 i 从某可行状态转移到另一状态。弧的箭尾表示初始可行状态, 箭头表示由初始可行状态转移到的可达状态。比如, $(s_1, s_2) \in A_i$ 表示决策者从状态 s_1 转移到 s_2。因此, 通过图模型可以完整地描述冲突中所有可行状态以及决策者的状态转移情况。

DM1, DM2 和 DM3 的状态转移图分别如图 5.15～图 5.17 所示。在图中, 有些箭头是

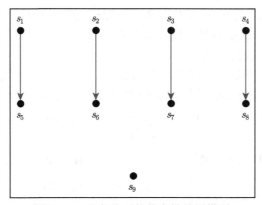

图 5.15　水务公司的状态转移图模型

双向的，表示状态之间是可逆的；有些箭头是单向的，表示状态之间是不可逆的。

在图 5.15 中，对于状态 s_3 和 s_7 而言，当石化公司不选择"迁址"策略，当地政府选择"支持改造设备"不变的情况下，水务公司迫于当前压力，为尽快摆脱这种局势，会从策略"不改造设备"转移到"改造设备"，即上述图模型中由状态 s_3 转移到状态 s_7。当水务公司选择策略"改造设备"后，已着手对管道与压力设备进行修理改造，不可能再转移到"不改造设备"，这也是不符合实际情况的，因此，是不能够从状态 s_7 转移到状态 s_3 的。同理可得当地政府和石化公司的状态转移图模型，分别如图 5.16 和图 5.17 所示。

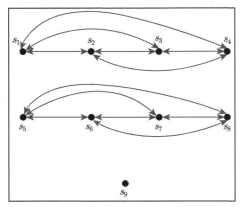

图 5.16　当地政府的状态转移图模型

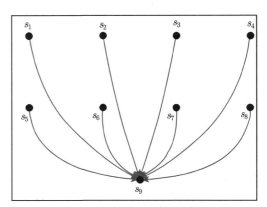

图 5.17　石化公司的状态转移图模型

5. 决策者偏好信息

1) 简单偏好

在图模型冲突分析理论中，偏好是决策者根据自己的期望目标以及自己对冲突的判断所得出的状态之间的优劣。在图模型中，决策者 i 的简单偏好结构表示为 $P = \{\sim_i, \succ_i\}$，符号"$\succ$"和"$\sim$"分别表示一个决策者对待不同状态的偏好信息。比如，对于任意的两个可行状态 $s, q \in S$，$s \succ_i q$ 表示对于决策者 i，状态 s 优于状态 q；$q \succ_i s$ 表示状态 q 优于状态 s；$s \sim_i q$ 表示状态 s 与状态 q 等价。

冲突事件中的决策者按照自己的目标要求和价值判断，对冲突模型中的可行状态排出优劣次序，形成各自的偏好序。关于简单偏好的排序的方法，目前主要有三种。

方法一：直接排序法。根据决策者的目标和价值判断，将状态由左向右进行排列，其中最优的状态排在最左侧，最差的状态排在最右侧。在排序的过程中，可以进行局部的微调。该方法适用于冲突模型比较简单的情况。

方法二：策略权重排序法。决策者对于任意的一状态 $s \in S$，根据下列公式计算状态 s 的值函数 M，然后根据分值大小对状态进行排序。

$$M(s) = \sum_{o_k \in O} w(o_k) \cdot u(o_k^i)$$

其中，O 为策略空间，o_k 为某一策略，$w(o_k)$ 为决策者赋予策略 o_k 的权重，

$$u(o_k^i) = \begin{cases} 1, & \text{决策者 } i \text{ 选择策略 } o_k \\ 0, & \text{其他} \end{cases}$$

方法三：策略优先权排序法。决策者根据自己的价值判断，设置一组策略声明，然后计算得到各状态的综合得分，进而得到偏好排序结果。

声明由一些策略编号和逻辑关系符号构成。在一个特定状态 $s \in S$ 处，每个声明 Ω 取一个值，T 或 F。如果 $\Omega(s) = T$，说明状态 s 满足该声明；否则 $\Omega(s) = F$，状态 s 不满足该声明。在这些声明中，在次序集合中出现越早的声明会被认为拥有越大的优先权。状态之间的偏好次序可以通过下述方式给予确定。

令 $\{\Omega_1, \Omega_2, \cdots, \Omega_k\}$ (按照从优到劣的顺序进行排序) 为一些声明所组成的集合。状态 $s_1 \in S$ 优于状态 $s_2 \in S$ $(s_1 \neq s_2)$，当且仅当存在 j，$0 < j \leqslant k$，使得

$$\Omega_1(s_1) = \Omega_1(s_2)$$
$$\Omega_2(s_1) = \Omega_2(s_2)$$
$$\cdots\cdots$$
$$\Omega_{j-1}(s_1) = \Omega_{j-1}(s_2)$$
$$\Omega_j(s_1) = T \text{ 且 } \Omega_j(s_2) = F$$

声明可以是非条件形式、条件形式或者双条件形式的。非条件形式的声明由一些策略编号和逻辑关系符号构成，这些符号包含 "非" 关系符号 ("not" 或 −)、"与" 关系符号 ("and" 或 &) 和 "或" 关系符号 ("or" 或 |)。括号 "(" 和 ")" 被用来控制声明中的一些操作具有相同的优先权。在某个策略编号前加上 "非" 关系符号 (−) 说明相应决策者不喜欢这个策略。条件形式或者双条件形式的声明由两个非条件形式的声明和符号 "IF" 或 "IFF" 组成。

对于决策者 i，通过给每个状态设定一个 "分值" $\Psi(s)$ 来对这些状态按照分值从大到小的顺序进行排序。假设 k 为给出声明的数量，$\Psi_j(s)$ 为状态点基于声明 $\Omega_j(s)$ 的增分值，$0 < j \leqslant k$。定义

$$\Psi_j(s) = \begin{cases} 2^{k-j}, & \text{如果 } \Omega_j(s) = T \\ 0, & \text{否则} \end{cases}$$

则各状态的分值为

$$\Psi(s) = \sum_{j=1}^{k} \Psi_j(s)$$

方法二和方法三适合比较复杂的冲突分析模型。在本书中，将方法一和方法三结合起来进行状态偏好的排序。

在水污染事件中，水务公司的偏好序列为

$$s_9 \succ s_2 \succ s_1 \succ s_8 \succ s_7 \succ s_4 \sim s_6 \succ s_3 \sim s_5$$

当地政府的偏好序列为

$$s_7 \succ s_5 \succ s_8 \succ s_6 \succ s_3 \succ s_1 \succ s_4 \succ s_2 \succ s_9$$

石化公司的偏好序列为

$$s_7 \succ s_5 \succ s_3 \succ s_1 \succ s_8 \succ s_6 \succ s_4 \succ s_2 \succ s_9$$

2) 不确定偏好

在现实的冲突中，由于主观认知有限以及所处环境的不确定性，决策者很难给出确定的偏好信息，对部分状态偏好的认知具有一定的不确定性。因此，需要将简单偏好扩展到不确定偏好情况，从而满足决策者的不同偏好类型。

例如，若当地政府为经济偏向型或者环境偏向型时，其最偏好的局势分别为状态 s_1，s_2，s_5，s_6 和状态 s_3，s_4，s_7，s_8，也就是说在综合考虑当地政府的偏好时，其对状态 s_1 和 s_3、s_2 和 s_4、s_5 和 s_7、s_6 和 s_8 的偏好是不确定的，此时，需要将不确定信息 "U" 加入到原有的简单偏好中，构成不确定偏好，表示为 $s_5 U s_7 \succ s_6 U s_8 \succ s_1 U s_3 \succ s_2 U s_4 \succ s_9$。

对于决策者 i，其对任意两个可行状态 $s, q \in S$ 的不确定偏好结构用 $P = \{\sim_i, \succ_i, U_i\}$ 表示。相应地，$s \succeq_i q$ 表示状态 s 优于或等价于状态 q；$s \preceq_i q$ 表示状态 s 劣于或等价于状态 q。该结构满足下列四个性质。

性质一：$\succ_i$ 满足不对称性。对于 $s, q \in S$，$s \succ_i q$ 和 $q \succ_i s$ 不能同时成立。

性质二：$\sim_i$ 满足自反性和对称性。对于 $s, q \in S$，$s \sim_i s$ 成立，称为自反性。如果 $s \sim_i q$，那么 $q \sim_i s$，称为对称性。

性质三：U_i 满足对称性。对于 $s, q \in S$，如果 $s U_i q$，那么 $q U_i s$，称为对称性。

性质四：$\{\sim_i, \succ_i, U_i\}$ 满足强完整性。对于 $s, q \in S$，$s \succ_i q$，$q \succ_i s$，$s \sim_i q$，$s U_i q$ 有且仅有一个成立。

如果不考虑决策者偏好的不确定性，即偏好是完的，则不确定偏好结构退化为简单偏好。此时，简单偏好为不确定偏好的一个特例。

5.3.2 简单偏好下冲突分析图模型稳定性分析

稳定性分析是使冲突问题得以合理解决的关键，其目的是求得整个冲突事件的平衡点或均衡状态。所谓平衡点，是指所有的决策者都可接受的均衡状态。例如，对于决策者 i 来讲，如果它通过改变自身策略转移到另一个新的状态，且对新状态的偏好要劣于原来的状态，则决策者 i 倾向于留在原来的状态点，即称 i 在初始状态点是稳定的。如果所有的决策者在某个状态点都达到稳定，那么就认为该状态对所有决策者来说都是稳定的，即该状态为全局平衡点。如果达到了全局平衡点，则任何一个决策者都不愿意改变其已选定的方案，故全局平衡点可能是解决冲突的满意解。

1. 稳定性分析的理论基础

冲突分析图模型中稳定性的定义涉及可达集的概念，所以定义稳定性之前需要首先介绍可达集及其相关性质。设 N 为决策者集，S 为状态集，决策者 $i \in N$，初始状态 $s \in S$，用 A_i 表示决策者 i 的所有弧集，对于可达集有以下表示。

(1) $R_i(s) = \{q \in S : R_i(s,q) \in A_i\}$，表示决策者 i 从初始状态 s 开始，经过一步单边移动可以转移到的状态集合，称为可达集合。

(2) $R_i^+(s) = \{q \in S : R_i(s,q) \in A_i, q \succ_i s\}$，表示决策者 i 从初始状态 s 开始，经过一步单边改良移动可以转移到的状态集合，称为改进可达集。

(3) $R_i^=(s) = \{q \in S : R_i(s,q) \in A_i, q \sim_i s\}$，表示决策者 i 从初始状态 s 开始，经过一步单边移动可以转移到的与初始状态 s 偏好等价的状态集合，称为等价可达集。

2. 四种稳定性的逻辑定义

冲突分析图模型有四种基本稳定性：纳什稳定性 (Nash stability, Nash)、一般超理性稳定性 (general metarationality stability, GMR)、对称超理性稳定性 (symmetric metarationality stability, SMR) 和序列稳定性 (sequential stability, SEQ)。下面将在可达集定义的基础上，分别根据决策者的状态转移情况及其对手的反应情况对四种基本稳定性进行逻辑定义。

定义 5.8 纳什稳定 (Nash)　设 N 为决策者集，S 为状态集，对于决策者 $i \in N$，如果状态 $s \in S$ 满足 $R_i^+(s) = \varnothing$，则 s 是决策者 i 的纳什稳定状态，记为 $s \in S_i^{\text{Nash}}$。

如果状态 s 对于冲突问题中所有的决策者而言都是纳什稳定，那么状态 s 称为纳什均衡状态。纳什稳定的逻辑定义表明，如果当局者在某个状态处不存在改进的可达集，即在该状态处，无论该决策者怎样转移，所到达的状态都不优于原状态，则该决策者就不会有单方面移动的动机。

定义 5.9 一般超理性稳定 (GMR)　设 N 为决策者集，S 为状态集，决策者 $i \in N$，状态 $s \in S$，如果对于任一状态 $s_1 \in R_i^+(s)$，至少存在一个 $s_2 \in R_{N-\{i\}}(s_1)$，有 $s \succeq_i s_2$，则 s 是决策者 i 的一般超理性稳定状态，记为 $s \in s_i^{\text{GMR}}$。

如果状态 s 对于冲突问题中所有的决策者都是一般超理性稳定，那么状态 s 为一般超理性均衡状态。从 GMR 稳定的逻辑定义中可以看出，决策者 i 的单边改良移动将受到对手的反击，且对手做出的反击不会考虑对自己的影响。当决策者 i 的任意单方面改良的移动都受到对手的回击，并且对于决策者 i 来说，被对手制裁之后到达的状态劣于原来的初始状态，此时 i 将选择留在初始状态 s，该状态就是决策者 i 的 GMR 稳定状态。

定义 5.10 对称超理性稳定 (SMR)　设 N 为决策者集，S 为状态集，决策者 $i \in N$，状态 $s \in S$，如果对于任一状态 $s_1 \in R_i^+(s)$，存在一个状态 $s_2 \in R_{N-\{i\}}(s_1)$，有 $s \succeq_i s_2$，并且对于任一 $s_3 \in R_i(s_2)$，有 $s \succeq_i s_3$，则 s 是决策者 i 的对称超理性稳定状态，记为 $s \in S_i^{\text{SMR}}$。

如果状态 s 对于冲突问题中所有的决策者都是 SMR 稳定，那么状态 s 为全局 SMR 均衡状态。从定义 5.10 可以看出，SMR 稳定中，决策者 i 的单边改良移动不仅会受到对手的回击，同时决策者 i 自己也会对对手的回击做出相应的反击，直到自己反击后，博弈过程才会结束。对于决策者 i，如果回击后到达的状态中有劣于原来的初始状态的状态，同时决策者 i 反击后到达的状态都劣于原来的初始状态，则决策者 i 就不会从状态 s 发生移动，该状态就是决策者 i 的 SMR 稳定状态。

定义 5.11 序列稳定 (SEQ)　设 N 为决策者集，S 为状态集，决策者 $i \in N$，状态 $s \in S$，对任一状态 $s_1 \in R_i^+(s)$，至少存在一个 $s_2 \in R_{N-\{i\}}^+(s_1)$，使得 $s \succeq_i s_2$，则 s 是决策者 i 的序列稳定状态，记为 $s \in S_i^{\text{SEQ}}$。

如果状态 s 对于冲突问题中所有的决策者都是序列稳定状态，那么状态 s 为全局序列均衡状态。从 SEQ 稳定的定义可知，SEQ 稳定与 GMR 稳定类似，但是 SEQ 稳定中对手的回击会考虑自己的利益，单边转移后到达的状态要对自己有利，而不是没有目的地回击。

只有当某一状态在某个稳定性下对所有的决策者都是稳定的，此时，该状态就是该稳定性下的均衡状态，即稳定是对一个决策者而言的，而均衡是针对所有决策者而言的。

3. 四种稳定性之间的逻辑关系

冲突分析图模型四种基本稳定性之间的逻辑关系如图 5.18 所示。从图中可以看出：Nash 稳定性包含范围最小，因此，也是最强的一种稳定性。GMR 稳定性包含的范围最广。SMR 和 SEQ 稳定性间并没有明确的包含或被包含关系。四种稳定性之间的逻辑关系为 $S^{\text{Nash}} \subseteq S^{\text{SMR}} \subseteq S^{\text{GMR}}$，$S^{\text{Nash}} \subseteq S^{\text{SEQ}} \subseteq S^{\text{GMR}}$。

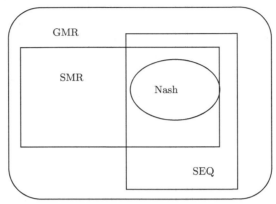

图 5.18 四种稳定性之间的逻辑关系

4. 稳定性分析结果

将冲突建模的各要素输入到 GMCR Ⅱ 软件中，利用四种基本稳定性概念 (Nash，GMR，SMR，SEQ) 对冲突进行稳定性分析，可求出简单偏好下水污染事件的稳定性结果，如表 5.17 所示。表中的 "√" 表示在某稳定性定义下某状态对某个决策者是稳定的。如果一个状态中所有的决策者在某稳定性定义下都是稳定的，则称该状态为该稳定性定义下的均衡解 (Equilibrium)，用 "E" 表示，对应位置标注 "*"。

表 5.17 简单偏好下水污染事件稳定性分析结果

状态	Nash DM1	DM2	DM3	E	GMR DM1	DM2	DM3	E	SMR DM1	DM2	DM3	E	SEQ DM1	DM2	DM3	E
s_1	√		√		√	√	√	*	√	√	√	*	√		√	
s_2	√		√		√	√	√	*	√	√	√	*	√		√	
s_3		√	√		√	√	√	*						√	√	
s_4			√		√	√	√	*	√	√	√		√		√	
s_5			√		√	√	√	*	√	√	√		√		√	
s_6			√		√	√	√	*	√	√	√		√		√	
s_7	√	√	√	*	√	√	√	*	√	√	√	*	√	√	√	*
s_8	√		√		√	√	√	*	√	√	√	*	√		√	
s_9	√	√	√	*	√	√	√	*	√	√	√	*	√	√	√	*

从表 5.17 可以看出，状态 s_7 和 s_9 是在四个稳定概念下满足所有决策者的最强稳定状态，是水污染事件的冲突均衡解。而状态 s_1 至状态 s_6 和状态 s_8 只是 GMR 稳定概念下的冲突均衡解，状态 s_1、状态 s_2 和状态 s_8 只是 SMR 稳定概念下的冲突均衡解。

5.3.3 不确定偏好下冲突分析图模型稳定性分析

1. 不确定偏好下的可达集定义

在介绍稳定性定义之前，首先需要介绍不确定偏好下的可达集合。5.2.2 节定义了简单偏好下决策者 i 从状态 $s \in S$ 出发的可达集合，对于不确定偏好下的图模型，决策者 i 从状态 s 出发的单边移动状态集合表示如下。

(1) $R_i^U(s) = \{q \in S : R_i(s,q) \in A_i \text{ 且 } qU_is\}$，表示决策者 i 从状态 s 开始，经过一步单边移动可以到达的偏好不确定的状态集合，称为不确定可达集。

(2) $R_i^{+,U}(s) = R_i^+(s) \cup R_i^U(s)$，表示决策者 i 从状态 s 开始，经过一步单边移动可以到达的偏好改良或不确定的状态集合，称为改良或不确定可达集。

2. 十六种稳定性的逻辑定义

5.3.2 节介绍了简单偏好下冲突分析图模型的四种基本稳定性概念，包括纳什稳定性、一般超理性稳定性、对称超理性稳定性和序列稳定性。Hipel, Li 等考虑当局者对于自身不确定偏好的改良移动风险态度和对手反击的敏感性不同，将四种基本稳定性推广到不确定偏好场景，提出了 a, b, c, d 扩展形式下的四种稳定性概念定义，如表 5.18 所示。

当处于有利地位时，决策者可能为保守型，即不会从当前状态转移至不确定偏好改良可达状态；当处于不利地位时，决策者可能为激进型，即选择从当前状态转移至不确定偏好改良可达状态。同时，在面对对手制裁时，决策者也会考虑不确定偏好的改良移动风险。下面给出两个决策者情况下四种类型的稳定性逻辑定义。

表 5.18 不确定偏好下的冲突稳定性概念扩展

扩展类型	转移动机	对手制裁	稳定状态及均衡解数量
a (激进型)	接受不确定偏好	不接受不确定偏好	最少
b (混合型)	不接受不确定偏好	不接受不确定偏好	中等
c (混合型)	接受不确定偏好	接受不确定偏好	中等
d (保守型)	不接受不确定偏好	接受不确定偏好	最多

1) a 种类型下的稳定性逻辑定义

定义 5.12 a 型纳什稳定 (Nash$_a$) 对于决策者 $i \in N$，如果状态 $s \in S$ 满足 $R_i^{+,U}(s) = \varnothing$，则状态 s 是决策者 i 的 a 型纳什稳定解，记为 $s \in S_i^{\text{Nash}_a}$。

定义 5.13 a 型一般超理性稳定 (GMR$_a$) 对于决策者 $i, j \in N$，状态 $s \in S$，如果对于任一状态 $s_1 \in R_i^{+,U}(s)$，至少存在一个 $s_2 \in R_j(s_1)$，使得 $s \succeq_i s_2$，则状态 s 是决策者 i 的 a 型一般超理性稳定解，记为 $s \in S_i^{\text{GMR}_a}$。

定义 5.14 a 型对称超理性稳定 (SMR$_a$) 对于决策者 $i, j \in N$，状态 $s \in S$，如果对于任一状态 $s_1 \in R_i^{+,U}(s)$，至少存在一个 $s_2 \in R_j(s_1)$，使得 $s \succeq_i s_2$，且对于任一状态 $s_3 \in R_i(s_2)$，有 $s \succeq_i s_3$，则状态 s 是决策者 i 的 a 型对称超理性稳定解，记为 $s \in S_i^{\text{SMR}_a}$。

定义 5.15 a 型序列稳定 (SEQ$_a$) 对于决策者 $i,j \in N$，状态 $s \in S$，如果对于任一状态 $s_1 \in R_i^{+,U}(s)$，至少存在一个 $s_2 \in R_j^{+,U}(s_1)$，使得 $s \succeq_i s_2$，则状态 s 是决策者 i 的 a 型序列稳定解，记为 $s \in S_i^{\mathrm{SEQ}_a}$。

2) b 种类型下的稳定性逻辑定义

定义 5.16 b 型纳什稳定 (Nash$_b$) 对于决策者 $i \in N$，如果状态 $s \in S$ 满足 $R_i^+(s) = \varnothing$，则状态 s 是决策者 i 的 b 型纳什稳定解，记为 $s \in S_i^{\mathrm{Nash}_b}$。

定义 5.17 b 型一般超理性稳定 (GMR$_b$) 对于决策者 $i,j \in N$，状态 $s \in S$，如果对任一状态 $s_1 \in R_i^+(s)$，至少存在一个 $s_2 \in R_j(s_1)$，使得 $s \succeq_i s_2$，则状态 s 是决策者 i 的 b 型一般超理性稳定解，记为 $s \in S_i^{\mathrm{GMR}_b}$。

定义 5.18 b 型对称超理性稳定 (SMR$_b$) 对于决策者 $i,j \in N$，状态 $s \in S$，如果对任一状态 $s_1 \in R_i^+(s)$，至少存在一个 $s_2 \in R_j(s_1)$，使得 $s \succeq_i s_2$，且对于任一状态 $s_3 \in R_i(s_2)$，有 $s \succeq_i s_3$，则状态 s 是决策者 i 的 b 型对称超理性稳定解，记为 $s \in S_i^{\mathrm{SMR}_b}$。

定义 5.19 b 型序列稳定 (SEQ$_b$) 对于决策者 $i,j \in N$，状态 $s \in S$，如果对任一状态 $s_1 \in R_i^+(s)$，至少存在一个 $s_2 \in R_j^{+,U}(s_1)$，使得 $s \succeq_i s_2$，则状态 s 是决策者 i 的 b 型序列稳定解，记为 $s \in S_i^{\mathrm{SEQ}_b}$。

3) c 种类型下的稳定性逻辑定义

定义 5.20 c 型纳什稳定 (Nash$_c$) 对于决策者 $i \in N$，如果状态 $s \in S$ 满足 $R_i^{+,U}(s) = \varnothing$，则状态 s 是决策者 i 的 c 型纳什稳定解，记为 $s \in S_i^{\mathrm{Nash}_c}$。

定义 5.21 c 型一般超理性稳定 (GMR$_c$) 对于决策者 $i,j \in N$，状态 $s \in S$，如果对任一状态 $s_1 \in R_i^{+,U}(s)$，至少存在一个 $s_2 \in R_j(s_1)$，使得 $s \succeq_i s_2$ 或 sU_is_2，则状态 s 是决策者 i 的 c 型一般超理性稳定解，记为 $s \in S_i^{\mathrm{GMR}_c}$。

定义 5.22 c 型对称超理性稳定 (SMR$_c$) 对于决策者 $i,j \in N$，状态 $s \in S$，如果对任一状态 $s_1 \in R_i^{+,U}(s)$，至少存在一个 $s_2 \in R_j(s_1)$，使得 $s \succeq_i s_2$ 或 sU_is_2，且对于任一状态 $s_3 \in R_i(s_2)$，有 $s \succeq_i s_3$ 或 sU_is_3，则状态 s 是决策者 i 的 c 型对称超理性稳定解，记为 $s \in S_i^{\mathrm{SMR}_c}$。

定义 5.23 c 型序列稳定 (SEQ$_c$) 对决策者 $i,j \in N$，状态 $s \in S$，如果对任一状态 $s_1 \in R_i^{+,U}(s)$，至少存在一个 $s_2 \in R_j^{+,U}(s_1)$，使得 $s \succeq_i s_2$ 或 sU_is_2，则状态 s 是决策者 i 的 c 型序列稳定解，记为 $s \in S_i^{\mathrm{SEQ}_c}$。

4) d 种类型下的稳定性逻辑定义

定义 5.24 d 型纳什稳定 (Nash$_d$) 对于决策者 $i \in N$，如果状态 $s \in S$ 满足 $R_i^+(s) = \varnothing$，则状态 s 是决策者 i 的 d 型纳什稳定解，记为 $s \in S_i^{\mathrm{Nash}_d}$。

定义 5.25 d 型一般超理性稳定 (GMR$_d$) 对于决策者 $i,j \in N$，状态 $s \in S$，如果对任一状态 $s_1 \in R_i^+(s)$，至少存在一个 $s_2 \in R_j(s_1)$，使得 $s \succeq_i s_2$ 或 sU_is_2，则状态 s 是决策者 i 的 d 型一般超理性稳定解，记为 $s \in S_i^{\mathrm{GMR}_d}$。

定义 5.26 d 型对称超理性稳定 (SMR$_d$) 对于决策者 $i,j \in N$，状态 $s \in S$，如果对任一状态 $s_1 \in R_i^+(s)$，至少存在一个 $s_2 \in R_j(s_1)$，使得 $s \succeq_i s_2$ 或 sU_is_2，且对于任一状态 $s_3 \in R_i(s_2)$，有 $s \succeq_i s_3$ 或 sU_is_3，则状态 s 是决策者 i 的 d 型对称超理性稳定解，记为 $s \in S_i^{\mathrm{SMR}_d}$。

定义 5.27 d 型序列稳定 (SEQ$_d$) 对于决策者 $i,j \in N$，状态 $s \in S$，如果对任一状态 $s_1 \in R_i^+(s)$，至少存在一个 $s_2 \in R_j^{+,U}(s_1)$，使得 $s \succeq_i s_2$ 或 $sU_i s_2$，则状态 s 是决策者 i 的 d 型序列稳定解，记为 $s \in S_i^{\text{SEQ}_d}$。

3. 不确定偏好下的稳定性分析结果

将冲突建模的各要素输入到 NUAAGMCR 软件中，利用不确定偏好下十六种基本稳定性概念对冲突模型进行稳定性分析，可求出水污染事件的稳定性结果，如表 5.19 所示。表中的 "$\sqrt{}$" 表示在某稳定性定义下某状态对某个决策者是稳定的，如果一个状态中所有的决策者在某稳定性定义下都是稳定的，则称该状态为该稳定性定义下的均衡解 (Equilibrium)，用 "E" 表示，对应位置标注 "$*$"。

从表 5.19 可以看出，状态 s_1、状态 s_5、状态 s_7 和状态 s_9 是在 b 和 d 扩展类型稳定概念下满足所有决策者的最强的稳定状态，是水污染事件的冲突决策者处于 b 类型和 d 类型行为时的冲突均衡解。状态 s_9 是在 a 和 c 扩展类型稳定概念下满足所有决策者的最强的稳定状态，是水污染事件的冲突决策者处于 a 类型和 c 类型行为时的冲突均衡解。

表 5.19   不确定偏好下水污染事件稳定性分析结果

状态		Nash DM1	DM2	DM3	E	GMR DM1	DM2	DM3	E	SMR DM1	DM2	DM3	E	SEQ DM1	DM2	DM3	E
s_1	a	√		√		√	√	√	*	√	√	√	*	√		√	
	b	√	√	√	*	√	√	√	*	√	√	√	*	√	√	√	*
	c	√		√		√	√	√	*	√	√	√	*	√		√	
	d	√	√	√	*	√	√	√	*	√	√	√	*	√	√	√	*
s_2	a	√		√		√	√	√	*	√	√	√	*	√		√	
	b	√		√		√	√	√	*	√	√	√	*	√		√	
	c	√		√		√	√	√	*	√	√	√	*	√		√	
	d	√		√		√	√	√	*	√	√	√	*	√		√	
s_3	a		√	√		√	√	√	*	√	√	√	*		√	√	
	b		√	√		√	√	√	*	√	√	√	*		√	√	*
	c		√	√		√	√	√	*	√	√	√	*		√	√	
	d		√	√		√	√	√	*	√	√	√	*		√	√	*
s_4	a		√	√		√	√	√	*	√	√	√	*		√	√	
	b		√	√		√	√	√	*	√	√	√	*		√	√	
	c		√	√		√	√	√	*	√	√	√	*		√	√	
	d		√	√		√	√	√	*	√	√	√	*		√	√	
s_5	a	√		√		√	√	√	*	√	√	√	*	√		√	
	b	√	√	√	*	√	√	√	*	√	√	√	*	√	√	√	*
	c	√		√		√	√	√	*	√	√	√	*	√		√	
	d	√	√	√	*	√	√	√	*	√	√	√	*	√	√	√	*
s_6	a		√	√		√	√	√	*	√	√		*		√	√	
	b		√	√		√	√	√	*	√	√		*		√	√	
	c		√	√		√	√	√	*	√	√		*		√	√	
	d	√		√		√	√	√	*	√	√		*		√	√	

续表

状态		Nash				GMR				SMR				SEQ			
		DM1	DM2	DM3	E	DM1	DM2	DM3	E	DM1	DM2	DM3	E	DM1	DM2	DM3	E
s_7	a	√		√		√	√	√	*	√	√	√	*	√		√	
	b	√	√	√	*	√	√	√	*	√	√	√	*	√	√	√	*
	c	√		√		√	√	√	*	√	√	√	*	√		√	
	d	√	√	√	*	√	√	√	*	√	√	√	*	√	√	√	*
s_8	a	√		√		√	√	√	*	√	√	√	*	√		√	
	b	√		√		√	√	√	*	√	√	√	*	√		√	
	c	√		√		√	√	√	*	√	√	√	*	√		√	
	d	√		√		√	√	√	*	√	√	√	*	√		√	
s_9	a	√	√	√	*	√	√	√	*	√	√	√	*	√	√	√	*
	b	√	√	√	*	√	√	√	*	√	√	√	*	√	√	√	*
	c	√	√	√	*	√	√	√	*	√	√	√	*	√	√	√	*
	d	√	√	√	*	√	√	√	*	√	√	√	*	√	√	√	*

5.4 冲突分析图模型常用软件

5.4.1 GMCR II 软件介绍

GMCR II 是一款由加拿大滑铁卢大学 Hipel 教授团队开发的集冲突建模、稳定性分析和演化分析为一体的冲突分析决策支持系统。该软件功能齐全,支持冲突状态生成、状态转移设置、偏好排序和稳定性分析等操作。在状态生成方面,支持状态的剔除和合并操作。在偏好排序方面,支持直接状态排序法、策略加权平均法和策略优先权排序法。对于比较复杂的冲突模型,可以使用后两种偏好排序方法,只需要将决策者的策略权重或者策略声明信息输入到系统中,就可以得到相应的偏好序列,操作比较方便;且该软件支持个体稳定性分析、全局均衡分析和冲突演化分析等功能模块。GMCR II 软件的主界面如图 5.19 所示。

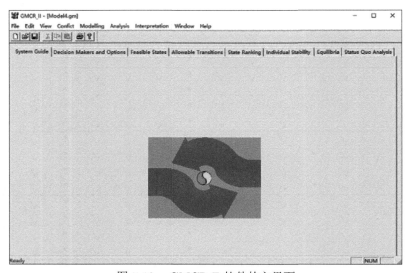

图 5.19 GMCR II 软件的主界面

下面以水污染事件冲突模型为例来说明 GMCR II 软件的使用过程。冲突事件中各决策者的策略声明及相关说明如表 5.20 所示。

表 5.20　水污染事件中各决策者的策略声明及相关说明

决策者	声明	解释说明
DM1	−1&−3	希望自己不改造设备且 DM2 不对自己施加压力
	1 IFF 3	当且仅当 DM2 对其施加压力时才对设备进行改造
	4	希望 DM3 迁址
	2	希望 DM2 施加压力令 DM3 迁址
DM2	−4	不希望 DM3 迁址
	1	希望 DM1 改造设备
	−2&3	不对 DM3 施加压力而对 DM1 施加压力
	−2&−3	不对 DM1 和 DM3 施加压力
	2&3	对 DM1 和 DM3 施加压力
DM3	−4	最不希望迁址
	−2	不希望 DM2 施加压力令其迁址
	1	希望 DM1 改造设备
	3	希望 DM2 对 DM1 施加压力令其改造设备

第一步：在菜单栏中选择 File→New 子菜单，创建一个新文件，如图 5.20 所示。

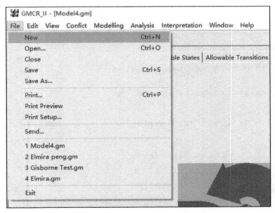

图 5.20　创建一个新文件

第二步：模型构建，包括输入冲突的决策者、策略以及设置状态转移和偏好信息。

(1) 在菜单栏中选择 Modelling→States→Generate Possible...，生成状态点，如图 5.21 所示。

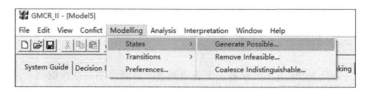

图 5.21　生成冲突状态

然后输入决策者及其对应的策略，单击 OK 按钮，如图 5.22 所示。

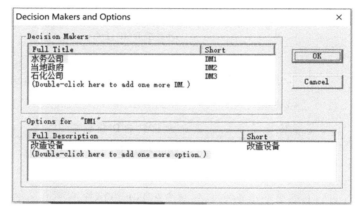

图 5.22　输入决策者和策略信息

(2) 在菜单栏中选择 Modelling→States→Remove Infeasible... 子菜单，剔除不可行状态，在弹出的对话框中选择前两个选项，单击 OK 按钮，直到最后，如图 5.23 所示。

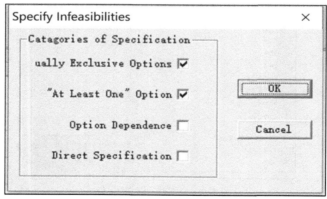

图 5.23　剔除不可行状态

(3) 在菜单栏中选择 Modelling→States→Coalesce Indistinguishable... 子菜单，合并相同状态，选择 Add 栏，然后单击 OK 按钮，如图 5.24 所示。

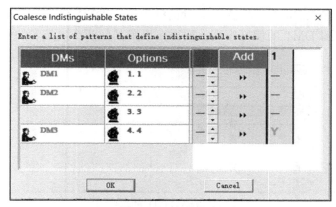

图 5.24　合并状态

(4) 在菜单栏中选择 Modelling→Transitions→Single Option Based 子菜单，设置状态转移情况，如图 5.25 所示。

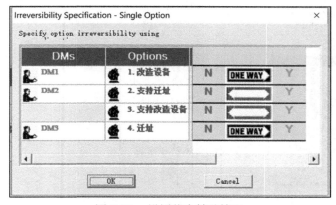

图 5.25　设置状态转移情况

(5) 选择 Modelling→Preferences... 子菜单，从 Preference 对话框的下拉列表中选择决策者 DM1，并选择 Option Prioritization 单选框和 Direct Ranking 复选框，如图 5.26 所示。

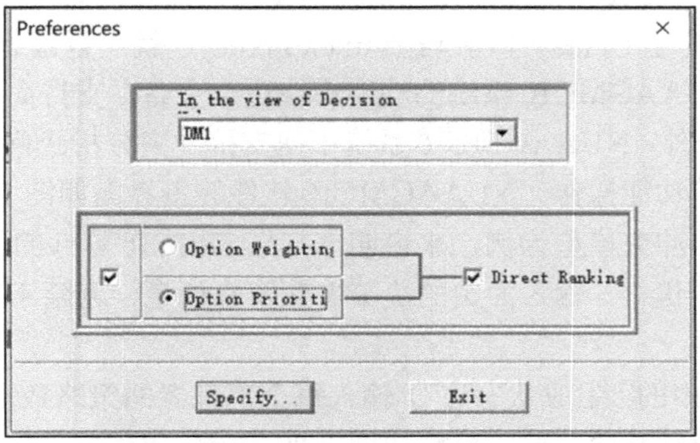

图 5.26　决策者的偏好设置

然后单击按钮 Specify... 按钮，在弹出的对话框中输入 DM1 的策略声明，如图 5.27 所示。单击 OK 按钮，得到 DM1 的偏好序列。同样，设置其他两个决策者的偏好信息。

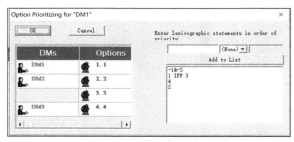

图 5.27　输入 DM1 的策略声明

第三步：在菜单栏中选择 Analysis→Run 子菜单，求解模型的均衡结果。单击 Equilibria 按钮，可查看模型的均衡解，如图 5.28 所示。

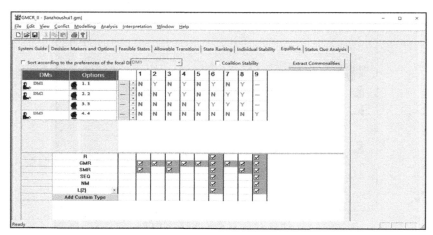

图 5.28　均衡结果

5.4.2　NUAAGMCR 软件介绍

NUAAGMCR 是网页版的在线冲突分析决策支持系统，网址为 http://www.nuaagmcr.cn。打开网址后输入账号 (nuaa) 和密码 (yunchouxue)，就可以进行冲突建模和局势分析。与 GMCR Ⅱ 相比，NUAAGMCR 系统的功能模块更加完备，支持简单偏好、强度偏好和不确定偏好信息排序。此外，NUAAGMCR 系统不但支持冲突分析正问题求解，还支持冲突分析反问题、结盟分析等功能操作。NUAAGMCR 软件的主界面如图 5.29 所示。

同样以水污染事件冲突模型为例，来说明 NUAAGMCR 软件的使用过程。

第一步：生成可行状态。输入冲突的决策者和策略信息，剔除不可行状态。具体操作分为以下几步。

(1) 单击左侧列表中的"生成状态点"，输入每个决策者的策略数量。然后单击"提交"按钮，输入决策者和相应策略的名称，分别如图 5.30 和图 5.31 所示。

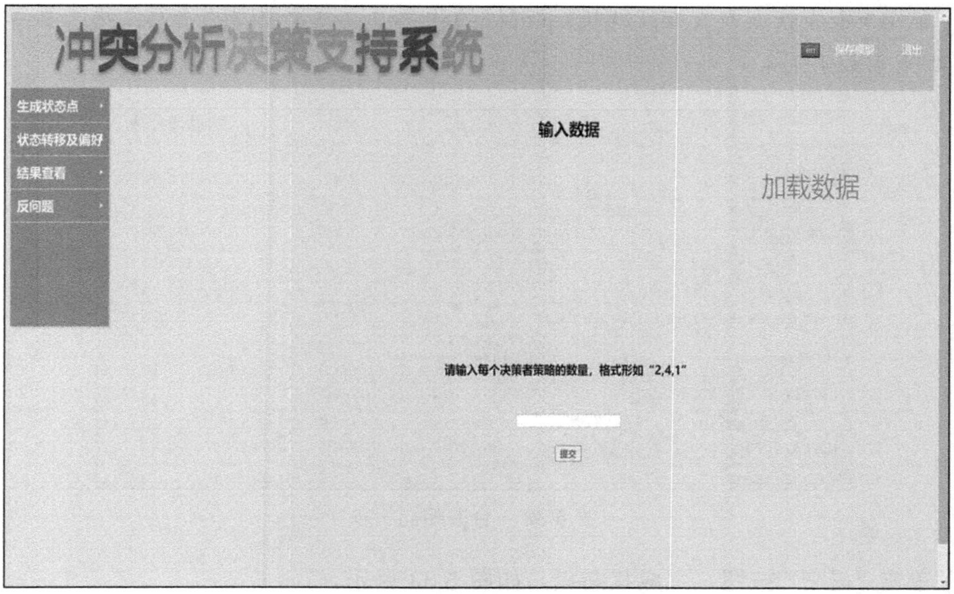
冲突分析决策支持系统
生成状态点
状态转移及偏好
结果查看
反问题
输入数据
加载数据
请输入每个决策者策略的数量，格式形如“2,4,1”
提交

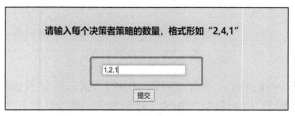

图 5.29　NUAAGMCR 软件的主界面

请输入每个决策者策略的数量，格式形如“2,4,1”
1,2,1
提交

图 5.30　输入每个决策者的策略数量

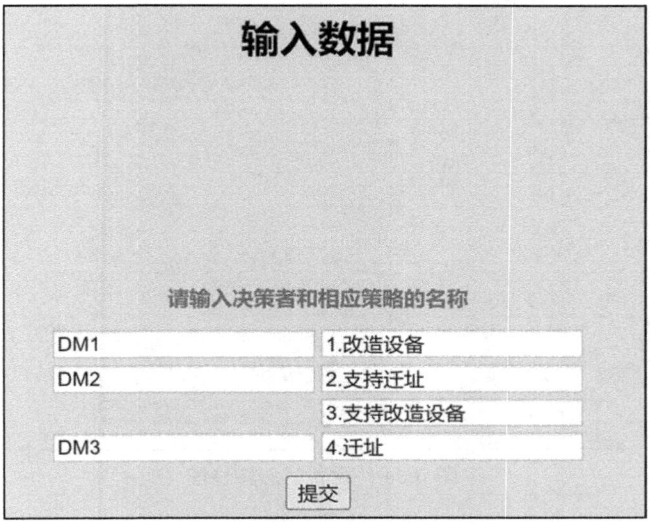
输入数据
请输入决策者和相应策略的名称
DM1
1.改造设备
DM2
2.支持迁址
3.支持改造设备
DM3
4.迁址
提交

图 5.31　输入决策者和相应策略的名称

(2) 单击 "生成状态点"，可以剔除不可行的状态点，合并相同的状态，然后单击 "添加" 按钮，如图 5.32 所示。

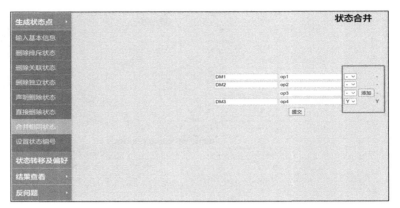

图 5.32　合并相同状态

(3) 单击 "提交" 按钮，生成状态点，如图 5.33 所示。

DM1	1.改造设备	0	0	0	0	1	1	1	1	2
DM2	2.支持迁址	0	0	1	1	0	0	1	1	2
	3.支持改造设备	0	1	0	1	0	1	0	1	2
DM3	4.迁址	0	0	0	0	0	0	0	0	1
		S1	S2	S3	S4	S5	S6	S7	S8	S9

图 5.33　生成状态点

第二步：设置状态转移情况。单击左侧列表中的 "状态转移及偏好"，然后单击 "设置状态转移" 选项卡，可以设置状态转移的情况，最后单击 "提交" 按钮即可，如图 5.34 所示。

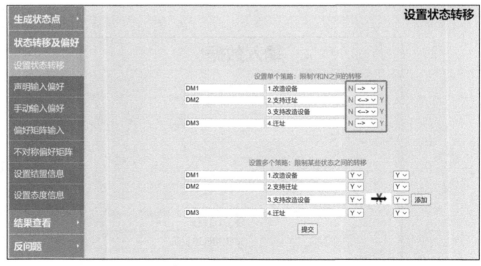

图 5.34　设置状态转移图

第三步：输入偏好信息。单击左侧的 "声明输入偏好" 选项卡，输入各决策者的策略声明。每输入完一个声明，单击"添加"按钮，当一个决策者的策略声明输入完后单击"提交"按钮。然后重复操作，继续输入其他决策者的策略声明信息，如图 5.35 所示。

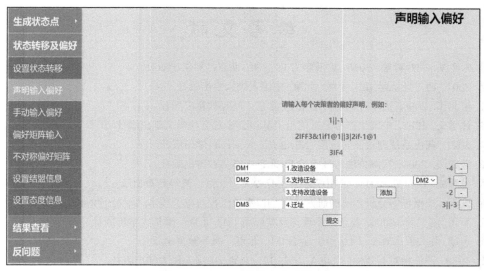

图 5.35　DM2 的策略声明输入

　　第四步：查看结果。单击"结果查看"选项卡，可以查看所有状态、偏好信息、状态转移图和稳定性表格。单击"稳定性表格"选项卡，即可查看该冲突的均衡结果，其中"1"表示稳定，如图 5.36 所示。

state		Nash				GMR				SMR				SEQ			
		DM1	DM2	DM3	Eq	DM1	DM2	DM3	Eq	DM1	DM2	DM3	Eq	DM1	DM2	DM3	Eq
S1	a	1		1		1	1	1	1	1	1	1	1	1		1	
	b	1	1	1	1	1	1	1	1	1	1	1	1	1	1	1	1
	c	1		1		1	1	1	1	1	1	1	1	1		1	
	d	1	1	1	1	1	1	1	1	1	1	1	1	1	1	1	1
S2	a			1		1	1	1	1	1	1	1	1			1	
	b	1		1		1	1	1	1	1	1	1	1	1		1	
	c	1		1		1	1	1	1	1	1	1	1	1		1	
	d	1		1		1	1	1	1	1	1	1	1	1		1	
S3	a			1		1	1	1	1	1	1	1	1			1	
	b		1	1		1	1	1	1	1	1	1	1		1	1	
	c			1		1	1	1	1	1	1	1	1			1	
	d		1	1		1	1	1	1	1	1	1	1		1	1	1
S4	a	1		1		1	1	1	1	1	1	1	1	1		1	
	b	1		1		1	1	1	1	1	1	1	1	1		1	
	c	1		1		1	1	1	1	1	1	1	1	1		1	
	d	1		1		1	1	1	1	1	1	1	1	1		1	
S5	a	1		1		1	1	1	1	1	1	1	1	1		1	
	b	1	1	1	1	1	1	1	1	1	1	1	1	1	1	1	1
	c	1		1		1	1	1	1	1	1	1	1	1		1	
	d	1	1	1	1	1	1	1	1	1	1	1	1	1	1	1	1
S6	a	1		1		1	1	1	1	1	1	1	1	1		1	
	b	1		1		1	1	1	1	1	1	1	1	1		1	
	c	1		1		1	1	1	1	1	1	1	1	1		1	
	d	1		1		1	1	1	1	1	1	1	1	1		1	
S7	a	1		1		1	1	1	1	1	1	1	1	1		1	
	b	1	1	1	1	1	1	1	1	1	1	1	1	1	1	1	1
	c	1		1		1	1	1	1	1	1	1	1	1		1	
	d	1	1	1	1	1	1	1	1	1	1	1	1	1	1	1	1
S8	a	1		1		1	1	1	1	1	1	1	1	1		1	
	b	1		1		1	1	1	1	1	1	1	1	1		1	
	c	1		1		1	1	1	1	1	1	1	1	1		1	
	d	1		1		1	1	1	1	1	1	1	1	1		1	
S9	a		1	1		1	1	1	1	1	1	1	1		1	1	
	b	1	1	1	1	1	1	1	1	1	1	1	1	1	1	1	1
	c	1	1	1	1	1	1	1	1	1	1	1	1	1	1	1	1
	d	1	1	1	1	1	1	1	1	1	1	1	1	1	1	1	1

图 5.36　稳定性结果

参 考 文 献

党耀国, 朱建军, 关叶青等. 2015. 运筹学 [M]. 3 版. 北京: 科学出版社.

高鸿业. 2007. 西方经济学 [M]. 4 版. 北京: 中国人民大学出版社.

郭立夫, 李北伟. 2006. 决策理论与方法 [M]. 北京: 高等教育出版社.

李京文, 钟学义. 1988. 中国生产率分析前沿 [M]. 北京: 社会科学文献出版社.

刘思峰. 2021. 灰色系统理论及其应用 [M]. 9 版. 北京: 科学出版社.

刘思峰, 党耀国. 2005. 预测方法与技术 [M]. 北京: 高等教育出版社.

刘思峰, 吴和成, 菅利荣. 2011. 应用统计学 [M]. 2 版. 北京: 高等教育出版社.

马占新. 2002. 数据包络分析方法的研究进展 [J]. 系统工程与电子技术, 24(3): 42-46.

汪小帆, 李翔, 陈关荣. 2006. 复杂网络理论及其应用 [M]. 北京: 清华大学出版社.

汪小帆, 李翔, 陈关荣. 2012. 网络科学导论 [M]. 北京: 高等教育出版社.

魏权龄. 1988. 评价相对有效性的 DEA 方法 [M]. 北京: 中国人民大学出版社.

邢蕊. 2013. 创业导向对在孵企业创新绩效的影响研究 [D]. 大连: 大连理工大学.

杨维忠, 陈胜可. 2022. SPSS 统计分析从入门到精通 [M]. 5 版. 北京: 清华大学出版社.

Banker R D, Charnes A, Cooper W W. 1984. Some models for estimating technical and scale inefficiencies in data envelopment analysis[J]. Management Science, 30(9): 1078-1092.

Banker R D, Morey R C. 1986. Efficiency analysis for exogenously fixed inputs and outputs[J]. Operations Research, 34(4): 513-520.

Caves D W, Christensen L R, Diewert W E. 1982. The economic theory of index numbers and the measurement of input and output, and productivity [J]. Econometrica, 50(6): 1393-1414.

Charnes A, Cooper W W, Golany B, et al. 1985. Foundations of data envelopment analysis for Pareto-Koopmans efficient empirical production functions[J]. Journal of Econometrics, 30(1): 91-107.

Charnes A, Cooper W W, Rhodes E. 1978. Measuring the efficiency of decision making units[J]. European Journal of Operational Research, 2(26): 429-444.

Charnes A, Cooper W W, Wei Q L, et al. 1989. Cone ratio data envelopment analysis and multi-objective programming[J]. International Journal of Systems Science, 20(7): 1099-1118.

Cooper W W, Seiford L M, Thanassoulis E, et al. 2004. DEA and its uses in different countries[J]. European Journal of Operational Research, 154(2): 337-344.

Fare R, Grosskopf S. 1985. A nonparametric cost approach to scale efficiency[J]. Scandinavian Journal of Economics, 87(4): 594-604.

Fontela E, Gabus A. 1974. DEMATEL: Progress achieved[J]. Futures, 6(4): 361-363.

Gabus A, Fontela E, Gabus S. 1972. World problems, an invitation to further thought within the framework of DEMATEL[R]. Switzerland Geneva Battelle Geneva Research Centre.

Li K W, Hipel K W. Kilgour D M, et al. 2004. Preference uncertainty in the graph model for conflict resolution [J]. IEEE Transactions on Systems, Man, and Cybernetics-Part A: Systems and Humans, 34(4): 507-520.

Malmquist S. 1953. Index numbers and indifference curves [J]. Trabajos de Estatistica, (4): 209-242.

Solow R M. 1957. Technical change and the aggregate production function [J]. The Review of Economics and Statistics, 39(3): 312-330.

Xu H, Hipel K W, Kilgour D M, et al. 2018. Conflict Resolution Using The Graph Model: Strategic Interactions in Competition and Cooperation[M]. Cham: Springer International Publishing.